비빔과 섞음의 조화 '혼돈반'
인문학으로 만나는 음식 문화 1

이 종 근

비빔과 섞음의 조화 '혼돈반'
인문학으로 만나는 음식 문화 1

신아출판사

| 인사말 |

　예로부터 팔도 감사 중에 전라감사와 평안감사가 제일이라는 속담이 있다. 전라도는 산물이 풍족하고 평안도는 여색으로 호강할 수 있다는 뜻에서 나온 말이다. 익히 알려진 대로 전북은 비옥한 들과 너른 바다에서 생산되는 넉넉한 농수산물이 있어 푸짐한 음식 문화가 발달한 곳이다.
　고전소설 《춘향전》과 최명희의 소설 《혼불》을 보면 전북의 다양한 음식이 소개되고 있으며, 채만식의 소설 《탁류》에는 뱅어요리가 일품으로 소개된다.
　고들빼기김치는 전라도 전주의 음식으로 씁쓸한 맛과 향기가 일품인 음식이다. 씹을 때에 인삼이 맛이 난다고 하여 인삼김치라고도 하며, 씨를 빼고 썰어서 소금에 간했다가 된장에 박는 동아장아찌의 맛은 어떠한가.
　씁쌀함과 감칠맛이 독특한 전주 '고들빼기김치는 양반이 아니면 못 먹는다.' 는 말이 있을 정도로 고급 김치로 사랑받아 왔다. 단백질, 칼슘, 비타민이 풍부한 고들빼기는 고채苦菜, 또는 약사초라고 한다. 《동의보감》에는 이뇨작용과 위 기능 강화, 산성체질 개선에 효과가 있다고 기록돼 있다.
　전주음식은 맵고 맛이 진하며 고들빼기김치 등 별미 김치가 많다. 고춧가루와 젓갈을 많이 쓰고 간이 세며 맛이 진하다. 김치 양념은 통고추를 갈아서 많이 쓰고, 젓갈과 찹쌀풀이나 밥을 갈아서 섞어 빛깔이 진하고 감칠맛이 있으며, 김칫국물은 적은 편이다. 특히 반지, 고들빼기김치, 파김치 등이 특별히 맛이 있다.

예로부터 전라감영이 있던 전주는 '4불여不如'의 고장으로 일컬어 왔다. 양반이 아전만 못하다는 반불여리班不如吏, 기생이 통인만 못하다는 기불여통妓不如通, 배맛이 무맛만 못하다는 이불여청梨不如菁, 아무리 좋은 술이라도 안주만 못하다는 주불여효酒不如肴가 바로 그것이다. '주불여효'는 천하에 알려진 소문난 명주라 하더라도 전주의 여염집이나 주모들이 내놓는 안주 맛을 따르지 못한다는 말이다.

이 같은 표현들은 전주의 음식이 오래전부터 유명하였다는 것을 비유하는 말로서 전주가 음식의 고장임을 다시 한 번 확인하게 한다.

전주의 가장 큰 지리적 특성은 산간지대의 산물과 평야지대의 산물이 모두 모여 교환되는 '결절지結節地'라는 것이다.

전주 음식과 관련된 내용이 고려시대 《동국이상국집東國李相國集》 제문 중에 남아 있다.

이규보는 전주의 지방관리로 내려와 성황제를 보고 다음과 같은 치고문致告文을 남겼다.

"삼가 채소 과일과 맑은 술을 제소로서 성황대왕의 영전에 제사 지냅니다. 내가 영전에 이 고을에 부임하여 나물 끼니도 제대로 못하였는데, 어떤 사냥꾼이 사슴 한 마리를 잡아와서 바치기에 그 이유를 물었더니, 그가 이 고을에는 예부터 매월 초하루에 저희들로 하여금 사슴 한 마리와 꿩·토끼를 바쳐 제육祭肉을 충당하게 하고, 그런 뒤에 아리衙吏들이 공봉公奉을 받아서 주찬酒饌을 갖춰 성황에 제사를 지내는 것이 하나의 관례였습니다."

우리 지역에선 김치를 흔히 '지'라고 부른다. 배추김치는 배추지, 갓김치는 갓지, 파김치는 파지라고 한다. 전라도 김치의 종류는 약 30여 종이고, 계절마다 별미 김치가 있다. 전라도 김치는 다른 지역에 비하여 매운맛과 짠맛이 세고, 깊고 진한 맛이 난다.

전라도는 서해와 남해를 끼고 있어 해산물이 풍부한 까닭에 김치에 쓰는 젓갈의 종류도 아주 많다. 김치에는 새우젓, 황석어젓, 멸치젓, 잡젓 등을 많이 사용한다. 1월은 갓김치, 2월은 파김치, 미나리김치, 3월은 나박김치, 4월은 봄배추김치, 5월은 열무김치, 6월은 오이김치, 11월은 동치미, 김장배추 등을 들 수 있다.

우리나라의 김장문화가 2013년 유네스코 인류무형문화유산으로 등재됐다. 이로써 한국의 대표적인 식문화인 '김장문화'가 전 세계인이 함께 보호하고 전승하는 문화유산으로 자리매김하게 됐다.

김장문화에는 단지 음식의 장만뿐만 아니라 공동체 아이덴티티의 나눔이라는 상징적 정서가 숨어 있다. 김장문화는 그 자체로도 의미가 깊지만 이렇게 담근 김치가 실제로 몸에도 좋다는 사실은 이미 잘 알려져 있다.

우선, 향토음식 전수자의 문화재 지정이 가장 시급한 현안이다. 전북은 지난 1995년 '향토전통음식발굴육성조례'를 제정, 향토전통음식 지정 업소를 선정했지만, 정작 음식(술 제외)으로도 무형문화재로 지정된 사람은 거의 없다.

그래서 지난 1960년대 전주비빔밥으로 유명세를 탔던 옴팡집이 흔적도 없이 사라지고, 전주의 명주였던 장군주와 간을 맞출 때 썼던 전주즙장全州汁醬, 白氏醬이 거의 실전하는 상황을 맞이하고 있는 것이리라.

전통주도 양주 대용으로 키워야 한다. 전북은 무공해청정지역으로 쌀 등 천연 원료를 대량 생산할 수 있어 감칠맛 나는 전통주를 생산, 이강주 등이 전국, 더 나아가 세계적인 명성을 얻고 있다.

상품 디자인을 통해 용기 개발을 꾸준히 할 경우, 대량으로 수입되는 위스키를 대체할 수 있다.

전통주의 시장 조사와 판매망 확보 등에 있어 전문성이 결여되어 경쟁력이 약하고, 가격도 비싸 판로 확대의 제약 요인으로 되고 있는 만큼 원류 구입 및 판매 방식을 혁신이 시급하다.

전북은 서해바다와 넓은 호남평야를 끼고 있어 예로부터 먹을거리와 인심이 풍부했다. 특히 전주는 서울, 개성 다음으로 우리나라에서 손꼽히는 음식문화가 발달한 곳이다. 전북을 대표하는 전주음식은 일반적으로 다양한 밑반찬과 젓갈이 많다.

음식의 맛과 특성은 '음식은 짜지만 인심은 싱겁다.' 라는 옛말과 같이 짠 듯하지만 달고 인근에서 나는 풍부한 해산물과 넓은 평야의 오곡, 각종 산나물과 야채로 즐겨먹는 음식이 매우 다양할 뿐 아니라 특히 젓갈, 김치의 종류는 이루 헤아릴 수가 없다. 때문에 이를 잘 보존하고 가꾸어 나간다면 전북 음식이 유네스코 세계문화유산으로 등재될 수 있다.

첫 졸저 1995년 《온고을의 맛 한국의 맛》 이란 책자를 발간한 후 송창진 송약국 대표, 향토사학자 작촌 조병희 선생 등 무수히 많은 사람들이 지역 음식을 계속 연구하라는 말에 너무 많은 부담을 느꼈다. 하지만 이로 인해 전북 향토음식 조례가 제정된 것은 가장 큰 보람이었다.

오늘, 다시금 음식스토리 책자를 발간한 것은 작가로, 언론인으로 사명을 다하기 위한 나름의 노력이며, 작은 고임돌을 자처하고 싶은 충정임을 널리 이해해 주었으면 좋겠다. 인문학과 음식의 만남이 삶의 성찬으로 이어지기를 희망한다.

2020년 7월

이 종 근

| 차례 |

인사말

제1장

조선상식문답 속 전북 음식 _ 14

'다선일미(茶禪一味) 1번지' 전북 _ 17

규합총서와 전북 _ 21

도문대작(屠門大嚼)과 함라 반지 _ 37

허균의 사우재(四友齋)와 도문대작 _ 42

오희문, 임진왜란때 한 끼에 7홉의 쌀로 밥먹다 _ 47

전설따라 삼천리; 이성계의 등극을 도운 소금 장수 _ 54

나루터와 주막 _ 80

스토리로 만나는 포(脯) _ 84

말고기와 마필산업 _ 96

전북의 전통주 _ 100

제2장

전주 한옥마을 주변의 맛집들 _ 104

전주 즙장 _ 119

고들빼기 김치 _ 121

전주비빔밥, 우주인들 입맛도 사로잡을까? _ 126

혼돈반과 골동반 _ 135

성미당과 놋그릇 이야기 _ 138

오모가리탕 _ 145

조지 클레이턴 포크가 1884년 맛본 전주 밥상 _ 147

전주역사박물관 한글음식 방문方文 알고보니 _ 154

전주는 왜 콩나국밥이 유명할까 _ 162

삼백집 욕쟁이 할머니 이봉순과 봉동 할머니국수 _ 168

동학이 생각나는 황포묵 _ 176

임실 팥칼국수와 전주 소바, 그리고 국수 _ 183

세전서화첩(世傳書畫帖) 완영민읍수도(完營民泣隨圖) _ 197

조삼난(趙三難) 만마관에서 술장사를 하다 _ 203

이규보의 몽험기와 제신문(祭神文) _ 210

이사철, 피란길에 아버지 위해 편육 준비 _ 218

제 3 장	허산옥과 행원 _ 224
	동락원 장독대 _ 247
	전주 '예(藝)'다방과 삼양다방 _ 253
	전주 오목대 쌍샘과 학인당 땅샘 _ 263
	전주 옴팡집 _ 268
	예수병원 설립자 마티 잉골드의 젓가락질 _ 274
	경기전 어정(御井)과 제례 음식 _ 280
	전주 아리랑고개(불탄뫼) _ 290
	비사벌 초사 _ 294
	전주 미원탑 _ 296
	전주 떡전거리와 고속버스터미널 _ 300
	치맥과 연계(軟鷄) _ 302
	전주 가맥 _ 304
	대사습놀이 전국대회와 동지 _ 306
	이강주를 만들고 있는 조정형씨 _ 308

자도주(自道酒) _ 315

죽력고 명인 송명섭 _ 317

제 4 장

전주 사람들이 관아의 주방에 판 메추라기 _ 326

전주 미나리 _ 331

전주복숭아 '승도' _ 335

두타와 전주 생강 _ 338

1872년 전주지도에 보이는 오얏 _ 341

전주 엿 _ 349

별건곤과 풍토유람 _ 352

전주 백산자 _ 354

그릇 _ 357

굴뚝 _ 360

도마 _ 365

진천송씨 우산종중의 백자(百子)편 _ 367

고창 김정회고가의 안동김씨 장담금 레시피 _ 369

제 1 장

01

조선상식문답 속 전북 음식

최근에 최남선의 《조선상식문답(朝鮮常識問答)》을 보면서 몰랐던 사실을 많이 알게 됐다. 이 책은 광복 당시 조선 민중의 상식의 증진을 위해 저술된 것인 만큼 저자의 다른 글과는 달리 평이한 문체로 민족의 풍속과 전통을 재인식시켜 민족의식을 고취시키는 한편, 나아가서 민중 중심의 한국문화사를 기획하였다는 점에서 그 의의가 크다.

그는 1937년 1월 30일부터 9월 22일까지 160회에 걸쳐 매일신보(每日新報)에 세시편(歲時篇) 등 16편 456항목의 '조선상식'을 연재한 바 있는데, 1946년 '조선상식문답'을 만들었다. 이 책은 국호, 지리, 물산, 풍속, 명일(名日), 역사, 신앙, 유학, 제교(諸敎), 어문 등 10편에 175항의 문답으로 구성되어 있다.

《조선상식문답》은 우리나라의 지방 명식(名食)으로 개성의 엿과 저육, 해주의 승가기(勝佳妓), 평양의 냉면과 어복장국, 의주의 대만두, 전주의 콩나물, 진주의 비빔밥, 대구의 육개장, 회양의 곰기름정과 강릉의 방풍죽, 삼수갑산의 돌배말국, 차호의 홍합죽 순으로 썼다.

전주의 콩나물은 전주지역의 토질과 수질이 다른 타지방의 것과 다르다. 콩나물 줄기가 통통한데다 곧게 뻗었으며 적당량의 잔뿌리가 있어야 차별화 된다. 콩나물은 임실에서 자란 '쥐눈이콩(鼠目太)'이 기본이었다. 1929년 12월 1일에 발간된 종합잡지 《별건곤》에서는 전주콩나물국밥이 '탁백이국'으로 소개된다.

광복 직후 전주 대표적 유흥가는 속칭 '짱골목' 일대였다. 대구역전 홍등가와 비교된다. 짱골목은 영화거리에 있었다.

그래서 '짱'은 극장의 '장(場)'을 지칭한다. 전주극장은 1925년 9월에 제국관(帝國館)으로 문을 연 전주 최초의 근대적 극장. 1960년대 말부터 70년대 초까지 중앙동 일대 나이트클럽 때문에 휘청거린다. 1980년대는 '콩나물불고기집'들이 짱골목에서 반짝했다.

'한일관'은 남부시장 골목에서 해방 전부터 영업을 시작했으며, 국물은 북어와 멸치 등으로 고아냈다. 고사동 '욕쟁이 할머니'가 영업하던 삼백집은 주인이 바뀌었으나 맛은 여전히 그대로다. 삼백집이 허가를 받은 것은 1967년 무렵이란다.

이는 1947년에 욕쟁이였던 고(故)이봉순 할매가 개업했다. '하루 딱 300그릇만 팔겠다.'고 해서 삼백집. 5·16거사를 성공한 뒤 몰래 해장하러 온 박정희 대통령에게 정감어린 욕설을 퍼부어 부으면서 알려졌다.

1982년 고(故) 방복순 씨, 1987년 조정래·김분임 부부가 승계한다. '한국집'도 오랜 전통을 이어오면서 아침에만 손님을 받고 있으며, 남부시장 내 '현대옥', '그때 그집' 등, 동문 사거리 근처 '풍전 콩나물', '왱이집', '다래집', '두레박 콩나물', 경원동의 '왱이집' 등도 유명세를 더하고 있다.

이 책은 조선 3대 평야 가운데 첫 번째로 전북을 들고 있다. 전북은 금만경 수백리가 있었으며 이어 의령, 함흥은 그 다음이다.

과일은 전주의 승도(僧桃, 정확한 의미 파악 안 되지만 복숭아 종류), 술은 전주 이강주(이강고로 기록), 전라도 죽력고, 김천 두견주, 서울 과하주가 유명했다. 또 조선 대표적 명산 지리산, 장수 장안산을, 조선 대표 대천에 섬진강, 만경강, 동진강, 금강도 이름을 드러냈다. 전라도 정도 천년을 맞아《조선상식문답》이 아닌 '전북상식문답'을 펴낼 수는 없을까.

02

'다선일미(茶禪一味) 1번지' 전북

'다선일미(茶禪一味)'는 차와 선(禪)이 한 가지 맛이라는 뜻으로, 차 안에 진리와 명상의 기쁨이 다 녹아 있다는 의미로 해석할 수 있다. 다선일미의 고장이 바로 전북이다. 작설차는 허균의 《성소부부고》의 '도문대작'에서 "순천산이 제일 좋고 다음이 변산이다."라고 역사적으로 기록되어 있다. 명나라 장수로 왔던 양호는 남원에서 작설차를 마셨다. 선조를 만난 자리에서 양호는,

"차가 있는데 어찌하여 채취하지 않습니까? 이것은 남원에서 생산된 차로 품질이 매우 좋은 차인데 왜 마시지 않습니까?"

라고 질문을 하자 선조는,

"우리나라는 차를 마시는 풍습이 없다"

라고 했다. 이에 양호가

"중국에서는 차를 채취해 요동에 팔아 1년에 전마(戰馬) 1만여 필씩을 사고 있다."

라고 말하자 선조가 응수했다.

"이것은 육안차(六安茶)의 종류가 아니고 작설차다."

그러자 양호는

"귀국의 배신(陪臣)들이 차를 마신다면 마음이 열리고 기운이 솟아

나서 온갖 일들을 잘할 수 있을 것이다."
라고 하며 선조에게 차 두 봉을 선물한다.

선운사에 들르면 작설차를 찾아야 한다. 그 감칠맛이란 중국차 이상이라는 말이 전해온다. 작설차의 연한 잎을 채취하는 시기는 봄철의 곡우절 전후로 이때가 되어야 어린 잎의 길이가 참새 혀만큼 자란다. 제조과정 역시 복잡해 구증구포, 즉 아홉 번 쪄서 아홉 번 말려야 하는 번거로움과 잔손질이 뒤따라야 한다. 작설차를 계속 마시면 간이 좋아지고 눈이 밝아지며 정신도 '명경지수'처럼 맑아진다고 한다.

또, 고려시대 이규보는 남원의 노규선사가 보내온 차의 맛을 보고 산뜻하면서도 부드러운 차의 맛을 어린아이 젖내(有如乳臭兒與稚)로 표현하며 이름조차 '유차(孺茶)'라 했다. 또 다른 시에서도 "만약 유자와 함께 술도 보내준다면 참으로 멋진 일은 우리들로부터 시작되리"라고 읊었다. '운봉의 선사와 다경(茶經)'을 노래한 시가 보이며, 또 다른 시엔 "운봉차가 남방에서 맛보았던 것처럼 완연하다"고 했다. 그는 장원(壯元) 방연보(房衍寶)와의 인연을 소개하면서 "훌륭한 사위를 마음에 두었다가 그에게 시집보내기를 원하는 것처럼 이처럼 귀한 차를 맛보는 것은 뜻밖에 문득 신선의 연분을 만나서"라고 적었다.

부안 원효방은 이름이 언제부터 불려졌는지 정확히 알 수 없지만, 세상에 알려지게 된 것은 이규보 때문이다. 이규보의 《동국이상국집》 23권, 《남행일월기》에 원효방과 원효 스님, 사포성인에 관한 일화가 실려 있다. 이규보는 33세부터 34세까지 전주에서 전주목사록(全州牧司錄) 겸 장서기(掌書記)에 임명되어 지방관 생활을 한 적이 있다. 경신년(庚申年) 8월 20일 부안 현령 이군 및 다른 손님 6, 7 사람과 원효방에 이르렀다. 높이가 수십 층이나 되는 나무사다리가 있어서 발을 후들후들 떨며 조심조심 올라갔는데, 정계(庭階)와 창호(窓戶)가 수풀 끝에 솟아나 있었다. 이따금 범과 표범이 사다리를 타고 올라오다 마침내 올라오지 못한다고 들었다. 곁에는 암자가 하나 있는데, 세상에서 말하기를 사포성인(蛇包聖人)이란 사람이 옛날에 머물렀던 곳이라고 한다. 원효스님이 와서 살자 사포가 또한 와서 모시고 있었는데, 차를 달여 원효스님께 드리려고 하였지만, 샘물이 없어 안타까워할 때 이 물이 바위 틈에서 갑자기 솟아나왔다고 한다. 맛이 매우 달고 젖과 같아서 늘 차를 끓였다고 한다.

우리나라 고유의 차(茶) 제조 기법인 '전통제다(傳統製茶)'는 차나무의 싹, 잎, 어린줄기를 이용하여 차를 만드는 기법을 일컫는다.

조선 후기의 '부풍향다보(扶風鄕茶譜)'는 제다법과 다기 등의 내용을 담은 국내에서 가장 오래된 다서다. 이는 부안현감 이운해(1710~?)가 1755년 고창 선운사 일대의 차를 따서 7종의 향약을 넣은 약용차 제조법을 적은 책이다. 원본 전체 내용이 아닌 핵심 내용만이 적혀 있지만, 최고(最古) 다서로 평가받던 이덕리(1728~?)의 "동다기"보다 30년 앞선다. 부풍향다보는 다본(茶本), 다명(茶名), 제법(製法), 다구(茶具) 등으로 나눠 차의 특징과 성질, 증세에 따른 향차 처방, 향차 제조법, 향차 음다법을 기술했다. 금산사, 귀신사, 내장사, 변산반도도 차로 유명하다. 금산사에서 마련한 '우리 차 만들기' 템플스테이가 참가자들로부터 인기를 모으고 있다.

금산사 심원암 주변의 1만여 평의 차밭에서 채취한 자생차를 이용한 '우리 차 만들기' 템플스테이는 정원을 훨씬 넘기고 있다. 차밭 하면 어디가 가장 먼저 떠오르는가. 보성, 하동 모두 맞다. 하지만 내장산을 품고 있는 정읍도 빼놓을 수 없는 곳 중 하나다. 1,000년을 이어온 깊은 차향을 좇아 정읍으로 가면 좋다.

《조선왕조실록》,《세종실록지리지》와《동국여지승람》엔 정읍현에서 생산된 차는 지방 특산품으로, 고부면에서 생산한 작설차는 약재로 사용했다는 기록이 남아 있다.

1913년에는 일본인 오가와(小川)가 천원다원(川原茶園)을 조성하기도 했다. 천원다원은 우리나라에 선보인 최초의 근대식 차밭이다.

한벽당은 전주인들의 풍류와 문화가 서린 곳으로. '등한벽당'을 지었다.

> 시골 사람 옷차림으로 물가의 정자에 다다르니 이곳은 옛날 왕이 태어난 곳이라 하지 고요한 계곡 새소리 은근하고 맑은 계곡물에 비친 나무 그림자 그윽하기도 하여라/ 바쁜 장사치는 저문 길을 재촉하고 쫙쫙 내린 비에 씻긴 산뜻한 기운, 정말로 아름다운 우리 강산이라 누각에 올랐으나 어찌 노래하랴.

한벽당은 초의선사, 추사와 창암 그리고 많은 사람들의 흔적이 남아있는 곳이다. 초의선사가 1815년 30세 때 한벽당에 올라 수차례 시를 짓고 차를 마셨을 것으로 짐작되는 대목이다. 그래서 전북은 예나 지금이나 '다선일미(茶禪一味)'의 고장이다.

03

《규합총서》와 전북

'물을 특별히 가려야 장의 맛이 좋으니 여름에 비가 갓 갠 우물의 물을 쓰지 말고, 좋은 물을 길어 큰 시루에 독을 안치고 간수가 다 빠진 좋은 소금 한 말을 시루에 붓는데, 물은 큰 동이로 가득히 부으면 티와 검불이 모두 시루 속에 걸릴 것이니 차차 소금과 물을 그대로 떠서 메주의 양과 독의 크기를 짐작하여 소금을 푼다《규합총서》 중 장 담그는 법)'

친절한 설명에 조리과정 사진까지 곁들인, 제대로 된 레시피 하나만 있다면 제아무리 솜씨 없는 주부라도 그럴듯한 요리 한 그릇 뚝딱 내어낼 수 있다. 조선 부녀자들에게《규합총서'(閨閤叢書)》는 그런 단비 같은 존재였다.

'규합'은 부녀자가 거처하는 방을 가리키는 말로,《규합총서》는 부녀자들이 알아야 할 가정살림과 일반교양에 대한 내용을 모두 정리해놓은 백과사전이다.

많은 분야에 방대한 지식을 보유했던 상류층 여인 빙허각 이씨(1759~1824)가 1809년에 만든 이 책은 주제별로 나눠 필사되거나 목판본으로 만들어질 정도로 인기가 좋았다.

여러 섹션으로 나뉘어 기록된 책에는 장 담그는 법, 술 빚는 법, 옷 만드는 법부터 밭을 가꾸고 가축을 기르는 법, 올바른 태교 방법, 심지어 부적과 주술로 마귀를 쫓는 일에 이르기까지 자세하고 분명하게 서술했다.

각 사항별로 인용한 책 이름을 작은 글씨로 표기했고, 자신이 직접 실행해본 결과와 의견을 덧붙이기도 했다. 요긴한 지식을 한데 모으며 저자는 서문에 "진실로 일용생활에 없어서는 안 될 것이요, 부녀가 마땅히 강구해야 할 것이다."라고 썼다.

《규합총서》에 '애저찜'에 관한 자세한 설명이 나온다.

> 새끼 밴 어미돼지의 배를 갈라 새끼집 속에 쥐같이 들어있는 것을 깨끗이 씻는다. 그 뱃속에 양념을 넣고 통째로 찜을 하면 맛이 그지없이 아름답다.

는 것이다. 그러면서

> 돼지새끼집은 구하기가 매우 어렵다. 그렇다고 해서 살아있는 어미돼지를 일부러 잡으면 숨은 덕(德)을 쌓는 것만 같지 않으니 그저 연한 돼지로 대신하라

는 충고를 곁들이고 있다.

원시인들은 사냥을 하고 고기를 먹기 전에 자연에 감사하며 먹었다고 한다. 진안에도 그런 관습에서 붙여진 음식이 있다. 예전에 어미 돼지의 뱃속에서 죽은 새끼돼지를 보양식으로 먹은 음식이 애저이다. 그래서 돼지 저(猪) 앞에 슬플 애(哀)자를 써서 미안함과 고마움을 담은 음식이 애저찜이다.

진안읍 군상리에 있는 진안관은 애저찜 요리로 50년이 넘게 해오고 있다. 김영춘(87세)씨가 25세부터 음식장사를 했으니 햇수로는 꼭 62년이 되었다. 17세살에 전주에서 지금은 용담댐 수몰로 사라진 중터로 시집을 왔다. 25세에 읍내로 이사를 와서 국수 장사를 처음 시작했다.

> 박정희 대통령이 진안 중앙초등학교에 왔었어요. 그때 음식을 준비하라고 해서 무얼 할까 생각하다가 애저찜을 했었지. 그런데 대통령이 쏘가리탕도 있고, 다른 음식도 있었는데 애저찜만 드시더라구.

애저찜에 사용되는 돼지는 20일 정도 된 새끼돼지가 가장 보양이 된다고 한다. 너무 어린것은 비린내가 나서 맛이 없으며, 이보다 더 자란 것은 중톳에 가까워서 애저라고 할 수 없기 때문이다. 그런데 지금은 그런 돼지를 구할 수 없어 한 달이나 40일 정도 된 돼지를 사용한다. 식당 뒤편에 있는 세 개의 가마솥에서 장작불로 세 시간 이상 푹 쪄낸다. 쪄낸 돼지에는 칼을 대지 않고 손으로 찢어 먹어야 제맛이 난다.

진안관만의 특별한 초장에 찍어먹으면 더욱 고소한 맛을 느낄 수 있다. 애저찜을 다 먹고 난 후에는 찜에서 남은 것에 묵은지와 콩나물 등을 넣어 매운탕으로 먹으면 개운한 맛을 더한다.

지금은 김영춘 씨의 뒤를 이어 둘째 아들인 이상봉(65세)씨가 운영하고 있다.

10여 년 전에 김씨가 혈압으로 쓰러져 하반신 마비가 왔다. 처음에는 식물인간 상태였다. 병원에서는 가망이 없으니 퇴원하라고 했다. 그리고 몇 달 만에 지극한 보살핌으로 김씨는 의식을 되찾았다. 7남매 중에 막내인 이상동 씨의 지극한 효행이 알려지면서 얼마 전 효부상을 받았다.

처녀 시절부터 음식을 하면 모두가 칭찬하는 손맛을 가지고 있던 김 씨는 지금은 음식을 만들 수 없는 상황이 되었지만 애저찜에 관한 이야기를 할 때면 눈빛이 반짝거린다.

> 옛날에는 우리가 돼지 농장도 직접 하고 그랬어요. 지금은 저그 먼 데서 가지고 와. 사료 안 먹이는 돼지로만 가져오지. 어디라고는 내가 말하면 안 되지.

이상봉 씨가 어머니 김 씨와 함께 일한 것은 27세에 결혼을 하면서부터이다. 처음 시작할 때에는 진안읍 사거리에서 시작했다. 그러다가 1985년에 지금 자리로 이사를 와서 지금까지 하고 있다.

김 씨의 딸인 이순덕(52세)씨는 "어려서부터 애저를 먹어서인지 제가 일간지 기자로 일하면서 활기 있다는 이야기를 참 많이 들었어요."라고 말한다.

요즈음 날씨가 오락가락하면서 몸이 많이 지칠 때이다. 겨우내 움츠려 들었던 몸을 움직이게 하기 위해 봄이 되면 보약을 많이 해 먹는다. 약재로 먹는 보약도 좋지만 먹을거리로 섭취하여 먹으면 몸도 마음도 가벼워지는 기분이 든다.

봄이 오는 길목에 체력이 떨어진다고 생각이 들면 진안관에 들러서 자연에 감사하는 마음으로 애저찜을 먹어보자. 그 고소한 맛에 봄이 오는 냄새가 가득히 담겨 한여름 무더위도 잘 견디어 낼 수 있다.

또한 《규합총서》의 내용을 살펴보면 순창고추장을 지역특산품으로 소개하고 있다. 고추장을 만드는 데 필요한 재료와 양을 조목조

목 열거하였다. 특히 이 책에서는

> 고추장을 담글 때 소금이 아닌 간장으로 간을 맞추는 새로운 방법이 소개되고 있으며 맛을 좋게 하기 위해 대추 두드린 것과 육포가루, 꿀을 한 숟가락씩 넣으면 좋다.

고 했다.

이 책엔 우리나라 8도에서 나는 것으로, 김제 능금, 남원 종이, 임실 시설, 무주 청옥채(靑玉菜), 자옥채(紫玉菜), 전주 연엽찜(蓮葉, 소의 볼기에 붙은 고기), 전주 만마도 종이, 마곡 종이, 화각기(畵刻器), 소접(작은 접시), 죽력고, 순창 고추장, 책지(冊紙), 진안 담배, 모시 등이 유명하다고 했다.

'과하주(過夏酒)'는 봄과 여름 사이에 곡류로 술을 빚어 발효시켜 소주를 넣어 저장성을 높인 술. 여름이 지나도 변하지 않는다고 하여 과하주(過夏酒)라고 한다. 즉, 지날 과(過), 여름 하(夏) 자를 써 '여름을 넘긴다.'는 운치 있는 술이다.

과하주는 고조리서인 《음식디미방》, 《양주방(釀酒方)》, 《규합총서(閨閤叢書)》에 다음과 같이 구체적인 조리법이 기록되어 있다.

《음식디미방》에는

> 누룩 2되에 끓인 물 한 병을 식혀 부어서 하룻밤 재워 두었다가 주물러 체에 밭쳐서 걸러 찌꺼기는 버린다. 찹쌀 한 말을 여러 번 씻은 후 쪄서 식거든 누룩물에 섞어 넣었다가 3일 후에 소주 14국자를 부어 두면 7일 후에 맵고 단 술이 된다.

고 했다.

《양주방》에는

    찹쌀 한 말로 지에밥을 쪄서 차게 식힌 것에 누룩 5홉을 고르게 치대면서 섞어 하룻밤 둔 다음, 소주 20대야에 누룩 7홉 정도를 부어 20~30일간 삭힌다. 이때 누룩이 많으면 색깔이 붉어지고 맛이 안좋다.

고 했다.

《규합총서》에는

    멥쌀 한 되나 두 되를 가루 내어 죽을 끓여 차게 식힌 후에 가루 누룩을 버무려 밑술로 한다. 이것이 고이기 시작하면 찹쌀 한 말로 지에밥을 쪄서 차게 식혀 밑술에 버무려 두었다가 7일 후에 소주 20국자를 넣어 소주 맛이 없어질 때 마신다.

고 했다.

  이같은 기록에서 보듯 과하주는 곡류(찹쌀, 멥쌀)를 주재료로 하여 술을 빚은 후에 소주를 넣은 술이다. 조선 초기부터 서울을 중심으로 여러 지방에서 빚었는데, 그중에서 경북 김천 과하주와 전주 과하주가 유명하다.

  김천 과하주는 다른 과하주와는 달리 소주를 넣지 않고, 과하천의 물로 빚은 것이 특징이다. 누룩은 통밀을 곱게 갈아 밀가루와 밀기울을 과하천의 물로 빚어 짚, 쑥, 황국으로 한 달 가량 띄운다. 과하천의 물에 누룩가루를 섞어 우려낸 누룩물에 찹쌀 고두밥을 섞어 반죽하여 쳐서 떡처럼 되면 독에 옮겨 담는다. 독의 뚜껑을 창호지로 여러 겹 싸고 발효시켜 약 90일 정도 되어야 향미가 좋아진다. 알코올 농도는 23~25퍼센트 정도로 한여름에도 술맛이 변하지 않는다고 한다.

전주 과하주는 소주를 부어 주도를 높였으며, 여러 약재나 꿀을 넣어 땅속에 묻은 후 여름철에 많이 사용하였다. 봄과 여름 사이에 멥쌀 한 되를 가루로 만들어 범벅처럼 개어 아주 서늘하게 식으면 누룩가루를 넣어 밑술을 만든다. 일주일 후에 멥쌀 2말로 지에밥을 쪄서 물을 20되를 넣고 끓여서 식혀 밑술에 넣는다. 맛이 써지면 찹쌀 한 말을 쪄서 식혀 그 술밑에 버무려 두었다가 맛이 써진 후에 고아서 붓고 7일 만에 소주 20국자씩 부어서 마신다.

'조선시대에 폭넓게 빚어 마셨는데, 지금도 전국에서 가장 광범위하게 전승되고 있다. 현재 경북 김천에서 시판되는 과하주가 있고, 10년 전 전주에서 '장군주'라는 이름으로 시판된 과하주가 있다. 또 전주에 사는 시인 권오표 씨가 빚는 과하주, 변형된 이름으로 전하는 보성 '강하주', 영광 '강할주'가 있다. 과하주가 폭넓게 전해 올 수 있었던 이유는 여름술이기 때문이다. 여름에도 두고 마실 수 있는 독보적인 술이어서 여러 집에서 이 비방을 숙지하고 있었던 것이다.

과하주를 찾아 길을 떠나 보자. 김천 직지사 들목에서 황간 쪽으로 넘어가는 지방도 초입에 김천 과하주 술도가가 있다. 송강호 씨가 약주 16도짜리와 과하주 23도, 30도짜리 술을 빚고 있다. 이 술은 언제든 맛볼 수 있고, 술도가를 찾아가면 술에 대한 얘기도 들을 수 있으니 여기서 상세하게 언급하지 않기로 한다.

대신 독자들이 쉽게 접할 수 없는 과하주를 찾아 보자. 1990년대 초반 전주 금상동에서 술도가를 운영했던 김재희 씨가 있다. 김제시 금산면 성계리가 고향인데, 그의 어머니 김남옥 씨가 여러 가지 술을 잘 빚었다. 그중 과하주 빚는 솜씨가 좋아 교통부의 추천을 받아 민속주로 등록해 35도짜리 과하주를 출시했다. 술 이름은 '장군주'라고 했다. 김재희 씨 부친의 친구인 조병희(가람 이병기 선생의 조카이며, 이강주를 빚는 조정형 씨의 부친. 전주에서 영향력 있던 문화계 인물로, 2002년에 작고했다.) 씨가 붙여준 이름이다.

언양 김씨인 김재희 씨 집안에 명성 있던 인물로 김천일 장군이 있다. 김천일 장군은 술을 좋아하여 호리병을 차고 전장에 나갈 정도였다고 한다. 비록 김재희 씨가 김천일 장군의 직계는 아니지만, 장군을 배출한 집안에서 빚은 술이라 하여 장군주라고 이름짓게 됐다고 한다. 그러나 장군주는 1년쯤 출시되다 중단되고 말았다.

명절 때 서울의 백화점에 납품했는데, 중간 납품업자가 4t짜리 트럭 한 대 분량의 술값을 떼먹고 달아나버린 것이다. 그 충격으로 술도가가 부도나고, 김재희 씨 가족은 뿔뿔이 흩어지는 신세가 되고 말았다.

현재 김재희 씨는 서울에서 언양 김씨 대종회 일을 보고, 그의 어머니 김남옥 씨는 경기도 오산시 남사면 원암리에서 산다.

김남옥(83) 씨를 찾아갔다. 원암리 들판, 빈집이 많은 허름한 빌라에서 홀로 지내고 있었다. 집에 들어서니 신발장 앞에 대형 플라스틱 술통이 놓여 있다.

1년 전에 전주 월드컵 경기 기념으로 빚은 과하주였다. 술통을 열어 보니 단단해진 술지게미 속에 커다란 용수가 박혀 있다. 용수 속에는 불그레한 술이 고여 있는데, 술지게미는 1년이 지났음에도 불구하고 아무런 이상이 없었다. 곰팡이가 피지도 않았고, 삭아 문드러지지도, 썩지도 않았다. 군내도 안 났다. 오래도록 소주에 전 탓이었다. 귀가 안 좋아 큰 소리로 말하는 김 할머니는 "지금도 소주를 부어 과하주를 걸러 먹을 수 있어요."라고 했다.

김 할머니는 이튿날 원불교 교당에 나가기 위해 옷을 다리던 중이었다. 오전 7시에 버스를 타고 서울 용산에 있는 원불교 본당에서 예불을 드리고 돌아오면 오후 4시 반이 된다고 했다. 그가 1주일에 한 번 하는 유일한 외출이었다.

순창에서 태어나 김제로 시집와 전주에서 술도가를 할 때까지 어려움 없이 살았는데, 술도가로 파산한 뒤 객지 생활을 하게 됐다. 그는 독실한 원불교 신자로, 종교를 통해 마음의 평온을 얻은지라 마치 남의 일처럼 "시골 사람 망하믄 다 서울로 오잖아요."라고 했다.

그가 빚을 줄 아는 술은 많았다. 제조 기간으로 구분되는 술들로 9일주, '진양주'라고 부르는 15일주, '평양주'라고 부르는 20일주, 40일주, 과하주라고 부르는 60일주, 100일주가 있었다. 동동주와 비슷한 '점주', '석탄향주'도 빚을 줄 알았다. 제조 기간이 길어질수록 누룩을 적게 쓰는데, 주로 멥쌀 2되로 밑술을 잡고 찹쌀 1말로 덧술을 했다. 밑술을 할 때 15일주는 죽을 쑤고, 20일주는 흰무리떡을 하고, 40일주는 생쌀가루를 뜨거운 물에 반숙하여 빚었다. 60일주와 100일주는 물을 쓰지 않고 술로 술을 빚었다. 그의 술 빚는 비방 속에 전통술의 모든 기법이 담겨 있었다.

그는 열다섯 살에 친정에서 혼례를 치르고 열여섯 살에 시집을 갔다. 친정은 울산 김씨 집안으로, 그의 아버지는 간재 전우의 제자인 위재 김여중 씨였다. 상투를 틀고 신학교에 가지 않는 것을 최소한의 충절이라고 여겨 일가친척들에게 자신의 뜻을 관철했다.

친정 어머니는 음식 솜씨가 좋고 술을 잘 빚었다. 그는 어머니가 빚었던 술을 다 배웠더라면 수도 없이 많은 술을 빚었을 것이라고 했다. 그의 시댁 또한 살림살이가 넉넉했다. 시어머니도 음식 솜씨가 좋고 술을 잘 빚어 그는 어깨너머로 자연스럽게 술을 익히게 되었다. 일제 강점기에는 단속이 심해 술을 제대로 빚지 못했지만, 해방 뒤로는 술을 자주 빚어 먹었다고 했다. 김 할머니는 뜻밖에 자신의 술 중 가장 빚기 쉬운 술이 60일주인 과하주라고 했다.

그러고는 냉장고 문을 열더니 과하주를 꺼내 잔을 3분의 1 가량 채우고, 3분의 2를 포도주스로 채워 즉석 칵테일을 건네주었다. 단맛이 강하게 느껴지고 미세한 전류처럼 알코올 기운도 느껴졌다. 김 할머니는 과하주를 빚기 위해 우선 보리소주를 빚는다. 보리는 척서(滌暑), 즉 더위를 씻는 음식이어서 여름술인 과하주에 어울린다고 했다. 고슬고슬한 보리밥 1말에 누룩 3되를 섞어 항아리에 넣고 7일간 발효시킨다.

이때 술이 시어져도 상관없지만, 술이 부글부글 괴어 힘있게 발효할 때 가마솥에 넣고 소주를 내리면 술 양이 많아진다. 보리쌀 1말로 빚은 발효주에서 25도 소주면 됫병 4개 분량, 30도 소주면 됫병 3개 분량이 나온다. 이렇게 보리소주를 내린 다음 본격적으로 과하주를 빚는다. 우선 찹쌀 1말을 댓잎과 솔잎을 넣고 찐다. 쪄낸 찹쌀 고두밥을 누룩 1되와 잘 버무려 주먹만 하게 뭉쳐 항아리에 차곡차곡 담아 넣는다. 그 다음 됫병 10개 분량의 보리소주를 붓는다. 이때 45도 소주를 부으면 10도쯤 떨어져 35도짜리 과하주가 된다.

항아리 덮개는 예전에는 기름 먹인 종이를 썼지만 요새는 비닐을 사용한다. 베보자기로 싸면 알코올 성분이 날아가기 때문에 피해야 한다. 밀봉하기 전에 산약(마)·인삼·백봉령·산사를 그물망에 넣어 항아리에 담아 둔다. 밀봉하고 60일을 기다리는데, 30일쯤 지나 술을 한 번 저어주기만 하면 된다.

김 할머니가 과하주 빚기가 쉽다고 한 것은 온도 조절에 그다지 신경쓰지 않아도 되기 때문이다. 오뉴월에 불 땐 방에 항아리를 놓아두어도 좋고, 한여름에 이불 씌우고 비닐 덮어 건물 옥상에 놓아 두어도 술은 된다. 식혜 만들듯 하면 된다는 것이 김 할머니의 말이다. 60일간 발효시키는 전주 과하주의 특징은 보리소주를 사용하고, 60일 동안이나 발효시킨다는 점이다. 그리고 녹두 누룩을 사용하며 여러 가지 약재를 사용한다는 점이다.

김재희 씨는 녹두와 쌀을 가루내 3대 2의 분량으로 혼합해 빚은 누룩을 특허까지 내놓았다고 했다. 이제 누룩 특허 보호 기간도 15년에서 3년밖에 남지 않았다고 했다.

김재희 씨는 제조 과정에 간섭만 하지 않는다면 누구와도 손잡고 과하주를 부활시키고 싶은데 마땅한 사람을 찾지 못해 아쉬워했다. 그러면서도 김 할머니는 술 때문에 가족들이 풍비박산났으니 이제 술을 잊어버렸으면 좋겠다고 했다. 전주 과하주뿐만 아니라 문화재나 명인 지정을 받은 전통주들이 '가양주'에서 출발해 대량생산되는 상품으로 탈바꿈했다.

그런데 외부 자본이 투입된 것도, 외부 기술이 결합된 것도 아니어서 영세한 규모를 벗어나지 못하는 곳이 많다. 술만 잘 빚을 줄 알던 사람들이 상표 디자인을 하고, 홍보도 하고, 판로를 개척해야 하니 어려움이 클 수밖에 없다. 그러다 보니 김 할머니의 경우처럼 한 집안을 풍요롭게 했던 가양주가 한 집안을 수렁에 빠뜨리는 경우도 생겨난 것이다.

특히 전주 과하주의 김남옥 할머니 사례에서 보았듯 1년 된 술지게 미에 소주를 재차 붓고 용수에 고인 술을 떠 먹어도 맛이 좋다고 하니, 술 좋아하는 사람들은 과하주 한 독 빚어 놓고 두고두고 소주를 부어 우려 마셔도 좋을 듯하다.

우리 선조들과 함께 무더운 여름을 넘겼던 지혜로운 술 과하주, 우리 술의 비방이 총결합된 과하주, 지방화되어 제각각의 비방으로 빚어지는 과하주, 술로 술을 빚었던 과하주, 이 과하주를 한데 모아 잔치라도 벌였으면 좋겠다. 아직 모습을 드러내지 않은 과하주가 도처에 있을 테니 말이다.(허시명)

지난 2006년 한스타일사업의 일환으로 문화체육관광부에서 발주하고 서천문화원에서 수행해서 발간된 '전통가양주실태조사' 보고서가 있다. 이 보고서에는 일반에게 잘 알려져 있지 않은 전북의 가양주가 여럿 소개되어 있다.

장수 권씨네 과하주와 점주

장수군 산서면 오산리에서 살고 있는 안동 권씨 집안의 가양주인데, 청주에 소주를 섞어 만드는 과하주이다. 과하주는 여름을 넘길 수 있다는 뜻을 가진 혼양주로서 상하기 쉬운 청주를 오래 보관하여 마시고자 했던 지혜가 담긴 술이다. 점주는 술에 물이나 감미료를 타서 마셨던 일종의 칵테일이다. 우리 술문화의 다양성을 보여주는 중요한 술이다.

전주 권오표 과하주

권오표 시인이 어머니에게서 전수받아서 빚는 과하주는 그 맛이 입소문을 타서 알 만한 사람은 다 아는 술이다. 멥쌀을 섞어 쓰며 감국이 들어간다는 게 특이하다. 권요표 시인은 순창 적성면 운림리가 고향인데 이 마을 사람들은 거의 술을 빚었다고 한다.

부안 팔선주(八仙酒)

부안군 상서면 청림리에서 빚는 청주이다. 신선이 8마리의 말을 타고 내려와 팔마산에서 마셨던 신선주라는 설화가 있다. 단맛이 도는 깔끔한 맛을 가지고 있어서 상품적 가치도 크다. 부안군에서 상품화하려는 시도는 있었으나 결실을 맺지 못했다.

남원 삼해주

삼해주는 여러 문헌에 나오는 술이다. 하지만 남원에서 빚어지는 삼해주는 문헌상의 술과 차이가 있다. 전승되는 과정에 변형된 것으로 보인다. 세 번 술덧을 하여 100일 간 발효시킨다. 짙은 호박색이 감도가 좋고 점도가 높아서 풍미가 뛰어난 고급 청주이다. 이 또한 상품적 가치가 크다.

정읍 솔순주

녹두와 쌀을 쪄서 소나무 순과 소나무 뿌리를 이용해 빚는 청주인데, 과거에 전해오던 전주 장군주와 유사한 술이다. 장군주는 언양 김씨 가문의 가양주였는데 녹두곡을 사용한다는 점과 솔잎 등을 첨가한다는 점에서 비슷하다. 다른 점이 있다면 장군주는 소주를 부어 과하주로 만들어 마셨다는 것.

이밖에 무주군 적상면에서 빚는 천마국화통합주, 완주군 비봉면 일대에서 빚는 구절초주, 무주군 적상면 사천리 안국사에서 빚어왔던 안국사 청주 등이 보존할 가치가 있는 술이다. 기능보유자와 전승경로, 기본제조방법 등이 수록되어 있는 이 보고서는 매우 중요하지만, 이후 아무런 정책적 조치를 취하지 않아서 의미가 반감되고 있다. 더욱 안타까운 것은 제보자들 대부분이 70대 할머니들이고 전승자가 없어서, 언제 전승이 끊길지 모른다는 점이다.(이경진)

빙허각 이씨가 51세에 저술한 《규합총서》는 언문으로 기록된 우리나라 최초의 가정백과 사전으로 술과 음식, 바느질, 길쌈, 병 다스리기, 살림 등 다양한 내용이 집필되어 있다.

빙허각 이씨(1759~1824)는 전주 이씨로 조선 영조 35년(1759)에 서울에서 태어났다. 어릴 때부터 총명해 15세 때부터 저술에 능하고 한문학에도 뛰어났다고 한다.

이 씨의 남편은 박제가, 이덕무 등 실학자들과 교류했던 서유본으로 《규합총서》라는 책명은 서유본이 지어줬다고 한다.

서유본의 아버지는 조선의 여건에 맞춘 농업지침서인 《해동농서》를 집필한 서호수(1736~1799)이고, 동생은 1827년 경 가장 방대한 분량의 술 제조법을 기록, 농촌 생활에 필요한 내용과 900 여종의 인용서목을 기재하여 학문적인 가치가 매우 높은 『임원경제지(임원십육지)』를 집필한 서유구이다.

서유본의 7대조인 약봉(藥峯) 서성은 청주의 대명사로까지 쓰인 '약주'라는 술 명칭에 대한 일화를 남길 정도로 서씨 가계는 술과 아주 가까운 내력을 갖고 있었다. 어쩌면 이런 시댁(서씨 집안) 가정환경에서 빙허각 이씨가 완성도 높은 《규합총서》를 집필한 것은 당연한 귀결이었는지도 모른다. 3대에 걸쳐 완성된 이 책은 1809년(숙종 9) 빙허각 이씨가 부녀자를 위하여 엮은 일종의 여성 생활 백과이다.

현재 목판본 1책(가람문고판), 필사본(2권 1책)으로 된 부인필지(1권 1책. 국립중앙도서관 소장본) 및 개인소장본(필사본 6권) 등이 전해지고 있다.

본래 작자.제작연대 등이 미상이었으나, 1939년 《빙허각 전서》가 발견되면서 이 책의 1부작으로 확인되었고, 작자도 조선 영조 때의 실학자 서유구의 형수임이 알려졌다.

빙허각은 1759년 평양감사를 지낸 전주 이씨 집안 이창수의 딸로 태어났다. 이 해는 최초의 페미니스트 저술 〈여성의 권리 옹호〉를 쓴 것으로 널리 알려진 메리 울스턴크래프트가 태어난 해이기도 하다.

이 아이는 어린 시절부터 총명하기가 누구와도 비할 수 없을 정도였고, 젖니를 갈 무렵에는 자신의 이가 다른 아이보다 늦게 갈린다고 스스로 이빨을 뽑을 정도로 고집이 세고 당찼다.

아이의 아버지 이창수는 학자로 슬기로운 딸에게 어려서부터 다양한 학문을 지도했다. 이 아이는 나이 열한 살 때 빙허각(憑虛閣)이라고 자신의 호를 스스로 정한다. 빙허각은 '허공에 기대선 여자'라는 뜻이다.

빙허각은 열 다섯 때 학자 집안이었던 달성 서씨 집안의 서유본과 혼인한다.

서유본의 할아버지이자 세손 정조의 스승이었던 서명응은 손녀며느리의 학문적 성취에 크게 탄복했고, 그 성취를 아깝게 여겨 자신의 아들 서형수와 학문적 제자인 유금을 통해 손자며느리인 빙허각에게 학문을 지도하게 한다.

빙허각은 훗날 《임원경제지》를 남긴 대학자 서유구를 포함해 자신의 남편인 서유본, 서유긍 등 또래 중에서도 발군의 실력을 보여 지도적 역할을 한다.

  빙허각이 살던 시대는 세계적으로 백과사전 편찬의 바람이 일고 있었다. 통치자를 위한 학문에서 일상 생활을 위한 보편의 학문의 시대가 열린 것이다.

  빙허각은 한글로 된 최초의 여성백과사전인 《규합총서》를 집필했다. 《규합총서》는 식생활, 의생활, 농사, 태교와 아기 기르는 법, 거처를 정갈하게 하는 법 등과 같은 당시 여성의 책임으로 된 생활 전반으로 다루고 있다.

  《규합총서》는 무엇보다도 한글로 쓰여져, 한문을 잘 모르던 여성을 주독자층으로 하고 있음을 명확히 하고 있다. 《규합총서》 외에도 빙허각은 《청규박물지》와 《빙허각시선》 등 문학적 성취도 남기고 있다.

  빙허각 이씨에 대한 기록은 시동생이었던 서유본이 빙허각의 죽음 이후 남긴 묘지명 '수씨단인이씨묘지명(嫂氏端人李氏墓誌銘)'에 남아 있다. 여성들에게 교양지식이 될 만한 주사의, 재의, 직조, 수선, 염색, 문방, 기용, 양잠 등에 관한 것이 한글로 수록되어 있다. 지금은 알 수 없는 각종 비결과 문자가 많아 당대의 생활사를 연구하는 데 좋은 자료가 되고 있다.

04

《도문대작(屠門大嚼)》과 함라 반지

전북은 비옥한 들과 너른 바다에서 생산되는 넉넉한 농수산물이 있어 푸짐한 음식 문화가 발달한 곳이다.

전주는 눈처럼 희고 소담스러운 백산자가 유명했다. 백산자를 전주에서 잘 만드는 것은 좋은 전주엿이 생산됐기 때문이다. 《세종실록》 3년(1421년) 1월 13일조에 의하면, 예조에서 진상하는 물목을 아뢰면서 "백산자는 오직 전주에서만 만드는 것"이라고 했다.

> 봄철이면 고사리고 비취나물을, 가을에는 호박가지, 무, 버섯들을 말렸고, 끓는 물에 슬쩍 데쳤다가 말리는 고춧잎, 날것대로 썰어 말리는 고지나물은 종류를 헤아릴 수 없었다. 그뿐 아니라 서해안 생굴을 소금 탄 물에 깨끗이 서너 번 씻어 헹군 뒤 소금 뿌리고 끓는 물에 탄 고춧가루 넣어서 버무려 담근 어리굴젓.(하략, 최명희《혼불》중에서)

고전소설《춘향전》과 최명희의 소설《혼불》을 보면 전북의 다양한 음식이 소개되고 있으며, 채만식의 소설《탁류》에는 뱅어요리가 일품으로 소개된다. 고창 도산 김정회 고가는 집안대대로 전승돼온 즙장의 맛이 일품이다.

소설 《남부군》에서 이태가 회문산에 가기 전, 전주 오목대 부근에서 떡을 사먹고 출발하는 장면이 나온다.

기록에 의하면 전주의 고속버스터미널 부근과, 삼천 부근에도 떡전거리가 각각 있어 지나가는 길손들이 떡을 사먹었다. 먼 옛날에 이 거리는 전주를 통과점으로 정하고 전라좌도 쪽에서 상경길에 오르거나 한양으로부터 하향길을 잡아 내려오는 나그네들이 거쳐갔으니, 과거를 보러 괴나리봇짐으로 집을 나선 선비와 상사치들이 떡 한 입을 오물오물 먹으면서 건너갔다.

하지만 지난 1960년대 전주비빔밥으로 유명세를 탔던 옴팡집이 흔적도 없이 사라지고, 전주의 명주였던 장군주와 간을 맞출 때 썼던 전주즙장(全州汁醬, 白氏醬)이 거의 실전하는 상황을 맞이하고 있는 것이리라. 즙장은 여러 달 발효시키는 것이 아닌, 담가서 먹는 속성장이며 별미장의 하나다. 이보다 앞서 1766년에 발간된 《증보산림경제》의 9권 '치선(治膳)'편에서는 '전주즙장'이 별도로 언급된다. 이는 고문헌에서 소개하고 있는 즙장류 중 유일하게 지역 이름이 붙은 장이다. 이어 1930년대 발간된 서유규의 《임원십육지》에서도 전주즙장에 관한 기록이 보인다.

익산시 함라면은 전통 '반지김치'로 유명세를 떨치고 있다. 이는 전체를 버무리는 일반 김치와는 달리 김치소만 버무려 멀건 배추 속에 차곡차곡 넣고 지푸라기로 꽁꽁 묶은 후 단지 속에 넣고 젓국을 부어 숙성시키는 게 특징이다. 지금의 물김치와 비슷하지만 맛에서는 확연히 다르다.

반지라는 명칭은 나주 양반가에서 먹어오던 김치라는 뜻에서 유래하였다고도 하고 백김치와 배추김치의 반반씩을 닮아 있다 하여 붙여진 것이라고도 한다.

 배추김치의 맵고 깊은 맛, 젓갈과 육수의 감칠맛, 백김치의 시원하고 개운한 국물맛이 섞여 있는 대대손손 전해 내려온 전북 대표 김치다. 잘 절여진 배추는 상처나지 않은 부분으로 잘 고르고, 배추 속으로 들어갈 배, 무, 밤, 석이버섯, 표고버섯, 홍고추, 파, 미나리, 갓, 청각 등을 정교하게 채썰어 둔다. 기름기가 적은 양지머리를 삶은 육수와 새우젓이 반지용 국물과 더해져 깊은 맛이 남다르다.

 이 육수에 물고추와 고춧가루로 다홍빛 색을 내고 준비해둔 배추 속에 부은 후 양념이 배어들면 배추 켜켜이 충분히 바르듯 올린다. 정성이 안 들어간 전통김치가 없지만 특히 반지는 매 과정마다 높은 집중력과 차분한 마음가짐이 필요한 김치다.

 반지김치는 조상엽 할머니와 서익산농협 본점 앞 정미소집 김효연 할머니, 김순자 할머니 등이 담그고 있다.

 이들은 지금의 물김치와 비슷하지만 맛에서는 확연히 다르다고도 했다. 재료는 쪽파, 대파, 당근, 생강, 대추, 밤, 무, 석이버섯, 미나리, 청각, 배 등을 비롯해 조기와 갈치, 새우까지 들어간다. 조기와 갈치를 잘게 토막 내어 양념에 버무리고, 새우는 배를 갈라 반으로 자른 후 따로 고춧가루와 젓국으로 버무려 김치소를 만든다. 반지는 모든 한식과도 잘 어울리지만 특히 육류와 함께 먹으면 고기의 담백함과 반지의 개운함이 잘 어울려 더욱 맛이 있다. 많이 맵지 않아 균형있는 영양 공급이 필요한 산모들에게도 좋은 김치다. 반지는 익지 않은 상태로 보내드리오니 받으신 직후 냉장고에 넣어 10일~14일 정도 충분히 익혀 먹기 바란다.

이들 할머니들은 "옛날 웅포 곰개나루에 배가 들어온 시절엔 해산물이 풍부해 김치를 담가 먹었다"며 "함라가 부자 동네여서 고급으로 김치를 담가 먹었다."고 했다.

할머니들은 "옛날엔 반지김치를 단지에 담아 땅에 묻고 3~4개월 묵힌 후 정월부터 꺼내 먹었는데 맛이 기가 막히다."고 엄지손가락을 치켜세웠다.

함라의 '파전'도 색다르다. 소고기를 잘라 참기름에 버무린 후 적당히 자른 대파와 함께 꼬치에 꿰어 밀가루를 뿌리고 솥에 5분 가량 찐다. 이후 깨소금, 참기름, 간장을 섞은 양념장을 프라이팬에 두른 후 조리하는 게 특징이다.

할머니들은 "지금도 명절이나 제사 때면 해먹는 음식"이라며 "정종과 같이 먹으면 좋은 술안주다. 타지에 사는 자녀들이 파전 없으면 안 오겠다고 할 정도로 맛이 좋다."고 했다.

역시나 그 맛은 세상에 없던 맛이다. 함라 토종 '미나리'로 만든 미나리김치는 입안에 향긋한 향이 맴돌았다. 할머니들은 함라 토종 미나리는 속이 비어 있는 일반 미나리와 달리 속이 꽉 차 끊으면 똑똑 소리가 난다고 했다.

> 병이류에서 소개한 대만두는 보만두라고도 불리며 자잘한 만두들을 거대한 만두피에 한데 넣고 다시 한번 복주머니처럼 묶은 음식으로 평안도 의주 지방 사람들이 중국 사람들만큼 대만두를 잘 만든다. 백산자(박산. 쌀로 만든 백당을 고물에 묻혀 먹는 한과)는 전주, 석이병은 금강산, 다식은 안동, 엿은 개성, 약밥은 경주 등이 잘한다.

바로 인근의 함열에서 허균이 《도문대작(屠門大嚼)》을 펴냈지만 이를 아는 사람들이 드물다.

이는 광해군 시절 당쟁에 휘말려 함라에 귀양을 온 허균이 귀양지에서 그간 자신이 먹어본 팔도 음식들을 지역별로 기록한 책이다. 조리서가 거의 없던 조선 중기 팔도 음식을 기록한 것이라 사료적 가치가 높다.

미륵사지에 가면 김장독 하나가 있다. 오늘날의 김치냉장고에 해당된다. 전주 학인당에는 250여 년 된 땅샘이 있다. 냉장고 회사의 홍보물과 방송에 나오게 할 수는 없나. 익산 왕궁리 유적에서는 백제 사비기 왕궁의 부엌(廚)터로 추정되는 건물터가 발견되기도 했다.

백제시대의 음식을 파는 곳, 옷을 파는 곳을 만들어 관광객들을 끌어들일 수 없나. 그것이 어렵다면 이를 체험할 수 있도록 했으면 어떨까 한다. 세계문화유산 미륵사지에 오면 백제인들의 옷을 입고 그들의 음식을 맛볼 수 있는 날은 언제일까.

05

허균의 사우재(四友齋)

풍속은 화순和順이요, 인심은 함열咸悅이라.

〈호남가〉에 나오는 "인심은 함열咸悅이다."라는 말이 괜히 생겼겠는가? '다 함께 기쁘다.'는 함열이란 명칭에 어떤 의미와 역사가 있는 건 당연하다고 여겨서다. 《홍길동전》의 저자 허균(許筠)은 이곳 익산 함라에서 조선시대 음식 품평서 《도문대작(屠門大嚼)》을 썼다.

29세에 장원급제해 황해도 도지사가 되지만 한양 기생을 가까이 했다는 이유로 파직된 것을 시작으로 수많은 우여곡절을 겪다가 이곳으로 유배를 왔다. 그 때가 광해군 3년(1611년 1월)이었고 그의 나이 43세였다. 그는 1613년까지 이곳에 머물면서 시(詩)·사(辭)·부(賦)·문(文) 등 자신의 옛 글을 정리해 《성소부부고惺所覆瓿藁》64권을 저술했다. 요즘 사람들로부터 배척받았으므로, 그는 옛사람 가운데서 친구를 찾았다. 그가 세든 집에 이정(李楨, 1578~1607)이 그려준 도연명, 이태백, 소동파 세 친구의 초상화를 걸어놓고, 자기까지 포함, 네 친구가 함께 사는 집이라는 뜻으로 사우재(四友齋)라는 편액을 걸었다.

아아! 나는 참으로 문장이 서툴러 이 세 군자가 여력으로 하는 문장에도 미치지 못한다. 성품이 또한 예절을 꺼리지 않고 망령되어, 그들의 사람됨을 감히 바라볼 수도 없다. 도령(陶令, 도연명)은 평택에서 80여 일(현령으로) 있다가 벼슬을 그만두었는데, 나는 세 차례나 2천 석 녹봉을 받게 되었지만 기한을 다 채우지 못하고 번번이 쫓겨났다. 적선(謫仙, 이백)이 심양이나 야랑으로 쫓겨다닌 것이나 파공(坡公, 소동파)이 대옥(臺獄) 황강으로 쫓겨다닌 것은 모두 어진 이의 불행이다. 나는 죄를 지어 형틀에 묶이고 볼기 맞는 고문을 받은 뒤 남쪽으로 유배되어 왔으니, 모두 조물주의 장난이다. 괴로움을 (그들과) 같이 겪었건만, (그들이) 하늘로부터 받은 천성은 어찌 나에게 옮겨질 수 없었던가.

그는 이정이 그렸던 세 사람의 초상화를 보면서 사우재의 기문을 신해년(1611) 2월 사일(社日)에 지었다.

허균은 기꺼이 만 권 서책의 좀벌레이기를 원했던 책벌레였다. 서재 이름을 책벌레들인 도연명·이태백·소동파와 친구를 맺고 싶다는 뜻에서 '사우재(四友齋)'로 정했고, 혼자만 많은 책을 탐하지 않고 도서관처럼 만들어 지인들과 나눴다.

함라면은 조선시대에는 함열현(咸悅縣)으로 지방 행정구역의 중심지 역할을 했던 곳이다. 그 흔적은 아직도 곳곳에 남아있다. 관청이었던 동헌 터, 공립학교였던 함열 향교, 3부잣집 고택, 마을 돌담길 등이 대표적인 것들이다.

1611년 《홍길동전》의 저자로 잘 알려진 허균의 유배지이기도 하다.

허균은 이곳에서 10개월간의 유배 생활을 하면서 팔도 음식을 기록한 《도문대작(屠門大嚼)》을 남겼다. 그렇게 잘 나갔던 함라는 근대로 접어들면서 발전이 둔화되면서 관심에서 멀어진 지역이 되었다. 가장 큰 영향을 주었던 것은 철도였다.

호남선의 대전-이리 구간은 1912년 개통이 되었는데 함라에서 떨어진 지금의 함열읍 쪽으로 철도가 놓인 것이다. 당시에 함라에 사는 양반들이 반대해서 그렇게 되었다는 이야기가 전해진다. 그 결과로 두 지역은 상반된 길을 가게 된다. 함열에는 와리(瓦里)라는 지명이 지금도 남아있다. 지명을 통해서 추정을 해보면 기와를 굽던 마을로 낮은 계층의 사람들이 살던 곳으로 보인다. 그러던 것이 철도 개통 이후에는 점차 발전되어 읍으로 성장을 한 반면에 함라는 한참 뒤처지게 되었다. 이곳 들판으로 기차가 다니기 시작해서 100년이 더 지난 지금에서야 함라의 존재 가치가 다시 조명을 받고 있다.

삼부잣집 고택(고택 세 군데 중에서 한 곳만 개방되고 있는 것은 아쉽다.)과 마을 돌담길을 알리기 시작했고, 함열향교도 관광객들에게 개방을 했다. 최근에는 한옥마을을 조성, 2017년부터 체험관을 운영을 하고 있다. 함라를 익산의 대표 관광지로 만들기 위한 노력이 시작된 셈이다. 식당인 '함라도문대작'은 함열에서 유배생활을 한 허균의 '요리서'에서 따온 명칭이다. 이곳은 숙박예약 시 이용 가능하며, 재첩국, 전복죽, 갈비찜 등 전통음식을 맛볼 수 있다. 향교 뒤에 구절초가 재배되고 있어 이름 지은 찻집 '아홉마디풀향기'에서는 그윽한 차를 마시며 한옥에서 여유를 느낄 수 있다.

우리나라 최초의 한글소설《홍길동전》의 저자로 유명한 강릉 출신 교산 허균(1569~1618)은 조선시대 최고의 미식가였다. 하지만 그가 익산 함열에서《도문대작(屠門大嚼)》을 펴냈지만 이를 아는 사람들이 드물다. 이는 광해군 시절 당쟁에 휘말려 함라에 귀양을 온 허균이 귀양지에서 그동안 자신이 먹어본 팔도 음식들을 지역별로 기록한 책이다. 조리서가 거의 없던 조선 중기 팔도 음식을 기록한 것이라 사료적 가치가 높다.

그는 1611년 푸줏간 문을 향해 입맛을 다시며 마음을 달랜다는 의미와 조선팔도 향토음식 품평서라는 점, 우리 지역인 함열(익산 함라)에서 10개월여 동안 이 책을 집필했다. 그는 고기를 먹고 싶으나 먹을 수가 없으므로 도문(屠門, 도살장의 문)이나 바라보고 대작(大嚼, 질겅질겅 씹는다.)하며 자위한다는 제목에서 알 수 있듯 귀양살이하면서 거친 음식을 먹게 되자 예전에 먹었던 맛난 음식 생각이 간절해졌고, 그것이 저술 동기가 됐다. 그는 신해년(1611, 광해군3) 4월 21일, 날짜까지 박아 서문을 쓴 뒤, 허균은 별미들의 리스트를 작성했다.

《도문대작》은 방풍죽(防風粥:강릉)·석이병(石耳餠:개성)·엿·대만두(大饅頭)·두부·다식(茶食)·웅지정과(熊脂正果) 등 병이류(餠餌類) 11종, 강릉의 천사배(天賜梨), 전주의 승도(僧桃) 등 과실류 28종, 곰의 발바닥(熊掌), 표범의 태(豹胎), 사슴의 혀와 꼬리 등 비주류(飛走類) 6종, 붕어·청어·복어·송어·광어·방어·도루묵·홍합·대하 등 해수족(海水族) 46종, 무·배추 등 채소류 33종, 기타 5종을 나열하고, 이들 식품의 특징과 명산지를 밝혔으며, 서울 음식 28종을 계절과 재료에 따라 분류했다.

《도문대작》은 조선시대를 통틀어 최고의 요리책으로 평가받고 있다. 전북 관련 글을 뽑아 소개한다.

> 생강[薑]: 전주에서 나는 것이 좋고 담양과 창평의 것이 다음이다
>
> 도하(桃蝦): 부안(扶安)과 옥구(沃溝) 등지에서 난다. 색이 복숭아꽃 같은데 맛이 매우 좋다.
>
> 오징어[烏賊魚]: 서해에서는 일부 지방에서만 잡히는데 흥덕(興德)과 부안(扶安)에서 잡히는 것이 가장 좋다.
>
> 뱅어[白魚]: 얼음이 언 때 한강에서 잡은 것이 가장 좋다. 임한(林韓)·

임피(臨陂)지방에서는 1~2월에 잡는데 국수처럼 희고 가늘어 맛이 매우 좋다.

녹미(鹿尾 사슴의 꼬리): 부안(扶安)에서 그늘에 말린 것이 가장 좋고, 제주도의 것이 그 다음이다.

백산자(白散子): 속명은 박산(薄散)인데, 전주(全州) 지방에서만 만든다.

승도(僧桃): 전주(全州) 부근은 모두 승도가 난다. 크고 달다.

엿[飴]: 개성(開城)의 것이 상품이고 전주(全州) 것이 그 다음이다. 근래에는 서울 송침교(松針橋) 부근에서도 잘 만든다.

죽실(竹實): 지리산에서 많이 난다. 내가 낭주(浪州)에 있을 때 노사(老師, 스님)인 선수(善修)가 제자들을 시켜 보내 왔는데, 감과 밤의 가루와 섞어서 만든 것이었다. 몇 숟갈을 먹었는데 종일 든든했다. 참으로 신선들이 먹는 음식이다.

오시(烏枾 먹감): 지리산(智異山)에서 난다. 검푸른 색에 둥글고 끝이 뾰족하다. 맛은 그런대로 좋으나 물기가 적다. 꼬챙이에 꿰어 말려 곶감으로 만들어 먹으면 더욱 좋다.

죽순절임[竹筍醢]: 호남(湖南) 노령(蘆嶺) 이하에서 잘 담그는데 맛이 썩 좋다.

순채[蓴]: 호남에서 나는 것이 가장 좋고 해서(海西) 것이 그 다음이다.

소개된 이들 음식은 허균 자신이 직접 그곳을 찾고 먹어본 것이다. 따라서 간략한 해설이지만 조선시대 지역별 식품의 특징이나 명산지, 조리법 등 식품과 음식의 실상을 알 수 있는 좋은 자료로 활용 가치가 크다.

06

오희문, 임진왜란 때 한끼 7홉의 쌀로 밥 먹다

《쇄미록(瑣尾錄)》은 조선 중기에 선공감 감역을 지낸 비연(斐然) 오희문(吳希文, 1539~1613)이 임진왜란이 일어나자 여러 곳으로 피난하며 10여 년간 쓴 일기이다. 1991년 9월 30일에 보물 제1096호로 지정되었다.

《쇄미록》 저자 오희문은 학문은 뛰어났으나 과거에 급제하지 못한 사대부였다.

《쇄미록》의 뜻은 《시전(詩傳)》 북풍(北風) 모구장(旄丘章)에 있는 "쇄혜미혜 유리지자(瑣兮尾兮 流離之子)"라는 구절에서 따온 것으로, 피난에 대한 기록이란 의미이다. 일기의 끝에 "이제 종이도 다하고, 또 서울에 다시 돌아와 유리(流離)할 때도 아니므로 붓을 그친다."라고 서술하여, 이 글의 목적이 피난 중의 일을 기록하는 데 있었음을 알 수 있다.

그는 임진년 이전인 신미년, 즉 1591년 11월 27일 한양을 떠나 경기도 용인에 사는 처남 서당에서 머문 이야기를 시작으로 1601년 2월까지 9년 3개월간 일기를 썼다.

오희문이 난리 중에도 이와 같은 글을 남길 수 있었던 것은, 그가 당시 관직에 있지는 않았으나 처남인 장수현감 이윤을 비롯, 부여현감 박동도, 정산현감 김장생, 홍주목사 이총, 함열현감 신응구, 한산군수 신경행, 장성현감 이귀, 충청어사 조희보, 목천현감 조형연, 연기현감 임태 등 친인척과 친구들에게 전황을 상세하게 들을 수 있었기 때문이었다. 특히 조보 및 각종 공문서와 의병들의 격문까지 입수, 자료로 활용할 수 있었던 것은 아들 오윤겸이 세자익위사의 시직으로 동궁을 측근에서 시위하고 있었기 때문에 가능했을 것으로 판단된다.

임진왜란이 발발하기 전, 남도로 발걸음을 옮긴 오희문은 또 다른 처남이 수령으로 있는 전라도 장수현에 갔다가 1592년 2월 충청도 영동과 황간에서 외가 친척을 만나고 다시 장수로 돌아온다.

이어 그해 3월에 다시 길을 떠나 전라도 각지를 두루 순례하고 4월 13일 장수에 도착한다.

그런데 며칠 뒤부터 왜선 수백 척이 부산에 나타났다는 소문이 돌았고, 오희문은 각종 풍문과 문서를 글로 남기는 작업에 돌입했다.

그는 10년여 동안 장수, 홍주, 임천, 평강을 거쳐 서울로 돌아온 것이다. 오희문은 당시 왜적이 장수 인근 고을을 침략하고 노모와 처자의 생사를 모르는 상황에서도 각종 문서를 꼼꼼하게 들여다보고 소문의 전달자, 문서 작성일시와 작성자를 빼놓지 않고 기록했다. 오희문은 왜군 침략과 방어 실패, 국왕 피난과 한양 함락, 조선군의 전투 의지 부족과 잇단 작전 실패, 관군 도망과 민심 이반, 의병 활동, 왜적의 부녀 겁탈, 장수현 주변 전황에 대한 소문을 모두 일기에 적었다.

이와 함께 장수현 수령인 처남과 교분을 통해 세자 책봉 교서, 사면 교서, 전 동래부사 고경명 격문, 광주목사 권율 격문, 고부·영동·전주·안음 유생 통문, 곽재우 편지 같은 다양한 문서도 필사했다. 이는 지방에 있는 친척과 노비를 찾아보기 위해 1591년 11월 27일 서울을 떠나 충청도·전라도를 여행하다가 이듬해 4월 장수현에서 왜란을 만나 3개월 동안 영취산의 깊은 산중으로 들어가 피난하기도 하면서, 그해 겨울 강원도로 피난했던 가족을 만나 홍주·임천·평강 등지로 전전한 내용 등이 담겨 있다.

전라감사 이광의 용인 전투에서의 패배, 명나라 군사의 지원과 화의 진행 과정, 화의의 결렬과 왜군의 재침 등 전란의 진행 과정과 왜군의 만행 및 명나라 군사들의 약탈 행위, 곽재우·고경명 등 의병의 활약상, 황폐화된 한양의 모습 등 다른 자료에서 찾아볼 수 없는 사실들이 상세하게 기록되어 있다. 각 책의 말미에는 국왕과 세자의 교서, 의병의 격문, 명장(明將)의 성명문, 각종 공문서, 과거방목, 잡문 등이 수록되어 있다.

《쇄미록》은 개인의 사적인 일을 기록한 일기이긴 하지만, 임진왜란과 정유재란을 전후한 10여 년간의 피난 경험과 직접 보고 들은 전황 등이 많이 수록되어 있다. 또 전란과 관련한 기록 외에도 양반의 특권과 노비제도, 각지의 산물과 풍속 등에 대한 자료가 많아 임진왜란을 전후한 시기의 사회생활상과 신분제도 등을 살펴보는데 중요한 자료이다.

《쇄미록》은 임진왜란 당시 무주와 그 인근 고을의 전투 상황 등이 자세히 기록되어 있다. 오희문은 해주 오씨로 서울에 살고 있었는데 처남인 이빈(李贇)이 전라도의 장수 현감으로 부임하자 장수에서 멀지 않은 황간의 외가를 방문하고, 또 자신 소유의 전라도 노비들에게 신공(身貢)도 걷기 위해 장수현에 들렀다가 임진왜란이 일어나자 서울로 가지 못하고 장수에 머물면서 '피난 일기'를 썼다.

"임자중(任子中)이 집노루 고기를 가지고 와서 마을 사람들이 함께 요월당에 앉아 배불리 먹었다. 마침 술이 없더니 추로(秋露) 한 병을 얻어서 경흠의 서모(庶母)의 집에서 각각 석 잔씩을 마시고 헤어졌다 (且任子中 備家獐而來 與洞人輩相與坐於邀月堂飽食 而適無酒 覓得秋露一壺 於景欽庶母家 各飮三杯而罷)."는 기록처럼, 생활의 무료함을 달래기 위한 장치로서 술을 자주 접했던 기록도 많이 나타난다. 힘든 상황이었지만 종정도(從政圖), 쌍륙(雙六) 등 여가 생활을 즐기던 모습도 나타난다.

병과 약재 처방에 대한 기록도 흥미를 끈다.

'또 오늘은 어머님께서 학질을 앓으실 날이어서 일찍 학질 떼는 방법 세 가지를 했다. 하나는 복숭아 씨를 축문(呪文)을 외우면서 먹는 것이고, 하나는 헌 신 밑창을 불에 태워서 물에 섞어 먹는 것이요, 하나는 제비 똥을 가루로 만들어 술에 담가 코밑에 대어 냄새를 맡도록 하는 것이다. 이는 모두 옛날 쓰던 방법으로서 효력이 가장 있다고 해서 하는 것이요, 또한 하기도 어렵지 않은 것이다.(且今乃母主患瘧之日也 早施譴治之方三事 一則桃實呪符而食 一則古鞋底 燒火作木 和水而飮 一則燕子 糞作末酒浸 當鼻下 取臭氣 此皆古方也 得效最著而爲之 亦不難矣).

《쇄미록》은 전쟁 시기인데도 한끼에 7홉의 쌀로 밥을 지어먹었다고 했다. 당시의 7홉이라면 지금의 420그램에 버금가는 양이다. 오늘날 한국인이 한끼에 약 140그램의 쌀을 먹는다고 하면 거의 세 배에 이르는 쌀밥을 먹었다고 할 수 있다.

전쟁 시기에도 쌀을 7홉이나 먹었다고 하니 밥을 대식(大食)해야 한다는 생각은 평소에도 가졌던 것이라 여겨진다.

먹을거리가 눈앞에 보이면 아무리 폭식을 했다고 해도, 결국 쌀밥을 많이 먹는 데 목숨을 걸었을 가능성이 많다. 그래서 대식의 쌀밥을 위해서 나라에서도 곡물 생산에만 집중했다.

기해년(1599) 일록을 보면, 임진왜란이 나서 피란살이 중임에도 메밀국수를 만들어 왕에게 올렸다는 기록이 있을 정도이니 제수로서 국수가 중요하였음도 알 수 있다.

미암일기는 보물 제260호로 저자인 조선 선조 때 학자인 유희춘이 직접 기록한 일기로 이조참판까지 지낸 사대부 집안으로 양반가에서 먹었던 음식을 살펴볼 수 있다.

- 유밀과류: 한과, 연약과, 행인과, 대박계(대계), 중박계, 소박계
- 산자류: 흑백산자, 백산자, 산자, 요화, 백산(白饊) - 백산자로 생각됨, 부시개(지방의 방언)
- 다식류: 다식(茶食)
- 정과류: 유자정과, 포도정과, 천문동정과
- 이당류: 사탕(이당, 飴糖, 엿 제품)

《쇄미록》(1591~1601년 중에 작성)의 과줄류를 살펴보면,

- 유밀과류: 약과, 대계, 중박계, 봉첩(과)-벌과 나비를 닮은 약과류
- 강정류: 강정(江正, 이두문자로 표현했음)
- 다식류: 송화다식(송홧가루를 넣어 만든 과줄류)
- 정과류: 유자정과, 포도정과, 길경정과(도라지), 천문동정과

- 산자류: 빙사과

미암일기초는 왕실, 양반가에서 먹은 경우가 많은 반면, 《쇄미록》은 기간이 임진왜란 중이므로 피난 다니면서 먹었던 내용이라 서민층에서와 가깝다. 피난을 다니면서까지 과줄류에 대한 이야기가 나오는 것은 바로 제사를 지내기 위해서이다.

제삿상에 조과류를 올려야 하기 때문에 당시 만들었던 유밀과류, 강정, 정과 등에 대해 기록한 것으로 보인다.

"장수군에 머무를 당시 뜻하지 않게 전쟁을 만났다. 하는 수 없이 영취산(1592년 7월) 이곳에서 86일간을 생활했다. 처남 이빈은 산속 생활에 많은 도움을 주었다. 그는 식량을 보내고 전황도 알려주었다. 그는 때때로 산에서 버섯과 나물을 채취해 먹었다. 표고를 따다가 국을 끓이고 산채를 뜯어 무쳐먹었다."

보물 제1096호 오희문 《쇄미록(吳希文 瑣尾錄)》

임진왜란 때 오희문(1539~1613)이 난을 겪으면서 쓴 일기로, 선조 24년(1591)~선조 34년(1601) 2월까지 약 9년 3개월간의 사실을 기록한 것이다. 오희문은 학문에 뛰어났으나, 과거급제를 못해 정식으로 관직에 오르지는 못했다. 그의 아들 오윤겸은 인조 때 영의정을 지냈으며, 손자인 오달제는 병자호란 때 끝까지 싸울 것을 주장하다 청나라까지 끌려가 죽음을 당한 삼학사(三學士) 가운데 한 사람이다. 이 일기는 모두 7책으로 되어 있다. 각 책의 끝에는 국왕과 세자의 교서, 의병들이 쓴 여러 글, 유명한 장수들이 쓴 성명문, 각종 공문서, 과거시험을 알리는 글, 기타 잡문이 수록되어 있어 당시의 사정을 이해하는 데 큰 도움을 주고 있다.

　그밖에 임진왜란 시기에 있어서 관군의 무력함에 대한 지적과 비판, 명나라가 구원병을 보낸 것과 화의 진행과 결렬, 정유재란에 관한 것 등 장기간에 걸쳤던 전쟁에 관해 전반적이고 광범위하게 기록했다.

　이와 같은 기록을 남길 수 있었던 것은 오희문 자신이 관직에 있지는 않았지만, 친분이 두터운 많은 고을 수령들의 도움을 받았을 뿐만 아니라, 당시 상황에 누구보다 정확하게 종합적으로 정보를 입수, 파악할 수 있었기 때문이다.

　특히 장수현에서 보고 들은 각 지역의 전투현황과 각 의병장들의 활약상, 왜군의 잔인한 살인과 약탈행위, 명나라 군대의 무자비한 약탈과 황폐화, 전란에 따른 피난민 사태, 군대 징발, 군량조달 등 다른 자료에서 찾아보기 힘든 기사들이 수록되어 있다.

　또, 당시 민중의 생활상과 지방행정의 실태 등 임진왜란에 관계되는 사료뿐만 아니라, 우리나라 사회 전반의 경제사를 연구하는 데 귀중한 자료들이 다양하게 포함되어 있으며, 민간인으로서 생활체험적 기록이기 때문에 더욱 그 가치를 더해 준다.

07
전설 따라 삼천리-이성계의 등극을 도운 소금 장수

이성계의 등극을 도운 소금 장수는 진안군 백운면 덕현리에 전하고 있다. 이 이야기는 목신들의 대화를 엿들은 소금 장수 배극금이 산제를 지내고 내려오는 이성계에게 지리산 우투리를 제거해야 임금이 될 수 있다고 알려주고 이성계 등극 후 초대 정승을 제수 받았다는 내용이다. 이성계의 조선 건국을 합리화하는 설화 유형에 속한다. 이성계가 등극하려고 전국 명산을 찾아다니며 산제를 지냈는데 임실 성수산 상이암에서 산제를 지낼 때였다. 소금 장수 배극금이 둥구나무 밑에서 잠을 자다가 초저녁에 목신들이 대화하는 것을 엿듣게 되었다. 목신들의 대화 내용은 이성계가 임금이 되는 것을 다른 산신들이 다 허락하는데 지리산 산신령이 반대를 해서 합의하지 못했다는 것이다.

소금 장수 배극금이 새벽에 산제를 지내고 내려오는 이성계를 보고 "대왕님"이라고 부르자 이성계는 누가 자기 비밀을 알고 있다는데 놀라서 칼을 빼 들었다. 배극금이 자기는 소금 장수인데 지리산 영웅 우투리를 제거해야 등극할 수 있다고 이성계에게 알려 준다. 이성계는 임금으로 등극한 후에 소금 장수 배 씨를 한양으로 올라오라 하여 조선 초대 정승을 제수했다고 한다.

주요 모티프는 '신이한 능력을 가진 소금 장수'와 '이성계의 등극'이다. 구전 설화에서 소금 장수는 다양한 형상으로 나타나는데 이 이야기에서는 목신의 대화를 들을 수 있는 신이한 능력으로 이성계의 등극을 도운 인물로 나온다. 소금 장수의 실명으로 나온 배극금은 이성계를 추대하여 조선 개국 공신이 된 배극렴의 와전인 듯하다. 진안의 설화 가운데 주제가 상통하는 이야기로 〈이성계 등극을 예견한 노파〉가 있다. 두 이야기는 신이한 능력을 가진 인물들이 이성계의 등극을 도왔다는 내용으로 이성계 설화의 다양한 층위 중에서 이성계의 등극을 합리화하고 정당화하는 설화 유형에 속한다.

귀신의 말을 엿들은 소금 장수 이야기는 진안군 동향면 대량리가 전한다. 이는 묘지에서 하룻밤을 묵게 된 소금 장수가 귀신들이 하는 이야기를 우연히 엿들었는데 이튿날 동네에 가서 확인해 보니 귀신이 말했던 일이 그대로 있었다는 이야기이다. 귀신의 말을 들을 수 있는 신이한 능력을 가진 소금 장수를 주인공으로 한 신이담이자 부모의 제사를 정성스럽게 모시지 않는 자식들의 잘못을 뉘우치게 한 교훈담이다.

소금 장수가 소금을 팔러 다니다가 날이 저물어 더 가지 못하고 묘지에서 하룻밤 자게 되었다. 소금 장수는 묘 사이에서 귀신들이 나누는 대화를 우연히 엿듣게 되었다. 한 귀신이 다른 귀신한테 오늘 밤 자기 집에 제사 받으러 간다고 하면서 마을로 갔다가 한참 만에 돌아와서는 푸념을 하였다. 제사를 받으러 갔더니 아들 내외가 서로 싸움만 하고 제사를 제대로 안 지내서 제삿밥을 먹지 못해 화가 나서 손자를 화로에다 떠밀어버리고 왔다는 것이다. 날이 밝자 소금 장수는 마을로 내려가서 지난밤 제사가 있었던 집을 수소문해 가보니 그 집의 아이가 화로에 데었다고 난리가 나 있었다.

주요 모티프는 '소금 장수의 신이한 능력'과 '불효에 대한 응징'이다. 전국에 퍼져 있는 소금 장수 설화에서 소금 장수는 매우 다양한 캐릭터를 구축하고 있는데 이 이야기에서는 귀신의 이야기를 들을 수 있는 신이한 능력이 있는 인물로 등장한다. 귀신이 자신의 제사를 정성껏 지내지 않은 아들 내외를 응징하기 위해 손자를 화로에 떠밀어 넣었다는 이야기는 부모에게 효도하라는 교훈을 담고 있다. 이 교훈은 귀신의 말을 알아들을 수 있는 신이한 능력을 가진 소금 장수를 통해서 세상에 전해진다.

소금장수 아들의 재치는 진안군 마령면 강정리에 전한다.

소금 장수의 어린 아들이 아버지가 집을 비운 사이에 어머니가 샛서방과 정을 통하고 있다는 사실을 알고 아버지가 집에 돌아오자 거짓말로 여러 상황을 만들어 부정을 저지른 어머니로 하여금 아버지에게 부정을 실토하게 만든다는 내용이다.

소금 장수가 멀리 소금을 팔러 가서 집을 비운 사이 소금 장수의 아내는 이웃집 박 서방과 바람을 피웠다. 어머니의 부정을 목격한 소금 장수의 일곱 살짜리 아들은 아버지가 집으로 돌아오자 어머니와 이웃집 박 서방이 만나기로 약속한 파밭으로 아버지를 이끌었다. 그리고 박 서방과 만나기로 약속한 어머니가 점심을 이고 밭으로 나오자 아들은 아버지가 밭을 파는 데로 어머니를 데려간다.

소금 장수가 아들을 시켜 박 서방도 같이 점심을 먹자고 불러오라고 심부름을 시키니 아들이 안 간다고 버티다가 떡을 주면 가겠다고 한다. 떡을 받아 든 아들은 박 서방한테 가는 길에 떡을 하나씩 하나씩 떨어뜨렸다. 아들은 박 서방한테 가서는 자기 아버지가 자기 어머니와 바람피운 사실을 알고 죽인다고 데려오랬다고 거짓말로 얘기한다. 박 서방은 어린아이가 못하는 소리가 없다며 아이를 혼내고는 돌려보낸다. 소금 장수 아들은 아버지에게 와서는 박 서방이 아버지가 직접 데리러 와야 온다고 했다며 거짓말을 하자 소금 장수는 어쩔 수 없이 직접 박 서방을 데리러 가는데 그 길에 떡이 하나씩 떨어져 있으니 그것을 주우면서 갔다.

어머니가 아들한테 네 아버지가 뭘 줍느냐고 묻자 아들은 바람피운 어머니를 죽이려고 돌을 줍는다고 말한다. 어머니가 그 말을 듣고 도망을 치자 소금 장수가 아들에게 네 어머니가 왜 저렇게 도망을 가냐고 하니까 아들은 집에 불이 나서 그렇다고 한다. 집에 불났다는 아들의 말에 소금 장수도 아내를 막 뒤쫓아 갔다. 바람피운 어머니를 아버지가 죽이려고 한다는 아들의 말에 소금 장수 아내는 도망을 가다가 그만 주저앉아서 남편에게 실토를 했다고 한다.

주요 모티프는 '오쟁이 진 남편'과 '어린아이의 재치'이다. 소금 장수는 아내가 바람피운 것을 모르는 오쟁이 진 남편이다. 소금 장수의 어린 아들은 아버지와 어머니, 샛서방 세 사람에게 각각 거짓말을 하여 상황적 아이러니를 연출하고 결국 바람피운 어머니로 하여금 부정을 실토하게 만든다. 소금 장수 아들의 거짓말은 대상을 골탕먹이는 장난 수준이지만 어머니의 잘못을 폭로하는 결정적 원인을 제공하기 때문에 장난 이상의 말재주 또는 재치로 받아들여진다. 어린 아들이 아버지를 대신하여 지혜로써 집안의 문제를 바로잡는다는 점에서 아이 지혜담(兒智談)이라 할 수 있다. 어린 아들이 어머니의 도덕적 결함을 폭로한다는 점이 전통적 효의 관념에는 대치될 수 있지만 사회 질서를 뒤엎는 심각한 수준은 아니기에 듣는 이에게 재미를 준다.

고창엔 도둑 잡은 소금 장수가 전하고 있다.
이는 유기 반상 도둑을 우연히 잡거나 주인집을 털러 온 도둑을 목격하고 곡간 문을 잠가 도둑을 잡았다는 일종의 재치담이다. 소금 장수 이야기는 직업적 특성상 전국적으로 분포되어 있는데, 일종의 '꾀보[트릭스터]' 유형의 설화라고 볼 수 있다.
소금 장수와 둔갑술이 결합된 이야기가 있다. 소금 장수가 유숙할 때 달걀, 주걱, 황새, 독바늘이 둔갑하며 따라왔다. 어느 집에 들어가니 천금 대감에게 잡혀 갈 처지에 놓인 여자가 있었다. 둔갑한 물건들을 군사처럼 배치하여 그 여자를 위기에서 구해 주고 부자가 되었다는 이야기이다.
이외에 백여우가 젊은 여자나 노인으로 변하는 모습을 우연히 목격하게 되어 그 뒤를 따라가 백여우의 정체를 밝히고 때려잡아 큰 부자가 된 이야기가 있다. 또한 젊은 시절부터 '홍덕원'이라고 쓴 깃발을 쓰고 다니던 소금 장수가 우연히 얻게 된 '장가간 후 홍덕원이 되는' 자리를 얻어서 묘를 쓴 뒤, 홍덕원이 되어 신분을 상승한 이야기도 있다. 그리고 비올 것을 맞추어 인심을 얻은 뒤 유기 반상 도둑을 우연히 잡은 이야기나 주인집을 털러 온 도둑을 목격하고 곡간 문을 잠가 도둑을 잡은 이야기 유형도 있다. 여성 구술자가 진술한 소금 장수의 꿈 이야기에는 본처와 남편은 살려 주고 첩을 물어 죽인 호랑이에 대해서도 언급되어 있다.
도둑 잡은 소금 장수의 주요 모티프는 '소금 장수에게 다가온 행운'

이다. 이 이야기는 떠돌이 소금 장수가 유숙한 집을 중심으로 벌어지는 행운담이자, 가난한 소금 장수가 곤경을 모면하게 되는 재치담이다.

이것이 가능하게 된 요인은 다양하지만 결과적으로 '부자가 된 소금 장수'의 행운이 중요하게 작용한다. 천대받는 떠돌이 소금 장수의 '신분 상승담'도 결국은 '행운'의 영역 중 한 가지라 할 수 있다. 이외에도 고창 지역에서 소금 장수를 소재로 다룬 설화에는 〈흥덕 원님이 된 소금 장수〉, 〈용대밭과 소금 장수〉, 〈부자가 된 소금 장수〉 등이 채록됐다.

흥덕원님이 된 소금 장수는 무장면에 전하고 있다. 이는 소금 장사를 하다가 꾀를 써서 흥덕 원님이 된 후, 선정을 베풀었다는 인물담이자 출세담이다. 흥덕 읍내 밖에 뒤깨삿바라는 곳이 있었다. 그곳에 사는 사람이 아들 형제를 낳고 죽었다. 남자가 죽은 후 홀어머니가 아들 형제를 키우는데 동생은 세 살, 형은 다섯 살을 먹었다. 옛날에는 가난한 살림에 둘을 배불리 먹일 수가 없어 걱정이었다. 어느 날, 다섯 살 먹은 형이 어디로 가버렸다. 동생이 여섯 살 먹도록 걱정을 하며 살다가 가만히 생각해 보니 먹고살기 어려워 가버린 것으로 생각됐다. 동생은 소금 장사를 시작했다. 소금을 짊어지고 흥덕 시내를 거쳐 영묘장에 와서 팔았다. 한 스무댓 살 먹어서 흥덕 시내에 와서 지낼 때 기생 셋이 오기에 소금 장사는 기생에게 땀을 닦아달라고 했다. 기생 둘은 그냥 가버리는데, 한 명이 땀을 닦아 주며 후일에 잘해 달라고 했다. 동생은 곧 다시 길을 잡아 깃발을 날리며 "흥덕 원님 지나가신다 길을 비켜라."고 외치면서 서른 살을 먹도록 소금을 팔았다. 동생은 돈을 좀 벌자 소금 장사를 그만두고 영라군 연산면에 형이 산다는 소식을 듣고 찾아갔다. 형을 찾아 형 집 앞에 앉아 있는데, 통영 갓을 쓴 사람 한 명이 지나갔다. 그는 항상 아침밥을 먹고 올라가서 날이 저물면 내려와서는 "좋기는 좋다만은"이라고 말했다.

하루는 동생이 자신의 돈을 형에게 주며 옷 한 벌을 장만하게 했다. 그리고 통영 갓을 쓴 사람이 지나갈 때 동생이 시비를 걸어 수렁으로 굴려버리고, 이때 형이 말리며 새로 만든 의복을 내어 주도록 하였다. 계획대로 일이 진행되자 통영 갓을 쓴 사람이 고마워하며 서른 살 먹어 장가를 가고 홍덕 원님이 되겠다고 예언했다. 곧 동생은 전에 만났던 기생과 결혼을 하고 홍덕 원님이 되었다. 어느 날 저녁 조용히 나가 옥담을 헐어 버리고 다음날 아침에 옥사령을 불러오게 했다. 지난 밤 옥담이 헐린 것도 모른 채 잠이 든 옥사령을 호령을 하니, 이후에는 눈에 불을 켜고 옥을 지키게 되었다. 하루는 돈 백 냥을 짊어지고 옥사령에게 가서 면회를 시켜 주기를 부탁했다. 그리고 옥에 갇혀 있는 젊은 소동의 억울한 사연을 들었다. 다음날 다시 옥사장을 불러 돈 백 냥을 받고 면회를 시켜준 일을 문책하고, 소동의 선생을 잡아 왔다. 그날 밤 꿈에 죽은 큰애기가 나와 억울한 사연을 풀어준 보답으로 홍덕 원님을 도와주겠다고 했다. 이후 망신 당할 뻔한 홍덕 원님을 큰애기가 도와주었다.

주요 모티프는 '꾀를 써서 원님이 된 소금 장수', '선정을 베푼 원님' 등이다. 소금 장수였던 이가 꾀를 써서 홍덕 원님이 된 사연과 홍덕원님이 된 이후에 잘못을 징치하고 억울한 사연을 풀어주는 등의 선정을 베푼 이야기를 하고 있다.

순창군에 원님이 된 소금장수 이야기가 있다.

우연히 알게 된 절구의 도움으로 고을 원님이 된 소금 장수의 신이담이자 행운담이고, 소금 장수는 한을 품고 죽은 사람이 변한 절구의 소원대로 절구를 가족에게 돌려주어 원을 풀어 주었다는 해원담이다.

신 영감은 소금 장수이다. 영감은 서해안에서 소금을 지게에 짊어다가 마을 곳곳에 다니면서 팔았다. 그런데 소금 장수에게 가장 중요한 것은 비를 피하는 일이었다. 그래서 소금 장수는 넓은 창호지에 기름을 먹인 유지를 늘 가지고 다녔다. 비가 오면 소금 짐을 유지로 덮어 소금이 녹는 것을 막아야 했기 때문이었다.

수십 년 동안 소금 짐을 덮고 다니다 보니 유지는 소금에 절을 대로 절어 있었다. 그렇게 오랜 기간 유지를 가지고 다니던 소금 장수는 유지의 상태만 보아도 날씨를 예측할 수 있었다. 유지가 눅눅해지면 맑은 날이라도 곧 궂은 날씨가 되었고, 유지가 팽팽해지면 궂은날이라도 곧 청명한 날씨가 됐다. 유지를 보고 날씨를 예측하는 소금 장수는 근처에서 이인(異人)으로 소문이 났다. 청명한 날인데도 비가 올 것이라고 하면 실제로 비가 왔고, 비가 오는데도 날이 곧 맑아질 것이라고 하면 진짜로 비가 그치고 날이 개니 이인이란 소문이 날 수밖에 없었다. 이때에 하남의 한 고을에서 군수가 부임만 하면 죽는 괴변이 일어났다. 그래서 사람들은 그 고을 원님으로 가는 것을 모두 마다하였는데, 이 때문에 고을 행정은 마비가 되었다. 그래서 나라에서는 각 고을에서 이인 한 사람씩을 뽑아 올리라는 명을 내렸다.

순창에서는 소금 장수 신 영감을 뽑아 한양으로 올려 보냈다. 한양을 가는 길에 소금 장수는 어느 주막집에서 하룻밤을 묵기로 하였다. 그런데 그 주막집을 들어가다가 잘못하여 대문간에 있는 절구통에 걸려 넘어질 뻔하였다. "아이고. 이놈의 절구야!" 하면서 넘어졌는데 "예. 왜 그러십니까?"라고 누군가가 말하였다. 그런데 아무 사람도 없어서 누가 그렇게 대답하는지를 몰랐다. 밤이 되자 주막집 주인이 소금 장수를 찾아왔다. "제 아내가 다 죽게 생겼습니다. 제 아내 좀 살려 주십시오. 나리께서 이인이시기에 나라에 뽑혀 올라가시니 제 아내를 살릴 수 있지 않겠습니까?" 하였다. 소금 장수는 참으로 난감하였다. 그래서 생각할 시간을 달라고 하였다. 생각해 보니 이 집에 들어올 때 "이놈의 절구야." 했더니 누군가 대답을 하였던 일이 생각이 났다. 그래서 자정 무렵 아무도 없을 때 대문간으로 가서 "절구야!" 하고 불렀다. 그러자 "나리, 무슨 일이십니까?" 하고 말하였다. 살펴보니 대문에 붙어 있는 문고리였다. "절구야! 이 집 주인의 아내가 죽게 되었다는데, 그 이유가 무엇이냐?" "예, 이 집터 밑에 유골이 있는데, 그걸 모르고 집을 지어서 그렇습니다." "어떻게 하면 되겠느냐?" "여자가 누워 있는 자리 밑을 파면 유골이 있을 것입니다. 그것을 파내어 좋은 곳에 묻어 주고 제사를 지내면 될 것입니다." 소금 장수는 절구에게 고맙다는 인사를 하고 다시 방으로 들어왔다.

다음날 날이 밝자 소금 장수는 주막집 주인을 불러서 아내가 누워 있는 방장 밑을 파 보라고 하였다. 과연 유골이 나왔다. 소금 장수는 주인에게 그 유골을 좋은 곳에 묻어 주고 정성껏 음식을 마련하여 제사를 지내 주라고 하였다. 그러자 여자는 거짓말같이 병이 나았다. 주인은 감사하다면 어떻게 그 공을 갚아야 하느냐고 물었다. 소금 장수 신 영감은 다른 것은 다 필요 없고 대문에 박힌 문고리를 달라고 했다. 문고리를 받아 든 소금 장수는 그것을 비단에 싸서 잘 간수하고 길을 떠났다. 조용한 밤, 사람이 없을 때는 문고리 절구에게 세상일을 물어보며 이런저런 이야기를 나누었다.

드디어 소금 장수는 한양에 도착하였다. "절구야! 나라에서 무엇을 물어볼 것 같으냐?" "예, 하남의 한 고을에서 원님이 부임하는 날에 죽는 일이 생기는데, 그 이유를 물으실 것입니다." "그러면 어찌해야 하느냐?" "나리를 그 고을 원님으로 보내 달라 하십시오." 소금 장수는 그렇게 하겠다고 말했다. 드디어 임금님을 만난 신 영감은 문고리가 가르쳐 준 대로 자신을 그 고을의 원님으로 보내달라고 하였다. 원님으로 가려는 사람이 없는 상황이니 임금님은 흔쾌히 소금 장수에게 원님 교지를 내렸다. 고을 사또로 부임하게 된 신 영감은 "절구야! 이제 내가 어찌해야 하느냐?"라고 물었다. 절구는 "사또가 자는 방의 뒤에 수백 년 된 고목이 있습니다. 그 고목에 백여우 세 마리가 살고 있는데, 이것들이 사또를 죽입니다. 그러니 동헌에 도착하면 고목나무에 장작 수백 짐을 쌓아 놓고 포수 십여 명을 부르십시오. 그리고 장작에 불을 붙이면 여우가 튀어 나올 것입니다. 그때 포수들에게 여우를 쏴서 잡도록 명령하십시오." 하였다. 신 사또는 절구의 말대로 하였다. 그러자 과연 여우가 튀어 나왔다. 포수들이 화살을 쏘아 여우를 죽였다. 그 이후로 이 고을에서 원님이 죽어 나가는 일은 없었다. 절구 덕분에 고을 원님이 된 소금 장수 신 영감은 그 은공을 갚고자 했다. 그래서 어찌해야 은공을 갚을 수 있는지를 절구에게 물었다. 그러자 절구는 갑자기 흐느껴 울면서 "저는 서해안에서 소금을 운반하는 배의 도사공이었습니다.

그런데 어느 날 풍랑을 만나 죽었는데 제 혼이 배의 무쇠 고리에 붙어서 땅 위로 올라왔다가 그 주막집의 대문 고리가 된 것입니다. 그래서 저를 도와줄 사람을 기다리던 중에 나리를 만난 것입니다. 그러니 저를 강주 땅 도사공 절구의 집으로 데려다 주십시오." 했다.

사또가 된 소금 장수는 서해안 강주 땅에 가서 도사공 절구의 집을 찾았다. 그리고 절구의 아내와 아들을 불러 놓고 그동안의 일을 자세히 말해 주었다. 아내와 아들들은 문고리가 된 절구를 부여안고 한참 동안이나 울었다. 소금 장수는 문고리를 절구의 가족들에게 돌려주고 다시 하남 땅으로 올라와 고을 원님으로 선정을 베풀며 잘 살았다고 한다. 주요 모티프는 '소금 장수의 원님 되기'이다. 소금 장수는 무거운 소금을 지게에 지고 이 마을 저 마을을 떠돌아다니다 보니 이들의 애환과 관련된 수많은 이야기들이 전국에 분포되어 있다. 이는 우연히 만나게 된 절구의 도움을 받아 소금 장수가 고을 원님이 되기까지의 과정을 담고 있다. 소금 장수가 원님이 되었다는 점에서는 행운담이며, 절구의 원을 풀어 주었다는 점에서는 일종의 해원담이라고 할 수 있다.

〈소금 장수와 욕심쟁이 친구〉는 순창군 인계면 도롱리에 전한다. 소금 장수가 노파로 변신한 백여우를 지게 작대기로 때려잡아 부자가 되었다는 신이담이고, 욕심쟁이 친구가 부자가 된 소금 장수를 따라하다가 그만 노파를 죽였다는 모방담이며, 사람의 복은 평소의 마음 씀에 달린 것이지 부적 작대기에 달려 있는 것이 아니라는 교훈을 주는 교훈담이기도 하다.

옛날에 순창 고을 두메산골에 소금 장수 청년이 살고 있었다. 마음씨 좋고 정직하여 소금 장수를 십수 년 하였으나 남은 것이라고는 여전히 소금 지게와 참나무 작대기뿐이었다. 그러니 서른 살이 넘도록 장가도 가지 못하였다. 그래도 언제나 부지런하였으며 불의와 타협하지 않는 용감한 청년이었다.

 마을 사람들은 소금 지게를 지고 다니는 노총각을 보며 "그놈의 작대기 언제 버릴 테냐? 그 작대기가 니 색시냐?" 하며 빈정대었다. 그러면 노총각은 "아따, 말씀 마시오. 장가를 못 갔으면 못 갔지 이 작대기는 못 버리겠소." 하며 천연덕스럽게 말을 하였다. 그러면서 손때가 묻어 반질반질 윤이 나는 작대기를 색시 만지듯 어루만졌다.

 하루는 집을 멀리 떠나 소금을 팔러 가게 되었다. 높고 험한 산마루를 넘는데 배가 너무 고파 물이라도 마실 요량으로 주위를 둘러보았으나 어느 곳에서도 샘터를 발견할 수가 없었다. 어느덧 해는 서산에 지고 산그늘이 짙게 깔려 왔다. 물 한 모금 먹지 못하고 무거운 소금 짐을 지고 산을 내려오는데 마을의 불빛이 발아래 굽어보이는 파뫼등에 당도했을 때였다. 별안간 이상한 느낌과 환상에 발을 멈추고 그 자리에 우뚝 섰다. 그리고 참나무 작대기를 쥔 손아귀에 힘을 잔뜩 주었다. 갑자기 눈앞에서 은빛 같은 하얀 털을 뒤집어 쓴 괴물이 무덤을 뛰어넘기 시작하였다. 이쪽저쪽으로 뛰어넘고 재주넘기를 반복하더니 어느 순간 여우는 간데없고 백발이 성성한 노파가 나타나 주위를 두리번거리다가 마을을 향해 빠른 걸음으로 걷기 시작하였다.

 숨을 죽이며 이 모습을 지켜보던 소금 장수는 노파를 놓칠세라 발소리를 죽이며 뒤를 쫓아 따라 내려갔다. 노파로 변신한 백여우는 어둠에 잠긴 해뫼골에 당도하더니 천연덕스럽게 골목길로 접어들었다. 소금 장수는 소금 짐이 무거운 것도 잊고 참나무 작대기만 부지런히 짚으며 따라갔다. 노파는 아무런 거리낌 없이 자주 다녔던 것처럼 골목골목을 누비더니 어느 부잣집 대문 안으로 쑥 들어가 사라졌다.

소금 장수는 주저 없이 그 집 대문을 두드려 주인을 찾았다. 하룻밤 묵어 갈 수 없냐고 잠자리를 구하니 머슴이 "이보쇼, 밥을 얻어먹으려면 때맞추어 와야지, 이런 오밤중에 오면 어째요. 있다가 별당 굿이 끝나면 먹을 것이 좀 있을 터이니 그것이나 먹도록 하시오." 하였다. 그러나 소금 장수에게 먹을 것은 관심 밖이었으니 그 집안에서 일어날 일이 더 궁금하고 걱정이 될 뿐이었다.

소금 장수는 소금 지게를 행랑채에 받쳐 놓고 참나무 작대기를 들고 징소리가 요란한 별당 쪽으로 숨어들어 갔다. 굿판은 요란하였다. 쇠머리, 돼지머리를 잔뜩 괴어 놓고 거창하게 차린 굿판 근처까지 가서 몸을 숨기고 그 광경을 보는데 참으로 아슬아슬하였다.

이 집은 고을에서 제일가는 만석꾼 양 진사의 집이었다. 양 진사에게는 무남독녀 딸이 하나 있었는데 나이 열일곱 살에 이름 모를 병에 걸려 백약이 무효한 상태였다. 그래서 금강산에서 왔다는 늙은 보살 할멈을 불러 살풀이를 하고 액막이굿을 한다고 시끌벅적하던 중이었다. 그런데 굿판을 가만히 보니 그 늙은 보살 할멈이라고 하는 것이 아까 본 백여우로 변신한 노파였다. 노파는 병든 규수를 마당에 꿇어 앉혀 놓고 칼춤을 추는데 규수를 향해 칼을 겨누고 복사나무 회초리로 내리치면서 규수를 거의 초죽음 상태로 만들어 놓고 있었다.

춤을 추는 노파의 손에 들린 시퍼런 칼이 허공을 가를 때마다 번쩍 번쩍 빛이 났고 그때마다 규수의 입에서는 신음 소리가 쏟아져 나왔다. 규수는 혼절하여 정신을 놓았다가도 잠시 정신을 차리고 신음하기를 반복하였다. 언제 그 칼날이 규수의 목을 찌를지 모를 위험한 지경이었다.

이 위험한 광경을 더 이상 볼 수 없었던 소금 장수는 기회를 엿보다가 한참 춤을 추고 있는 노파의 아랫도리를 참나무 작대기로 후려갈겼다. 쓰러진 노파는 아직도 여력이 남았는지 발발 떨면서도 칼자루를 휘두르며 혼절한 규수를 향해 발악을 하였다. 소금 장수는 또 한 번 작대기를 들어 노파의 정수리를 내리쳤다. 그러자 노파는 온데간데없어지고 은빛 같은 하얀 털로 덮인 백여우 한 마리가 입에서 피를 토하며 죽어 갔다.

한바탕 소동이 벌어진 뒤 굿판 사람들은 그제야 백여우에게 속았다는 것을 알게 되었고, 백여우 때문에 거의 죽게 되었던 규수는 천행으로 다시 살아나게 되었다. 양 진사는 소금 장수를 생명의 은인으로 여기고 소금 장수를 데릴사위로 맞이하였다. 소금 장수가 만석꾼 양 진사네 무남독녀에게 장가를 들어 벼락부자가 되었다는 소문은 삽시간에 주변 마을로 퍼져 나갔다.

그런데 소금 장수와 같은 일을 하며 알고 지낸 한 친구가 그 소문을 듣고 소금 장수를 찾아왔다. 이 친구는 욕심이 많은 친구였다. 소금 장수는 친구에게 푸짐한 음식상을 마련하여 극진히 대접하고 노자까지 주었다. 그런데 이 친구가 떠나기 전에 한다는 말이 "자네는 이제 부자가 되었으니 나를 좀 도와주게." 하였다. 어떻게 도와주면 되느냐고 묻는 소금 장수에게 "다른 건 아니고 자네가 쓰던 그 참나무 작대기를 좀 빌려 주게." 하였다. "참나무 작대기는 어디에 쓰려고?"라고 하자 "자네도 참나무 작대기로 팔자를 고쳤으니 나라고 안 되라는 법이 있는가? 잠시만 빌려 주게." 했다.

사실 소금 장수는 자신의 팔자를 고쳐준 소금 지게와 참나무 작대기를 유지로 잘 싸서 사랑방 시렁에다 얹어 놓고 때때로 그것을 보며 옛일을 생각하곤 하였다. 그런데 친구가 그것을 빌려 달라고 하니 주기는 싫었지만 또 안 줄 수도 없어서 잠시 머뭇머뭇하였다. 그러자 친구는 "아니, 자네 혼자만 잘살려 하는가?" 하면서 벌컥 화를 내었다. 할 수 없이 소금 장수는 "어디에다 쓸 건지는 모르지만 여하튼 빨리 쓰고 갖다 주게나." 하면서 시렁에 얹어 놓았던 작대기를 꺼내 주었다. 친구는 "내 이 은공은 꼭 갚을 터이니 그리 알고 기다리게나." 하면서 기분 좋게 받아 가지고 집을 나섰다.

집으로 돌아온 친구는 소금 장수에게 얻어온 작대기를 어루만지며 부적 작대기를 얻었으니 이제 부자가 되는 것은 시간문제라며 소금 장수 일은 하지 않고 매일 도시락을 싸들고 뒷산 마루턱에 올라가 노파로 변신한 백여우가 나타나기만을 기다렸다. 그렇게 봄이 가고 여름이 가고 가을이 다 되도록 기다렸으나 노파는 고사하고 사람 구경조차 할 수 없었다. 기왕에 시작한 일이니 중도에서 포기할 수도 없었고, 일은 하나도 하지 않았으니 먹을 것은 떨어져 갔다. 이제는 그 알량한 도시락을 쌀 식량조차 없게 되자 점점 초조해지기 시작하였다. 하루만 더, 하루만 더 하면서 기다린 세월이 일 년이 가까워지고 있었다.

그러던 어느 날, 그날도 아침부터 해 질 녘까지 꼼짝하지 않고 산마루에서 노파를 기다리고 있다가 해 질 녘이 되어 막 산을 내려가려고 하는데 별안간 왁자지껄한 소리가 고갯길 저편에서 들려왔다.

말소리가 점점 가까워져 살펴보니 한 패거리가 고갯길을 넘어오고 있었다. 옳다구나, 싶어 욕심쟁이 친구는 잽싸게 몸을 날려 근처 덤불숲에 몸을 감추었다.

가만히 보니 한 노파가 열두세 살쯤 되어 보이는 아이들의 부축을 받으며 어렵게 고갯길을 넘어오고 있었다. 드디어 때가 왔구나 싶어 욕심쟁이 친구는 참나무 작대기를 힘껏 쥐고 노파의 거동을 살폈다. 아이들이 노파를 부축하는 것인지 노파가 아이들을 부축하는 것인지 알 수는 없었지만 노파를 중심으로 아이들이 뭉쳐 있었다. 욕심쟁이 친구는 이 높은 고갯길에 노파가 올 일이 없는데 백여우가 할머니로 변신하여 아이들을 홀려서 데리고 오는 것으로 생각하였다.

노파가 가까이 오기를 기다린 욕심쟁이 친구는 때는 이때다 싶어 풀숲에서 뛰어나와 다짜고짜로 노파를 향해 참나무 작대기를 내리쳤다. 노파는 일격을 맞고 길바닥에 나동그라졌다. 노파가 백여우로 변할 것이라고 생각한 욕심쟁이 친구는 순간 더럭 겁이 났다. 여우의 본색은 나타나지 않고 쭉 뻗어 버린 노파의 모습만 있었다. 아이들은 혼비백산하여 산적이 나타났다고 소리를 지르면서 울부짖고 도망가 버렸다. 백여우가 둔갑한 것으로 알았던 노파는 쓰러진 채 숨을 거두었다. 욕심쟁이 친구는 결국 그 참나무 작대기로 살인을 하게 된 것이었다.

주요 모티프는 '마음씨 착한 소금 장수', '욕심 많은 소금 장수', '바르고 그르기' 등이다. 마음씨 착한 소금 장수는 그 덕행으로 노파로 변한 백여우를 잡아 부잣집의 데릴사위가 될 수 있었지만, 욕심 많은 소금 장수는 그 욕심과 얕은 꾀 때문에 오히려 사람을 죽이고 말았다. 〈소금 장수와 욕심쟁이 친구〉의 기본 바탕을 이루는 모티프는

'바르고 그르기'이다. 〈소금 장수와 욕심쟁이 친구〉는 〈혹부리 영감〉, 〈흥부와 놀부〉 등의 이야기처럼 요행으로 복을 얻는 것이 아니라 바른 행동, 옳은 행동으로부터 복이 온다는 삶의 교훈을 주는 교훈담으로 볼 수 있다.

김제시 부량면엔 골탕 먹은 소금장수 이야기가 정평구와 관련, 전해 내려오고 있다. 이는 김제 출신인 정평구(鄭平九)를 통해 속임수를 잘못 쓰게 되면 오히려 자신이 당한다는 점을 깨닫게 해주는 교훈담이다. 이를 〈소금장수 골탕 먹인 이야기〉라고도 한다. 이를 '소금장구' 이야기로, 소금장수의 사투리이다. 담뱃잎을 공짜로 얻으려다가 도리어 소금장수에게 있는 것까지 빼앗긴 정평구가 이를 만회하고자 소금장수에게 골탕을 먹인다는 내용으로, 꾀 많은 사람들이 벌이는 해학적인 지략담이기도 하다.

늦더위가 심한 어느 날, 정평구는 서울로 일을 보러 가고 있었다. 몹시도 무더운 날이었기 때문에 길을 가다가 계곡에서 잠시 시원한 물로 더위를 달래고 있었다. 이때 한 중년 사내가 정평구가 쉬고 있는 계곡으로 다가왔다. 이 사람은 무거운 소금 짐을 내려놓고 다짜고짜 세수부터 하기 시작했다. 정평구의 눈에는 아주 무식한 소금장수로 보였다. 그래서 정평구가 수작을 걸었다. 자신의 패랭이 위에 담뱃잎을 꽂아 놓고는 자기 담뱃잎이 젖어서 그런다며 소금장수에게 담배 한 대를 얻어 피자고 말을 건넸다. 그러자 뛰는 놈 위에 나는 놈 있다는 말처럼 소금장수는 한 수를 더 떠서 자기 담배도 젖어서 그런다며 정평구 패랭이 위의 담뱃잎마저 와락 낚아채는 바람에 한 대 있던 담배 밑천마저 뺏기고 말았다.

꾀가 많은 정평구가 당하고 그만 둘 위인이 아닌지라, 내심 이 소금장수를 어떻게 골탕을 먹일까 엿보다가 어느 동네 앞을 지나면서 일을 벌이게 된다. 마침 동네 아낙네들이 일하고 있는 곳으로 달려간 정평구는 한 여인네에게 친정어머니가 돌아가셨다는 소식을 전하는 체하다가 여인에게 입을 맞추고는 이내 어디론가 도망쳐 버렸다. 얼떨결에 이런 봉변을 당한 여인과, 이 장면을 목격한 동네 사람들은 마침 동행하고 있다가 정평구를 기다리고 있는 소금장수에게 달려가서 크게 야단을 쳤다. 무슨 사연인 줄도 모르면서 정평구의 담배 한 대를 뺏은 죄로 아무 죄 없이 소금장수는 소금 짐이 무거워 도망치지도 못하고 어쩔 수 없이 큰 봉변을 당하고 말았다.

주요 모티프는 '담뱃잎을 얻으려는 속임수', '골탕을 먹이는 지략' 등이다. 사람들은 흔히 속임수를 지혜처럼 생각하는 경우가 있다. 하지만 속임수를 잘못 쓰면 언젠가는 자신도 골탕을 먹게 되고, 피장파장으로 크게 망신을 당하게 되고 만다는 교훈담이다.

〈장님 어머니와 지렁이국〉은 남원시 송동면 연산리에 전하고 있다. 이는 송동면 연동리에서 전해 내려오는, 눈먼 홀어머니를 정성껏 모신 며느리 이야기다.

어떠한 환경에서도 부모를 잘 봉양하는 것은 자식의 마땅한 도리이다. 따라서 부모를 잘 봉양한 자식의 이야기는 효행담으로 널리 자리잡고 있다. 〈장님 어머니와 지렁이국〉은 먹을 것이 없어 지렁이로 홀어머니를 모셨는데, 이것이 계기가 되어 눈먼 홀어머니가 눈을 뜨게 되었다는 이야기이다. 송동면뿐만 아니라 운봉면과 산동면 등지에서도 비슷한 내용의 이야기들이 전해 오고 있다.

옛날에 어떤 어머니가 아들 독자를 두었는데, 살기가 어려워서 아들이 돈을 벌러 나갔다. 그런데 돈을 벌러 나간 아들이 행방불명이 되었다. 마음을 끓이던 어머니는 화열(火熱)로 앞을 못 보게 되었다. 앞을 못 보는 어머니는 행여 며느리가 집을 나갈까 봐 노심초사 애를 끓였으나 며느리는 시어머니를 잘 모셨다. 그러나 워낙 집이 가난하여 먹을 것을 대기가 어려웠다.

하루는 도랑을 파는데 지렁이가 많이 나왔다. 지렁이가 사람에게 좋다는 말을 어디선가 들은 듯도 하여 며느리는 어머니에게 지렁이국을 끓여 주었다. 앞을 못 보는 어머니는 며느리가 끓여다 준 지렁이국을 먹으면서 무슨 고기인데 이렇게 맛있냐고 하였다.

지렁이국을 먹은 어머니는 점점 몸이 좋아져 살이 올랐다. 동네 사람들이 무엇을 먹기에 이리 살이 찌느냐고 하자 며느리가 매일 고깃국을 끓여 주어서 그렇다고 하였다. 맛있는 고깃국을 먹으면서 어머니는 아들 생각에 '아들이 돌아오면 이 맛있는 것을 주어야겠다.' 생각하고는 국에서 지렁이를 하나씩 꺼내어 방골에 모아 두었다.

여러 해가 지난 뒤 아들이 돌아왔다. 워낙 먹을 것이 없었던 때라 아들은 집에 돌아오면서 어머니가 돌아가시지나 않았을까 염려하는 마음이 가득했다. 그런데 집에 돌아와 보니 어머니가 살이 찌고 몸이 더욱 좋아진 것이 아닌가.

아들이 놀라서 어떻게 된 것이냐고 물으니 어머니가, "며느리가 매일 맛있는 고깃국을 끓여 주어서 몸이 좋아졌다. 너무 맛있어서 너를 주려고 방골에 모아 두었다."고 하면서 방골에 모아 두었던 지렁이를 아들에게 내주었다. 아들이 보니 지렁이가 아닌가.

"어머니, 이것은 지렁이요!" 하니 어머니가 깜짝 놀라 "뭐라, 지렁이!" 하고 소리를 크게 지르다가 눈을 떠버렸다. 앞을 못 보다가 앞을 볼 수 있게 되었으니 얼마나 좋은 일인가. 이것이 다 며느리가 효도를 잘해서 그런 것이라고 해서 동네 사람들이 며느리에게 상을 주었다.

기본 모티브는 지렁이로 부모를 봉양한 자식이다. 이 모티브는 지렁이국으로 홀어머니를 모시는 며느리, 지렁이로 홀아버지를 모시는 며느리, 지렁이로 부모를 봉양하는 딸의 유형으로 나타난다. 이야기의 밑바탕에는 지렁이는 사람이 먹을 수 없는 음식이라는 전제가 깔려 있다.

먹을 것이 없어 어쩔 수 없이 지렁이로 부모를 봉양해야 하는 상황인데, 이것은 어떤 상황에서도 부모를 잘 모시려 하는 자식의 효성스런 마음을 극단적으로 표현한 것으로 볼 수 있다. 이런 전제는 먹을 수 없는 것을 맛있게 먹었다는 사실에 놀라 눈먼 부모가 눈을 뜨는 계기를 만든다. 개안 설화는 기본적으로 갑작스런 상황이나 갑작스런 사실의 인지에서 오는 놀라움으로 눈을 뜨게 되는데, 이런 점에서 지렁이 모티브는 눈을 뜨게 하는 장면을 이끄는 좋은 전제라고 할 수 있다.

메기의 보은은 진안군 진안읍 가림리에 전하고 있다.

〈메기의 보은〉 이야기는 한 부잣집 아들이 메기가 써 준 '두상불세유(頭上不洗油)', '필두승가소(筆頭蠅可笑)', '미삼승조칠두(米三升曹七斗)'라는 세 구절 덕분에 목숨을 구했다는 전형적인 물고기 보은담이다.

옛날 어느 부잣집 아들이 서당에 다니면서 공부를 했는데, 서당이 냇가 건너편에 있어서 매일 점심 도시락을 싸 가지고 다녔다. 그러던 어느 날 내를 건너다 다리 밑으로 큰 메기가 왔다 갔다 하는 것을 보았다. 부잣집 아들은 이때부터 싸가지고 가는 점심을 항상 반씩 나눠서 메기에게 주었다.

메기는 이 음식 덕분에 잘 자랐으며, 부잣집 아들도 나이가 들어 장가를 가게 되었다. 장가가기 하루 전날, 메기가 갑자기 강에서 뛰어나오더니 강변 모래에 꼬리로 '두상불세유(頭上不洗油)[머리 위의 기름을 닦지 마라]', '필두승가소(筆頭蠅可笑)[붓 머리에 파리가 가히 우습구나]', '미삼승조칠두(米三升曹七斗)'라고 썼다. 부잣집 아들은 이상하게 여기며 그것을 잘 외워두었다.

장가간 첫 날밤, 신랑 신부가 잠을 자고 있는데 벽장에 있던 동백기름병이 떨어져서 신랑 머리에 기름이 줄줄 흐르게 되었다. 신랑은 메기가 알려준 '두상불세유(頭上不洗油)'가 생각나 머리의 기름을 닦지 않고 그냥 내버려 둔 채 잠을 청하였다.

그런데 깜깜한 밤중에 한 중놈이 신방에 들어와 신랑과 신부의 머리에서 각각 기름 냄새를 맡아보더니 신부를 죽이고 도망갔다. 보통 여자는 동백기름을 바르고 남자는 기름을 바르지 않았는데, 신랑에게서는 기름 냄새가 강하게 나고 신부에게서는 기름 냄새가 나지 않으니까 신부를 신랑으로 잘못 알았던 것이다. 신부를 죽인 사람은 사실은 신부와 좋아지내던 중놈이었는데 신랑을 죽이려다가 잘못해서 신부를 죽였던 것이다.

다음날 아침, 신랑은 살인죄로 몰려 관아에 끌려가게 되었다. 신랑은 아무리 무죄를 하소연해도 믿어 주지 않았고 결국 유언서를 써야 하는 상황에 이르렀다. 할 수 없이 붓에 먹을 찍어서 메기가 가르쳐 준 '필두승가소(筆頭蠅可笑)'를 쓰려고 하는데 진짜로 파리가 날아와서 붓 끝에 붙었다. 이것을 본 신랑은 메기의 말이 모두 맞음을 보고 크게 웃었다. 원님은 죽을 상황에 놓인 신랑이 웃는 것을 보고 이유를 물었고 신랑은 메기가 가르쳐 준 세 어구를 원님에게 이야기 했다. 원님은 세 어구 중에서 마지막 어구에 근거하여 근방에 조삼승[조칠두]라는 사람을 찾아보게 하였고 마침내 인근 절에 사는 중을 잡게 되었다. 중은 자신의 죄를 모두 자백하였고, 신랑은 죄를 면하여 다른 데로 장가가서 잘살았다고 한다.

한편 제보자는 메기가 가르쳐 준 마지막 어구를 잘 기억하지 못했는데 참고로 '일두미삼승(一斗米三升)'이라는 말로 전해지기도 한다. 이 말의 뜻은 '한 말의 벼가 석 되면 일곱 되의 벼가 남아서 강칠승(糠七升)'이라는 이름으로 해석한다.

이는 전형적인 '물고기 보은담' 유형의 설화이다. 가장 기본적인 물고기 보은담은 용왕의 아들인 잉어를 구해줘 보은을 받았다는 유형이다. 이 기본형에서 내용의 변이에 따라 잉어 대신 자라나 거북 등으로 나타나고, 잉어를 구해준 어부는 변이에 따라 나그네나 서생 등으로 나타난다.

이런 유형의 물고기 보은담은 우리나라 전국에서 구전될 뿐만 아니라 범세계적으로 분포되어 있다. 특히 아시아 일대에 많은 자료가 보고되는데, 중국 이야기에는 거북 또는 자라가 많이 등장하며, 보은으로 생명을 구해 주는 경우가 많다. 몽고나 일본 이야기는 잉어 대신 뱀이 등장하기도 한다. 우리나라에서는 용궁이 등장하는 것이 많으며, 자라를 구하였다는 경우에 보은으로 주인공이 벼슬을 얻게 된다는 것이 흔하다. 보답으로 받는 물건도 상자, 연적(硯滴), 가락지 등으로 다양하지만 대부분 부귀를 가져다주는 보물이고, 때로는 보은으로 생명을 구해준다.

〈메기의 보은〉의 경우에는 문헌이나 타 지역에서 구비되어 유전되던 이야기가 진안읍 가림리 일대로 전승되어 정착하였다. 특히 진안 지역에 용담호가 생기면서 호수와 물고기의 상관관계가 깊어졌고, 따라서 더욱 더 지역민의 흥미와 재미를 이끌어 낼 수 있는 설화가 됐다.

무주 우렁각시 이야기는 무풍면 현내리에 전하고 있다.
변신한 각시와 가난한 총각이 함께 산다는 변신담이고, 도둑에게 납치되자 각시의 지략으로 부부가 함께 탈출하는 지혜담이며, 금기를 어겼기 때문에 어쩔 수 없이 옥황상제의 딸인 우렁각시가 천상으로 올라간다는 승천담이다. 이를 〈우렁이 각시〉라고도 한다.
아들 결혼을 걱정하던 어머니가 돌아가시고 노총각 혼자 농사를 짓게 되었다. 하루는 논에서 일을 하다가 특이하게 생긴 울뱅이[우렁이]를 발견하고 집으로 가져와 농 위에 올려놓았다. 그런데 농사일을 마치고 저녁에 집에 돌아오니 저녁 밥상이 차려져 있었다. 이상하게 생각한 총각은 다음날 땔나무를 하러 가는 척하다가 숨어서 지켜보았다. 저녁때가 되자 예쁜 처녀가 방에서 나오더니 쌀을 씻어서 밥을 지었다. 다음날에는 점심밥을 준비하는 처녀를 덮쳐서 같이 살자고 다그쳤다. 처녀는 '아뿔싸' 하면서 낙담하면서도 그렇게 했다. 놉을 얻어서 모를 심어야 해서 우렁각시한테 점심밥을 내오라고 했다. 그런데 점심때가 지났는데도 오지 않았다. 할 수 없이 각시를 찾으러 갔는데, 마침 도둑 떼가 마을에 침입하여 밥을 내가던 우렁각시를 납치해 가버렸다. 남편[총각]은 도둑 떼를 쫓아서 도둑국까지 잠입한 뒤에 우렁각시를 만났다. 우렁각시는 남편을 숨겨 놓고 눌은밥과 술을 먹여 힘을 기르게 한 뒤에 도둑 떼를 죽이고 탈출하였다.

우렁각시와 집으로 돌아와 살다가 어느 날은 "본래 나는 옥황상제 딸로서, 당신이 그때 시간을 두고 나를 지켜봤더라면 백년해로를 할 수 있었을 텐데, 조급하게 서두르는 바람에 하늘로 올라갈 때가 됐다."고 고백하였고, 드디어 하늘로 올라가 버렸다.

주요 모티프는 '우렁각시', '이물 교혼(異物交婚)', '관탈민녀(官奪民女)' 등이다.「우렁각시 이야기」는 통상의 서사와 다른 변이형으로서의 서사적 특징이 있다. 우렁각시는 한마디로 관탈민녀형 설화로써, 원님으로 상징되는 권력이 부당하게 민간의 여인을 탈취하는 내용이다. 이때 원님은 권력을 부당하게 자행하는 폭력적 수탈자로 상징된다. 통상적으로는 폭력자가 원님으로 대표되지만 〈우렁각시 이야기〉에서는 도둑에 의해서 납치되는 것으로 변형되어 있다. '도둑 나라'라는 또 다른 공간이 펼쳐지는 것도 무주군 설화의 특징이다. 또 금기와 관련해서 서사의 초반에는 나타나지 않지만 후반에 우렁각시가 고백하는 대목에서 자연스럽게 드러나고 있으며, 종국에는 지상과 천상으로 분리되어 이별하는 비극형으로 서사가 마감된다.

〈메기바위와 송아지〉는 순창군 쌍치면 둔전리에 전하고 있다.

이는 쌍치면 둔전리 천변에 있는 바위에서 송아지를 한입에 삼킨 엄청난 크기의 메기를 잡아서 '메기바위'로 불렸다는 암석 유래담이고, 그로 인하여 마을은 점암촌(鮎巖村), 냇물은 점암천(鮎巖川) 등으로 불렸다는 지명 유래담이다. 점암천은 다양한 모양의 크고 작은 바위들이 많아 바위 틈새에 메기들이 서식한다.

옛날 쌍치면 둔전리 천변에 있는 메기바위 밑에는 몇 백 년이나 된 거대한 메기가 살았다. 어느 여름에 마을 사람이 송아지를 길들이려고 앞내 물가에 말뚝을 박아 송아지를 묶어 놓은 뒤 뒷산에 올라가 꼴을 베었다.

그런데 갑자기 억수 같은 소나기가 퍼붓더니 냇물이 순식간에 불어났다. 이때 메기가 펄쩍 뛰어올라 송아지를 번개같이 삼키고는 다시 바위 굴속으로 숨었다. 송아지 주인이 달려와 말뚝에 감긴 줄을 당겼더니 송아지 대신 어마어마하게 큰 메기가 줄에 낚여 올라왔다. 이 일로 인해 바위 이름을 '메기바위'라 하고, 마을 이름을 한자로 점암촌, 냇물은 점암천이라 부르게 됐다.

주요 모티프는 '송아지를 삼킨 메기'이다. 오랜 세월을 살아 거대해진 물고기나 동물은 자연의 상징물로서 두려움의 대상이자 경외의 대상이 되기도 한다. 송아지를 삼킨 메기가 거대한 자연의 힘을 의미한다면 메기를 끌어올린 송아지 주인은 자연을 극복하려는 인간의 의지를 상징한다.

물고기를 지키는 바위는 순창군 쌍치면 용전리에 전한다.

이는 어부가 쌍치면 용전리에 있는 '갈미바위'에서 물고기를 많이 잡았으나 돌문이 닫히는 바람에 결국 물고기를 하나도 가져오지 못하고 그곳을 빠져나올 수밖에 없었다는 신이담이다.

쌍치면 용전리에 있는 마을 냇가에는 '갈미바위'라고 부르는 바위가 있다. 옛날 이 마을에 사는 한 어부가 고기를 잡으러 배를 타고 나갔다. 그런데 갈미바위 앞에 이르자 갈미바위에 대문과 같은 네모난 구멍이 나 있었다. 어부는 그 네모난 구멍을 따라 들어갔는데 안에 넓은 공간이 있고, 그 안에 고기가 엄청나게 많이 모여 있었다. 어부는 너무나 반가워 고기를 잔뜩 잡아서 꼬챙이에 죽 끼웠다. 많은 고기를 잡은 어부는 기분 좋게 그곳을 나오려고 하는데 갑자기 돌문이 닫혀 버렸다.

깜짝 놀란 어부는 어떻게 하면 이곳을 빠져 나갈 수 있을까 이 궁리 저 궁리를 하였으나 도저히 빠져 나갈 방도가 없었다. 결국 아무런 손도 쓰지 못할 것을 깨닫게 된 어부는 꼬챙이에 꿰었던 고기를 빼내어 다시 물속에 넣어 주었다. 그러자 신기하게도 돌문이 저절로 열렸다. 결국 어부는 한 마리 고기도 가져오지 못하고 그곳을 벗어날 수 있게 되었다. 그 후, 사람들은 갈미바위가 물고기를 지켜 주는 바위라고 생각했다.

주요 모티프는 '신기한 바위'이다. 〈물고기를 지키는 바위〉 이야기에서 갈미바위는 물고기를 보호하는 수호자 역할을 한다. 어부가 물고기를 많이 잡게 되어 횡재했다고 기뻐했으나 결국 물고기를 모두 놓아 주고 빈손으로 돌아올 수밖에 없었다. 영험한 갈미바위가 물고기를 밖으로 가지고 나가는 것을 허락하지 않았기 때문이다.

08
나루터와 주막

'원(院)'이란 공무를 수행하기 위해 이동하는 관원들이 도중에 휴식을 하거나 숙식을 할 수 있도록 마련된 시설이다. 진안에서 전주로 가는 길에는 곰티재 부근의 덕봉 마을 앞에 요광원(要光院)이 있었고, 장수로 가는 길에는 율현원(栗峴院)이 있었다. 진안에서 용담으로 가는 길에는 대목재 너머의 초천원(草川院)과 정천 지역의 이전원(里田院)이 있었고, 용담에서 금산으로 가는 길에는 솔치재 아래에 송현원(松峴院)이 있었다.

용담에서 전주로 가는 길에는 원월평 서쪽에 강유원(康乳院)이 있었고, 진안에서 임실로 가는 길에는 지금의 마령면에 영천원(潁川院)과 삼기원(三岐院), 백운면에 백암원(白岩院), 성수면 좌산리에 좌산원(左山院), 주천면 대불리에는 대벌원(大伐院)이 있었고, 동향면에는 구라원(九羅院) 또는 행원(行院)이, 진안읍에는 남원(南院)이 있었다.

그러나 원의 폐해가 심해지면서 점차 사라지고 주막 또는 주점이 그 기능을 대신하게 됐다. 길을 가다 하천을 만나면 얕은 하천은 발을 걷고 건너거나 징검다리를 놓아 건넜고, 통행이 빈번한 하천에는 주민들이 협력해 섶다리를 놓기도 했다. 그러나 깊고 넓은 하천을 건너기 위해서는 배를 이용해야 했으며, 이로 인해 나루터가 형성됐다.

　진안에는 월포강 나루터, 반룡강 나루터, 구곡진 나루터, 성남강 나루터 등이 있었다.

　월포강 나루터는 상전면 월포리에 있었던 나루터이다. 장수군과 진안군에서 발원한 금강이 월포리에서 제법 큰 물길을 이루고 있어 월포강이라 이름했다.

　진안군의 상전면 쪽에서 안천면 또는 무주군 방향으로 가려는 길손은 반드시 이 강을 건너야 했으므로 나룻배와 나루터가 필요했다.

　성남강 나루터는 용담면 월계리 성남 마을에서 안천면 삼락리 승금 마을 사이에는 장수군과 진안군에서 발원한 금강이 큰 물길을 이루고 있었다. 성남 마을에서 승금 마을로 가려는 길손은 반드시 이 강을 건너야 했으므로 나룻배와 나루터가 있게 됐다.

　반룡강 나루터는 성수면 용포리 반룡 마을 앞에 있었다. 이 지역에는 백운면·마령면·성수면에서 발원한 물이 합류해 제법 큰 물길을 이루고 있었다. 반룡 마을 쪽에서 포동 마을·송촌 마을이나 임실군 관촌면 쪽으로 가려는 길손은 반드시 이 강을 건너야 했으므로 나룻배가 필요했고 자연히 나루터가 형성됐다. 1970년대 초까지 그 중 일부가 존재하였다고 하지만 다리가 가설되면서 모두 사라졌다.

　고창군은 2009년에 고인돌 질마재 100리 길을 개발하여, 관광객들의 발길을 이끌고 있다. 기존에 개발된 길은 고인돌 질마재 100리 길은 고인돌길, 주진천 복분자길, 질마재길, 보은길 등의 4개 코스로 되어 있다.

　이 가운데 질마재길(14.5㎞, 5시간) 구간은 연기마을 입구 → ① 고창

분청사기요지 → 산림경영 숲 쉼터 → ② 소요사 → ③ 질마재 → ④ 국화마을 → ⑤ 미당시문학관 → ⑥ 미당생가 → 좌치나루터 → ⑦ 하전갯벌학습체험장 → 소금샘 → 검단소금전시관으로 이어진다.

저만치 멀리 연기사 터가 보인다. 부귀영화는 조선 후기에 모두 사라져 이제는 전라남도 영광군 불갑사에서나 겨우 흔적을 찾아볼 수 있는 연기사 터를 뒤로한 채 걷는 길에 운무라도 내려앉는 날이면 바로 선계를 이루는, 작지만 야무져 마치 호랑이 품에 안긴 듯한 소요사에 도착한다.

소요사는 백제 위덕왕 때 소요대사가 창건했다고 전해지나, 지금은 도선국사의 사리탑이라고 하는 부도만이 쓸쓸하게 서 있는 곳이다. "눈이 부시게 푸르른 날은 ~ 그리운 사람을 그리워하자." 귀에 익은 소리 쫓아 질마재길을 오른다. 1975년 《질마재 신화》라는 문집을 발표한 미당.

이제는 신화가 아닌 길이라는 또 다른 현실로 태어났다. 폐교를 활용한 미당시문학관 옆으로 미당이 태어나고 시인의 꿈을 키워온 생가 터가 자리 잡고 있다. 멀리 자리 잡은 묘소는 어린 날을 회상하듯이 국화 그림으로 온통 물들인 마을을 내려다보고 있다.

코로 느끼는 향이 아닌 가슴으로 향을 담고 다다른 곳은 좌치 나루터이다. 서해안과 만나 생명을 이어주는 뱃줄로 자리 잡아 수많은 삶을 이뤄내는 주진천(인천강), 또 하나의 생명 수요 문화의 길이다.

좌치나루터(좌치진, 좌치나루)는 고창군 심원면 용기리와 부안면 선운리 고룡동을 연결하는 조선 시대 나루의 터다.

이는 옛 무장현(현 무장면)과 흥덕현(현 흥덕면)의 해안을 연결하는 나루로, 외부 소금장수들이 질마재를 넘어 무장현의 해변에서 생산되는 소금을 사러 다니거나 심원면 사람들이 부안면 난산장(알뫼장)을 오가는 데 이용됐다.

풍수로 꿩이 앉은 형국이어서 좌치나루터라고 한다. 나루 양쪽에 주막이 있었는데, 심원면 용기리 쪽에는 나룻가 바로 위에, 부안면 선운리 구룡동 쪽에는 독바위에 사공이 거주하는 주막집이 있었다.

만조 때에는 구룡동마을 소나무 근처, 즉 가는쟁이 독바위까지 배로 건넜지만 간조 때에는 갯고랑만 건너고, 개펄 지역은 '노두'라고 하는 징검다리를 이용했다.

일제 강점기 무렵에 근처 마을 사람들은 나루를 이용하는 대가로 봄가을에 보리와 나락을 한 말씩 지불했다. 6·25전쟁 때에는 나루를 건너기 위하여 심원면 용기리 쪽 나루터에 있던 좌익 200여 명이 사살된 현장이기도 하다.

1970년대 초반 배삯은 1인당 30원이었다. 용선교가 건설되던 1995년 무렵까지 운영됐으며, 최후의 사공은 백정기였다. 현재는 좌치나루터 양쪽에 있는 주막도 철거되어 묵은 밭으로 변하였으며, 갯고랑에는 장어잡이 그물이 가로질러 있고, 구룡동 쪽에는 소나무 한 그루가 서 있다.

경북 예천의 삼강주막(경북민속문화재 제134호)을 아는 사람은 적지 않다. 낙동강과 그 지류인 내성천, 금천이 만나는 나루터에 1900년 무렵 지은 삼강주막은 낙동강 700리에 남은 하나뿐인 주막이다.

마지막 주모가 세상을 떠난 뒤 허물어져 가던 것을 2006년 복원했다. 진안과 고창 등 전북의 나루터를 복원, 문화관광자원으로 활용할 수 있는 방법은 없을까.

09
스토리로 만나는 포脯

포(脯)는 얇게 저며서 양념하여 말린 고기 조각을 말한다. 장기간 두고 먹을 수 있도록 만든 저장식품이다. 포는 자연물을 채집하여 식량으로 삼을 때부터 시작되었다고 추측된다. 문헌상으로는《삼국사기》신라본기 신문왕 3년조의 폐백 품목에서 처음 나타난다.

쇠고기, 노루고기, 꿩고기, 생선 등으로 만들며, 주재료에 따라 노루포, 생치(꿩)포, 대구포, 민어포 등으로 부른다. 쇠고기로 만든 포에는 약포, 염포(산포), 장포, 편포, 대추편포, 칠보편포 등이 있으며, 약포나 편포에 실백을 싸서 말린 육포쌈, 편포쌈 등도 있다.

어느 날 안회가 공자에게 인(仁)에 대해 물었다. 공자가 대답했다.

> 자기를 이겨내고 예로 돌아가는 것이 인이다. 하루라도 자기를 이겨내고 예로 돌아가면, 천하가 인에 돌아갈 것이다. 인을 행하는 방법은 자기로부터 말미암은 것이다. 어찌 다른 사람으로부터 말미암는 것이겠는가?

안회가 다시 세부적인 항목에 대해 물었다. 공자가 대답했다.

> 예가 아니면 보지 말고(非禮勿視), 예가 아니면 듣지 말고(非禮勿聽), 예

가 아니면 말하지 말고(非禮勿言), 예가 아니면 움직이지 마라(非禮勿動).

그러자 안회가 대답했다.

제가 비록 총명하지는 못하지만, 이 말씀을 받들겠습니다(回雖不敏, 請事斯語矣).

《논어》의 '안연' 편에 나오는 내용이다.

제자가 스승에게 건네는 선물에 관한 이야기가 있다. 공자는 "속수(束脩)의 예 이상을 행한 사람이면 내 일찍이 가르치지 않은 적이 없다(自行束脩以上, 吾未嘗無誨焉)."라고 했다. 예전에는 제자로서 가르침을 받으려 할 때 필히 예물을 지참하는 관습이 있었다. '속수: 소금에 절여 말린 포(脯)'는 그러한 예물 가운데 가장 가벼운 것으로서 오늘날의 입학금에 해당한다. 공자 당시에는 예물로 일국의 군주(君主)면 보석, 대부(大夫)면 양, 사(士)는 꿩, 서인(庶人)은 거위, 공상인(工商人)은 닭을 지참하는 것이 상례였다고 한다.

사마천은 《사기》의 '공자세가' 편에서 공자의 제자가 3,000명에 달한다고 전한다. 공자는 제자를 받아들일 때 신분의 귀천을 가리지 않았다. 누구든지 배우고자 하는 의지만 있다면 '속수(束脩)'를 바치는 것으로 충분했다. '속수'는 육포 열 가닥을 묶은 것으로 스승에 대한 최소한의 예의를 지킬 수 있는 선물이었다. 그 전통이 남아 조선시대 때 성균관, 향교, 서당 등에서 입학식 때 학생이 스승에게 가르침을 청하는 예절을 '속수례'라고 했다.

김영란법 이전 수준의 법이 조선시대 처음 시행된 것은 1424년이다. 《세종실록》 이해 7월 14일 다섯 번째 기사가 그것인데, 이 법안의 사실상 첫 제안자는 세종이었다. 법안은 사헌부에서 올렸지만, 임금의 지시로 시작되었기 때문인데, 첫 법안은 음식물과 선물까지 모두 처벌대상에 포함되어 요즘의 김영란법 못지않았다.

이날 실록 기사는 사헌부의 법안 및 경과보고이다. 이날 보고된 법안은 임금의 지시로 윤회(尹淮)가 초안을 작성했고, 지신사(知申事, 승정원 정2품) 곽존중이 제안 취지를 대독했다.

"전조(前朝, 고려)의 말년에 뇌물을 공공연하게 왕래하더니 구습이 아직도 남아 관리들이 뇌물을 태연하게 주고받는다. 오히려 뇌물을 거절하는 자가 기롱과 조소를 받으니, 내가 매우 민망하게 여기는 바이다. 앞으로는 준 자나 받은 자 모두를 도둑으로 간주하여 처벌할 테니, 이를 특별교지로 할지, 법으로 제정할 것인지는 대신들이 정하시오."

곽존중이 대독한 제안 취지에는 세종의 절묘한 한 수가 숨어있었다. 이때 사헌부가 많은 신료들이 연루된 대형 비리사건을 조사 중이었는데, 그중 최고위직인 영의정 유정현, 좌의정 이원, 성산부원군 이직, 대제학 변계량, 이조판서 허조 등을 불러 설명한 것은 이들의 반대를 사전봉쇄한 것이다. 세종의 예상은 적중했다. 자신들의 수뢰 사실을 알고 있다고 판단한 좌의정 이원이 대신들을 대표해 혐의를 이실직고하고 선처를 빌었다. "사헌부의 조사를 받고 있는 신등이 무슨 할 말이 있겠습니까." 영의정이 좌의정보다는 노회했던 것 같다. 정색을 하기는 민망했던지, 실록의 표현을 빌리면 희롱조로 말했다. "나 같은 늙은이가 음식 받아먹은 것이 무슨 죄가…." 대제학과 이조판서도 거들었다. "먹는 물건을 주고받는 것이 해로울 것은 없는데, 이것까지 금지할 필요가 있겠습니다."

이렇게 뇌물에서 제외된 음식이 다시 적용 대상이 되기까지 무려 23년여가 걸렸다. 번번이 대신들의 반대에 부딪혔기 때문으로, 음식물을 뇌물에 포함하자는 주장이 여러 차례 있었다. 이 법이 시행된 지 3개월여 만인《세종실록》1424년 10월 6일 네 번째 기사가 호군 신정리(申丁理)의 상소문인데, 출장 관원에 대한 음식 접대 문제이다. "각 관(官)의 공수전(公須田, 경비를 마련하기 위해 관청에 주어진 땅) 수입으로는 경비 충당에 턱없이 부족합니다. 각 관의 수령은 내왕하는 관원들을 접대해야 하는데, 음식 마련할 비용이 없어 국고를 몰래 내다 팔거나 하급 관리에게 갹출을 시키고 있습니다. 이대로라면, 아무리 현명한 수령이라도 탐오(貪汚)한 관리가 될 수밖에 없습니다." 다음해 11월 11일 첫 번째 기사는 음식대접을 받은 관원의 처벌에 관한 내용이다. 사복마(司僕馬, 사복시에서 관리하는 말) 조련을 위해 해주에 간 환관 유실, 윤길, 첨총제(僉摠制, 무관직 당상관) 이군실 등이 현지에서 음식과 술대접을 받았는데, 유실과 윤길은 각각 90대와 80대의 장형에 처해진 반면, 이군실은 아무런 처벌도 받지 않았다. 이에 지신사 곽존중이 이군실의 처벌도 요구했으나, 임금은 "실과 길에게는 출발 전에 이 같은 일이 없도록 하교했는데, 이를 지키지 않았고, 군실에게 따로 명한 바가 없다." 즉 음식 접대를 받았기 때문이 아니라, 자신의 명을 지키지 않았기 때문에 처벌했다는 것이다. 그러나 이 같은 설명에도, 임금을 도와 뇌물금지법을 주도했던 지신사 곽존중은 물러서지 않았다. "상께서 군실에게 친히 명하지 않았어도 하교내용을 모를 리가 없습니다. 상께서 한번 하교하시면, 안팎에서 모두 듣기 마련이니 처벌함이 마땅합니다." "비록 무인이나 당상관이고 태종대왕을 모시던 사람인데, 그만한 일로 벌을 줄 수 있겠느냐. 내가 알아들을 만큼 꾸지람을 했으니, 더 이상 논하지 말라." 이때 대사헌 김익정이 아이디어를 냈다. "어찌 신 등이 상의 뜻을 따르지 않겠습니까. 다만, 해주의 사복시 말 훈련과 관련하여 조사하고자 하오니 허락하여 주십시오." 어쩔 수 없게 된 임금이 이군실 등의 추가 조사를 수용했다. 이밖에도 좌부승지 유의손이 하급관리에게 음식물을 받다가 현장에서 체포되었으나, 임금의 명으로 풀려나자 사헌부가 반발하는 등 음식을 둘러싼 공방이 여러 차례 있었다. 결국 음식물이 뇌물에 포함된 것은 세종 29년인 1447년이다. 조선 최고의 명재상으로 손꼽히는 황희 정승까지 뇌물을 받은 것으로 밝혀진 제주목사 이흥문사건이 음식물 포함의 계기가 되었다. 이 사건은 제주경저(京邸, 조선시대 지방관청이 각종 연락사무 등을 위해 서울에 두었던 출장소) 근처에 살던 내시의 제보로 시작되었다. 《세종실록》 이해 윤 4월 14일 첫 번째 기사이다. 이날 임금은 의정부 우참찬 정갑손에게 명했다. "흥문(興門)이 바다 밖에서 지방정치를 하면서 백성은 불쌍히 여기지 않고 오로지 뇌물 쓰기를 일삼고 있어 국문하려 하니, 의정부가 이를 논의하여 아뢰라."

이 같은 임금의 국문 지시에도 불구, 신료들은 서둘러 사건을 덮으려 했다. 도대체 이들에게 무슨 일이 있었던 것일까. 당대 최고의 실력자들인 영의정 황희, 우의정 하연, 좌찬성 황보인, 우찬성 김종서가 아뢰었다. "육전에는 소문만으로도 지방수령을 조사할 수 있도록 하고 있어 마땅히 추국을 할 수도 있으나, 내시의 말에서 시작되었으니, 대체(大體, 기본이 되는 큰 줄거리)에 어긋남이 있으니 흥문을 내쫓는 것으로 가할 듯합니다." 임금도 서두르기는 마찬가지였다. "이조는 흥문의 직첩을 박탈하는 것으로 이 일을 종결하라."

그러나 이날 있었던 일련의 과정은 임금의 전략이었다. 다음날 입궐한 신료들은 "신들은 모두 흥문이 보낸 물건을 받았사옵니다. 부끄러운 낯으로 이 자리에 있기가 황공하기 그지없습니다. 물러나 벌하여 주시기를 기다리겠사옵니다." 이에 임금이 말했다. "식물(食物, 음식물)을 받는 것은 법령에도 정해진 것이 없으니, 개의치 말고 내일부터 출근하라. 받은 것이 포육(脯肉, 양념하여 말린 고기)이거나 말장식에 불과하고 흥문뿐만 아니라 제주목사들은 옛날부터 그랬었다." "그런데 흥문의 물건을 받은 사람 중 도승지 황수신, 좌승지 이사철 등은 일반 관리들과 결탁해서는 안 되는 내신(內臣)이어서 그냥 둘 수 없소. 엄중한 방지책을 세울 테니, 경들은 그리 알고 물러가시오." 이어 임금은 이홍문법 제정을 위한 결정타를 던졌다. "동부승지 이계전은 들으라. 이 같은 탐욕의 풍습을 금하지 않을 수 없으니, 역대의 본받을 만한 것과 경계될 만한 것들을 상고하여 교서를 지으라." 즉 이번은 승지들만 처벌하지만, 앞으로는 모든 관료를 처벌할 수 있도록 법을 제정하라는 지시였으나, 이의를 제기한 신료는 아무도 없었다. 이틀 후 우의정 하연이 사직상서를 냈으나, 받아들여지지 않자 이들을 처벌하라는 요구가 계속됐다. 사헌부는 16일과 21일 연이어 상소를 올려 이홍문의 국문과 뇌물을 받은 신료들의 처벌을 요구했으나, 임금이 직첩 박탈에 그쳤던 이홍문을 경상도 흥해에 유배하는 것으로 일단락됐다. 한 달여가 지난 5월 22일 요즘의 김영란법에 버금가는 이홍문법이 탄생했다. 실록 이날 두 번째 기사인데, 육전(六典)과 율문(律文)에 따라 준 자와 받은 자를 모두 장물을 계산하여 율대로 죄를 매기되, 장리(贓吏, 뇌물을 받은 관리)로서 논죄할 것을 골자로 하고 있다. 사헌부가 최종 법안을 올리기 전, 이를 뇌물을 받은 대신들에게 열람시켰는데, 불과 며칠 전까지 사직상서를 내며 머리를 조아렸던 하연, 황보인, 김종서가 발끈했다. "미안하고 부끄러워 얼굴을 들 수 없으나, 일부 때문에 청렴 정직한 사대부까지 욕되게 하는 것은 참을 수 없습니다. 법안 중 '사행탐도(肆行貪饕, 재물과 음식에 대한 탐욕)가 무소기극(無所紀極, 끝이 없음)하고 뇌회권문(賂賄權門, 권신들에게 뇌물을 줌)이라'는 문구는 삭제하여 주십시오." 이날의 역사현장을 기록한 사관은 기사 말미에 자신의 평론을 덧붙였다. "대신들은 참으로 부끄러움을 몰랐고, 이를 용인하는 임금은 더욱 부끄러웠다. 이흥문으로 인하여 세워진 이 법은 음식물까지 뇌물에 포함시켜 훗날 세상을 메마르게 하는 폐단을 면치 못할 것이다."

이흥문법 시행 이후 첫 위반은 7개월여가 지난 1448년 1월 28일 발생했다. 실록 이날 세 번째 기사인데, 사헌부가 노루고기를 뇌물로 바친 최약지를 국문한 결과이다. 서흥 도호사(都護使, 종3품 지방관직) 최약지가 병조판서 김세민, 경기감사 조혜, 형조 참판 조수량에게 노루고기를 뇌물로 주었으나, 때마침 은사(恩赦, 나라의 경사가 있을 때 시행하는 사면)가 있어 면죄되었다는 것. 이후 음식이나 향응은 크게 줄었으나, 금품수수가 줄었는지 여부는 확인할 수 없어, 오늘날과 크게 다르지 않았을 것으로 짐작된다.

한때 뇌물수수액이 80관(貫)을 넘으면 참형에 처하게도 했지만, 지난해 세계투명성기구가 조사한 우리나라 부패인식지수는 역대 최저인 52위였다. 설령, 제도가 완벽했더라도 탐욕은 일정 부분 본능과도 같아서 몇 줄의 법률만으로 해결될 문제는 아니었다.

눈이 내리니 바람이 더욱 차가워 그대가 추운 방에 앉았을 것을 생각하노라. 이 술이 비록 하품이지만 차가운 속을 따뜻하게 데워줄 수 있으리.

미암 유희춘이 아내에게 시를 지어 보냈다.

> 국화잎에 비록 눈발이 날리지만 은대(승문원)에는 따뜻한 방이 있으리. 차가운 방에서 따뜻한 술을 받으니 속을 채울 수 있어 매우 고맙소

그의 아내 송덕봉은 이렇게 화답했다.

고전문학자 정창권 씨가 펴낸 《홀로 벼슬하며 그대를 생각하노라》에는 부부간의 애뜻한 정을 담은 시가 나온다. 《미암일기》는 선조 때 학자인 유희춘이 한문으로 쓴 친필일기다. 1567년(선조 즉위년) 11월 5일 이른 새벽, 멀리서 통행금지를 해제하는 파루의 종소리가 울리자 이미 잠에서 깬 미암은 이불 속에서 그 종소리를 헤아리고 있었다. 오늘은 그가 오랜 유배에서 풀려나 복직하는 첫 날이다.

"남쪽바다 북쪽 바다 쓸쓸한 땅에/ 23년 동안 버려졌던 몸/ 옛 친구 생각하며 쓸쓸히 문적부(聞笛賦)만 읊고/ 고향 오니 어느덧 도끼자루 썩은 사람과 같다/ 가라앉은 배 옆에 온갖 배들 가는 것을 보지만/ 병든 가지에 그래도 한 점 봄이 있다/ 오늘밤은 장락궁 곁에서 종소리를 들으니/ 술 마시지 않아도 정신이 상쾌하다."

임금 앞에서 강론할 생각으로 잠 못 이루던 미암은 시 한 수를 짓고 일기에 적었다. 귀양살이를 마치고 돌아온 자신의 처지를 "도끼자루 썩은 사람"에 비유하고 임금을 다시 모시게 된 기쁨을 "봄"으로 표현한 것이다. 그는 이 무렵부터 일기를 쓰기 시작했다. 그 일기가 바로 미암일기다. 지금 남아있는 것은 1567년 10월부터 1577년 5월까지 11년간에 걸친 일기다. 내용 가운데 몇 군데 빠진 곳이 있으나, 조정의 공적인 사무로부터 자신의 개인적인 일에 이르기까지 매일 일어난 일과 보고들은 바를 상세하게 기록해 두었다. 미암일기가 역

사에서 주목된 것은 《선조실록》을 편찬할 때 그의 일기가 주요 자료로 이용되었기 때문이다. 임란으로 선조 25년 이전의 《승정원일기》가 모두 불타버리자 실록을 만들 때 이이의 '경연일기'와 '미암일기'를 참고하여 《선조실록》을 꾸민 것이다. 본래는 14책이었으나 현재 남아있는 것은 11책이며, 부록으로 그의 부인 송덕봉의 시문과 잡록이 실려 있다. 이 책은 판본을 포함, 보물 제260호로 일괄 지정됐다.

미암일기는 조선시대 개인의 일기 중 가장 방대하다고 할 수 있다. 그뿐만 아니라 지금까지 소개한 일기들과 달리 자기의 일상생활에 일어난 모든 일에 대하여 상세히 적었기 때문에 당시 상류층 일반학자들의 생활상황을 엿볼 수 있어 사료로서의 가치도 매우 귀중하다. 본인이 중앙의 요직으로 있었던 만큼 선조(宣祖) 초년에 조정에서 일어난 사건은 물론 각 관서의 기능과 관리들의 내면적 생활 및 사회, 경제, 문화, 풍속 등을 여실히 보여주고 있다.

"당시의 관리들은 날이 밝기도 전에 광화문 앞에 모여 대궐 문이 열리기를 기다렸다. 아침 식사는 대궐 안에서 먹었다. 아침 식사 시간에는 임금이 술을 내리는데, 내시가 술을 따르기 전에 엎드려 절을 하고 받아 마셔야 했다. 하사받은 술은 영광이요 은총이기에 토하지도 못하고 끝까지 참았다." "급여는 1, 4, 7, 10월에 받았다. 미암은 쌀 13섬, 보리 1섬, 명주베 1필, 삼베 3필을 받았다. 그 외에 임금께서 노루 한 마리, 말린 꿩 네 마리, 말린 대구 네 마리, 말린 큰 새우 네 두름, 젓 한 항아리 등을 하사했다."

미암은 1568년 10월 홍문관에서 매월 초하루에 주는 하사품으로 말린 노루고기포(장포) 한 마리, 말린 꿩 4마리, 말린 대구 4마리, 말린 새우 4두름, 젓 한 항아리 등을 받았다.

1568년 미암가의 수입은 녹봉으로 받은 쌀과 명주베, 삼베, 그리고 증여받은 벼와 밀가루, 메밀쌀이 있고 포로는 말린 꿩 13마리와 생꿩 3마리 그리고 말린 청어 30마리, 말린 문어 3마리, 건복 13첩, 대구 5마리 등이다. 선물로 받은 반찬과 과일에 보답하기 위해 미암의 부인 덕봉이 곳간에서 마른 전복 두 묶음을 작은 보자기에 싸서 여종 부용 편에 보내는 내용도 담겨 있다. 당시 담양이 본거지였던 미암은 서울 남산에서 남의 집을 빌려 살고 있었는데 집세로 포육 한 조각과 말린 꿩을 집주인 심봉원의 집에 보냈다는 내용이 담겨 있다. 이는 포가 녹봉이나 화폐를 대신했음을 알 수 있게 하고 있다.

그의 일기에는 퇴계 이황과 학문적 견해가 달라 자주 논쟁을 했다는 내용이 나온다. 그리고 그가 이름이 알려진 장서가였음을 알 수 있는 대목도 있다. 그가 장서를 구축한 방법을 보면 매우 흥미롭다. 중앙과 지방의 목판에서 책을 찍어내고, 기증을 받고, 사들이고, 교환하고, 중국에서 수입하고, 필사하는 등 모든 방법을 동원하여 3500여 권에 달하는 거대한 장서를 마련했다고 한다. 사후 20년, 임진왜란으로 대부분의 서책이 사라졌지만 만약 이 책들이 남아 있다면 우리는 조선 전기 사대부 사회의 지적 활동 규모를 더 정확히 파악할 수 있었을 것이다. 전라감사를 지내기도 한 유희춘은 1538년 문과에 급제하여 수찬, 정언 등의 벼슬을 거쳤으나, 1547년 벽서사건에 연루되어 제주도에 유배되었다. 유배에서 풀려난 후 다시 여러 벼슬을 거쳤으며, 1575년 이조참판을 지내다 사직하고 고향으로 돌아와 여생을 글쓰기로 보냈다. 『미암일기』 외에도 『속몽구』, 『역대요록』 등을 남겼다. 담양 대덕면 장산리 모현관에는 미암집 목판 396판(1869년 판각), 고문서(1910년 이전 197건), 전적(1910년 이전 36건), 유품, 의

암서원 관련 자료가 보관돼 있다.

　미암이란 호는 그의 고향 해남에 있는 미암 바위에서 이름을 따 지은 것이다. 미암은 해남 출신으로, 유물이 담양에 남아있는 것은 부인 송 씨가 담양 출신이기 때문이다.

　미암은 24세 때 결혼과 함께 과거급제를 해 관직에 오르면서 거처를 담양으로 옮겼다. 그의 아내 송덕봉은 신사임당, 황진이, 허난설헌과 함께 '조선 4대 여류 문인'으로 불린다. 최초로 문집을 낸 '여류 문사'였는데, 남편이 엮어낸 그 문집은 분실되었고 《미암일기》 등에 그녀의 작품이 일부 전하고 있다. 조선시대 후기 농학 가문의 문신인 서명응(徐命膺)은 《고사십이집(攷事十二集)》을 펴냈다.

　그의 가문은 《식목실종》, 《해동농서》, 《임원십육지》 그리고 「규합총서」까지 조선후기 유명한 농학서들을 3대에 걸쳐 집필했다.

　《고사십이집》은 서명응의 문집인 《보만재총서(保晚齋叢書)》에 편입되어 있는 종합농업기술서로, 총 6책 12권으로 구성돼 있다. 그 내용은 역사에서부터 조선 관직의 품계와 관제, 성곽 축성 요령, 가옥 구조부터 각종 음식 제조법까지 다양한 내용을 수록하고 있다.

　전라감사 서유구의 조부인 서명응은 당시, 벽지에 근무하는 지방관들이 외부의 소식과 두절되고 읽을 서적도 없어 세상물정에 어두워지는 것을 바로잡아 주기 위해 업무의 지침이 될 내용들을 수록해 이 책을 엮었다고 한다. 《고사십이집》의 내용 중 특징적인 면을 살펴보면, 단군조선부터 고려까지 역사가 왕의 재위년 별로 기록하는 방식으로 기술됐고, 조선의 품계와 각 기관의 관직체계도 나타나 있다. 조선시대 품계 중 정3품은 당상관(堂上官)으로 대부분 사람들이 알고 있으나 당상관과 당하관으로 나눠져 있으며, 왕의 유모는 품계가 놀랍게도 종1품으로서 봉보부인(奉保夫人)이라 칭하는 외명부의 높은 벼슬임을 알 수 있는 동서반계가 그 내용이다. 또한, 십이궁(十二宮) 별자리와 이십사절기(二十四節氣) 등이 표시된 기후 관련 자료 그리고 식품 부문들이 서술방식으로 상세히 풀이돼 있어 당시를 이해하는 데 좋은 자료다.

음식총론에서부터 각종 음식의 조리와 제조법 그리고 음식궁합과 식중독, 해독법 등 음식 관련 내용이 상세히 기록돼 있으며, 손자인 서유구의 《임원경제지》와 손자며느리의 《규합총서(閨閤叢書)》에도 많은 영향을 준 것으로 추정된다.

《고사십이집》은 크게 세가지 점에서 높이 평가되고 있다.

첫째, 그 내용이 다양하면서 관리들이 기억하기 어려운 여러 가지 사실들을 상세히 풀이함으로써 당시의 관리들은 물론 현재의 학자들에게도 당시를 이해하는 데 좋은 자료가 되고 있다.

둘째, 그 서술방식이 조목마다 총론과 각론으로 질서정연하게 풀이돼 있어 현재의 자연과학서를 읽는 듯한 감을 주고 있으며 이와 같은 서술방식은 그의 아들이나 손자는 물론 당시와 그 이후의 학자들에게 서적 편찬의 좋은 모범을 보여주고 있다.

셋째, 제11~12집에 수록된 식품부분이 후일 그의 손자 서유구의 《임원경제지》 식품부분에 반영돼 우리나라 식문화 발전에 크게 기여했다는 점 등이 그것이다. 이 속에 다식편포에 관한 기록이 전한다.

'우육다식'이라 하여 정육을 꿩고기와 섞어 난도하고 유장으로 섞어 다식판에 찍어 내어 잠깐 건조시켜서 먹으면 맛이 좋다고 했으니 일종의 생회이면서 말린 편포를 말한다.

10

말고기와 마필산업

　우리나라에서 말고기가 발달하지 못한 건 역사적인 이유가 크다. 《태조실록》에는 매년 섣달에 제주도에서 암말을 잡아 건마육(乾馬肉)을 만들어 조정에 진상했다는 기록이 남아있다. 세종 때는 제주목사 이흥문이 영의정 황희 등에게 건마육을 뇌물로 줬다가 발각돼 파직돼기도 했다. 하지만 여전히 서민 음식과는 동떨어진 음식이었다. 정권 서열 2위~5위 인물들에게 뇌물로 제공할 정도면 말고기가 얼마나 귀하게 취급됐는지 알 수 있다.

　《조선왕조실록》을 보면 뇌물 관련 기록이 3,500여 건에 이르는데, 뇌물 때문에 참형을 당하거나 패가망신한 사례가 많다. 음식물 제공이 처벌 대상에 포함된 것은 23년이 지난 1447년이다. 세종 29년 4월 14일 첫 번째 기사는 임금이 백성들은 불쌍히 여기지 않고 뇌물 쓰기를 일삼은 제주 목사 이흥문의 국문을 의정부에 지시한 내용이다. 이 사건은 제주 고을의 경저(京邸, 서울사무소) 근처에 사는 여자와 결혼한 내시의 고변으로 시작됐다. 임금의 명을 받은 영의정 황희, 우의정 하연, 좌찬성 황보인, 우찬성 김종서, 좌참찬 정분, 우참찬 정갑손이 관계 관아에서 아뢴 것이라면 당연히 추국해야 하지만, 내시의 말을 듣고 국문하는 것은 옳지 않으니 이흥문을 내쫓는 것으로 마무리하는 것이 좋겠다는 의견을 냈다.

그러나 이 같은 의견은 자신들도 이흥문에게 뇌물을 받았기 때문에 이를 은폐하기 위해 서둘러 사건을 종결지으려 한 것으로 의심된다. 사헌부가 준 자와 받은 자 모두를 법대로 처벌할 것을 거듭 요청하자 이흥문을 유배 보내는 것으로 한 단계 처벌 수위를 높였지만, 많은 관료들과 사헌부가 물러서지 않았다. 결국 임금은 아무리 작은 뇌물이라도 준 자와 받은 자는 모두 처벌해야 한다는 사헌부의 주장을 받아들였다. 이 대목만 보아서는 음식물의 포함 여부를 알 수 없으나, 기사의 말미를 보면 확실해진다.

이 부분은 사관이 자신의 주장을 기록한 것으로 임금이 음식물까지를 뇌물로 논하게 한 것은 가혹하게 따지는 폐단을 남길 것이라고 적었다. 이로 보아 이때부터는 음식접대도 뇌물에 포함된 것으로 보인다. 건마육이 뭘까? 조선시대, 제주에서는 매년 섣달에 암말을 잡아서 말고기를 말린 건마육을 만들어 조정에 진상했다. 연산군은 양기를 돕는다 하여 즐겨 먹었다고 한다.

서울로 올라가는 길목이었던 익산시의 마동(馬洞)은 말을 이용하는 행인들이 이곳에서 말에게 물을 먹이며 쉬어갔다 해서 마동이라 했다. 또 진안군의 마령면(馬靈面)은 진안의 상징으로서 산의 형상이 말의 두 귀와 흡사해 붙여진 마이산을 마이영봉(馬耳靈峰)이라 한 데서 유래됐다. 장수군은 유독 말 관련 지명이 많다. 장수읍 두산리 뒤 마봉산(馬峯山)은 원래 말산(馬山)으로 불렸으나 세월의 흐름을 따라 말[馬]과 말[斗]의 동음이의적 특성 때문에 두산(斗山)으로 와전되었다고 전해진다. 마봉산은 말이 산 위를 달리는 모습과 같다 해서 명명됐고, 장수군 산서면의 마하리는 인근 마하치(馬下峙)재 아래 있는 마을이라 해서 이름이 붙여졌다.

우리나라엔 '길마재'란 지명이 여럿 된다. 안장처럼 편안하게 생긴, 나지막한 산마루나 언덕을 길마재로 불렀다. '길마'란 소나 말의 등에 얹는 안장을 가리키는 우리말이다. 고창 부안면에는 '질마재'라는 고개가 있다. '질마재'는 길마재의 전라도 사투리다. 《질마재 신화》라는 시집을 남긴 미당 서정주 시인의 고향이 이곳이다. 말의 안장을 닮은 질마재 고개는 옛날 소금농사를 짓는 바닷가 사람들이 부안 장터에서 소금을 곡물과 교환하기 위해 나루터를 거쳐 반드시 넘어야 했던 고개다.

순창 대마마을은 말 형상을 닮은 이른바 '말(馬)명당'으로 유명하다. 용마산 아래의 둔덕에 자리한 이 마을은 265명의 문과 급제자를 냈다는 조선 최고의 명당. 정승이 다섯, 대제학이 일곱, 왕비가 하나, 공신이 아홉, 청백리 다섯을 배출하는 등 실제로 이 마을에서 걸출한 인물이 많이 났다고 전해진다. 현재까지도 이곳은 용마산과 대마마을이라는 이름값을 하며 풍수지리에 관심 있는 사람들 사이에 대한민국 명당 중 한 곳으로 손꼽힌다.

경마는 말과 인간이 어우러져 바람을 뚫고 달리는 호쾌한 경기다. 그러나 그 호쾌함 뒤에는 승부라는 가시가 감춰져 있다. 그래서 경마에서 승부를 가르는 요인을 마칠인삼(馬七人三)이라 한다. 한국의 경마는 1922년 총독부 승인을 받은 경마시행업체 조선경마구락부에 의해 시작됐다. 조선총독부는 우민화(愚民化)정책의 일환으로 경마를 권장했다. 1928년에는 서울 신설동에 경마장이 세워진 이후 평남레이스구락부(1924년), 대구경마구락부(1926년)를 시작으로 신의주, 부산, 군산, 함흥, 청진, 웅기에 경마장이 생겨났다.

　전북도가 '2018 말 산업특구'로 지정됐다.전국 제4호 말 산업특구로 지정된 전북은 익산시, 김제시, 완주군, 진안군, 장수군 등 도내 5개 시군이 연계해 공모에 참여, 2018~2019년까지 2년간 국비 50억 원을 확보, 특구 지정 지역의 차별화 된 말 산업 인프라 구축에 투자할 계획이다.

　마필산업을 활성화해야 한다. 그러다 보면 마필산업 볼륨이 커지고 농촌의 축산농가에서도 좋은 소득원이 될 수 있다. 지금까지 마필생산은 마사회가 경주마 위주로 주도해 왔는데, 앞으로는 말 생산 농가에서 승마용 마필을 공급하고 경마 퇴역마들도 승용마로 제공해야 한다. 그러기 위해서는 정부와 지자체에서 마필생산 농가를 지원하고 육성해야 한다. 마필산업의 영역을 축산으로 넓히기 위해서는 말고기 소비 촉진도 필요하다.

　이번 기회에 말 문화를 통한 말산업의 융성을 생각해봐도 좋을 듯 싶다. 문화를 기반으로 공감을 얻는다면 엄연한 산업으로 오롯이 설 수 있고, 문화와의 상호 작용을 통해 지속적인 발전도 도모해볼 수 있다. 말 문화에 대한 말산업 정책 입안자들의 관심이 촉구되는 시점이다.

11
전북의 전통주

전북은 예로부터 무공해 청정지역으로 쌀 등 천연 원료를 대량 생산할 수 있어 감칠맛 나는 전통주를 생산하면서 전국적인 명성을 얻고 있다.

전주 이강주와 이미주, 완주 송화백일주와 송곡오곡주, 과하주, 고창 복분자주와 선운사특주, 무주 머루주, 남원의 변강쇠주(지리산약술)와 춘향주, 정읍 단풍주, 익산 호산춘, 변산 팔선주, 김제의 송순주 등은 모두 우수한 원료와 독특한 제조 비법 등으로 경쟁력을 갖고 있다.

동쪽으로 험준한 지리산을 비롯, 덕유산, 모악산, 내장산, 대둔산, 마이산, 선운산, 강천산, 장안산 등과 변산반도와 섬진강, 동진강, 만경강, 금강 등 천혜의 자연을 끼고 있기 때문이다.

최근에 우리 술 품질향상 촉진 및 경쟁력 강화를 위하여 개최된 '2013 대한민국 우리 술 품평회'에 명품주 7주종 14제품을 출품한 결과, 전국 207제품 가운데 4점이 입상했다. 대상에 약. 청주 부문 황진이주(참본), 최우수상 일반증류주 부문 진심홍삼주(태평주가), 우수상 살균막걸리 부문 부안참뽕막걸리(동진주조)와 과실주 부문 머루이야기(산들벗)가 그 주인공이다.

고 작촌 조병희 선생(향토사학자)의 셋째 아들 조정형 씨가 전주에서 이강주를 만들고 있다. 기품있는 도자기 모양의 병에 담겨있는 은은한 향기의 민속주를 고운 빛깔의 잔에 담아 내놓으면 흐뭇해하지 않을 주객(酒客)은 아마도 없을 것이다. 전주한정식에 오르는 콩나물겨자잡채와 대합구이, 육회, 들깨즙탕, 탕평채, 토하젓, 진석화젓 등과 함께하는 이강주 한 잔의 맛에서는.

민속주는 포도주처럼 색깔과 맛, 향을 함께 음미하는 술이다. 가장 맛있을 때는 섭씨 8도 정도. 담백한 맛을 즐기려면 더 차게, 짙은 맛과 향을 즐기려면 덜 차게 마시는 것이 좋다. 온도 변화가 없도록 얼음을 채워두고 마시면 더 좋다. 민속주는 대체로 맑고 황금색을 띠는 술이 많다. 엷은 호박빛에서 짙은 담갈색까지 농도가 다양하며 색이 엷을수록 담백하고, 진할수록 맛도 진하고 오래된 술이다. 숙성할수록 좋은 술도 있지만 곡물을 사용한 발효주는 만든 지 1백 일을 넘지 않는 것이 좋다.

1987년 전라북도 무형문화재 6호로 지정된 전주 이강주는 우리나라 최고급 술로 옛날 상류사회에서 즐겨 마시던 술이다. 이강주는 전북지방의 명산물인 배와 생강을 넣어 빚었다 해서 붙여진 이름이다. 이 술의 독특한 맛과 향기는 전북의 물맛 덕분이며 이 때문에 다른 지역에서는 모방할 수 없다고 한다.

이강주는 진상품이었던 이서 배와 봉동 생강, 전주 울금, 계피, 토종꿀 등으로 만드는 술로 호산춘, 죽력고와 더불어 나라를 대표했던 명주(名酒)로, 연노랑 술빛이 신비롭고 청량한 맛과 향이 독특해 '여름밤 초승달 빛과 같은 술'로 더욱 유명세를 타고 있다.

'2011년 대한민국 우리 술 품평회'를 통해 최고의 술을 선정한 결과, 과실주 부문에선 무주칠연양조의 '붉은 진주', 리큐어 부문에선 '전주이강주'가 각각 최고의 술로 뽑혔다. 정부는 각종 행사에서 수상한 이강주 등 주류를 사용, 명품주로 육성해 나간다는 계획인 만큼 세상이 황홀한 술맛으로 깊이 젖어들지 않을지 적이 걱정이 된다.

이에 농식품부, AT, 전통주 관련 사이트, 우리 술 품평회 등의 홈페이지 게시 및 방송매체 등에도 소개하는 등 전통주의 우수성을 널리 홍보될 예정이다. 또, 외식종합자금 융자 및 품질관리지원사업 선정시 가점제공으로 업체의 경쟁력을 강화에도 일조를 할 것으로 예상된다.

하지만 여기에서 만족해서는 안된다. 상품 디자인을 통해 용기 개발을 꾸준히 할 경우, 대량으로 수입되는 위스키를 대체할 수 있다. 특히 전통주 가공산업에 대한 제반 정보를 신속하고 효과적으로 전달할 수 있는 체계 확립과 구매, 판매, 신상품 정보, 국제시장 정보 등 경쟁력 강화를 위해 필요한 정보에 쉽게 접근할 수 있는 인프라 제공이 필요하다.

때문에 전통주의 시장 조사와 판매망 확보 등에 있어 전문성이 결여되어 경쟁력이 약하고, 가격도 비싸 판로 확대의 제약 요인으로 되고 있는 만큼 원류 구입 및 판매 방식을 혁신해야 하는 등 전통주 산업을 활성화할 수 있도록 노력해야 함이 절실하다.

제 2 장

12

전주 한옥마을 주변의 맛집들

 명절 땐 맛으로도 귀향한다. 타지 사는 전주 출신들에겐 풍년제과 땅콩센베이, 일품향 군만두, 백일홍 찐빵, 홍콩반점 짜장, 콩나물국밥, 막걸리, 비빔밥 등이 대표적인 고향 맛이다. 대부분이 반세기 이상 문을 열어놓고 있지만 얼마 전, 중앙동 홍콩반점이 폐점했다. 햇볕 따뜻한 이층 창가에서 후루룩 후루룩 하던 그 구수한 연갈색 짜장면 맛을 이젠 더 이상 볼 수 없다. 이미 세계적 명소가 된 한옥마을에다 전주의 소리와 춤, 술과 음식, 한지, 전통 가구, 옻칠, 우산단청, 바느질 같은 문화 자산(資産)이 스토리를 덧씌우고 있다. 전주는 '문화 부자(富者) 도시'입니다. 전주에는 정부와 전북도가 지정한 무형문화재 보유자만 40명이 활동하고 있는 기초자치단체 가운데 그 수가 제일 많다. 이들이 솜씨를 뽐내고, 가르치며, 산업화할 공간이 지난해 한옥마을 곁에 문을 열었다. 국립무형유산원(서학동)과 한국전통문화전당(경원동)으로, 한옥마을에선 방문객들이 공연도 감상하고 직접 체험도 할 수 있다.
 또, 조선시대 호남과 제주까지 관할하던 전라 감영 복원 작업이 시작됐습니다. 2017년까지 관찰사 집무실인 선화당 등 주요 건물 여섯 동(棟)이 옛 모습을 되찾고 있다. 쇠락해가던 구도심에서 또 다른 명물로 떠오른 게 남부시장입니다. 남부시장에선 금요일과 토요일 밤이면 시장 중앙 통로에 이동 판매대 등 70여 점포가 문을 열고 있다. 전주의 넉넉한 인심을 느낄 수 있는 야(夜)시장입니다. 야시장이 서면서 남부시장을 찾는 손님은 하루 최대 1만 명으로 늘어났다.

전주는 이제 '호남제일문'인 풍남문과 한옥마을, 전라 감영(중앙동)에다 전통시장의 넉넉한 인심까지 얹어 문화와 역사가 살아 숨 쉬는 가장 한국다운 도시, '문화특별시'를 꿈꾸고 있다.

전주는 2012년 '유네스코 음식 창의 도시'로 지정된 한식의 본고장이다. 비빔밥과 한정식, 콩나물국밥만 있는 게 아니다. 남부시장엔 전주에서 유일하게 남은 송철국수가 3대를 이어오고 있으며, 서울소바 역시 3대를 이어오면서 쫄깃한 면과 개운한 국물을 선사하고 있다. 남부시장 옹기골목엔 40여 동안 전통 한과를 만드는 백봉기 씨가 있으며, 또 전주의 고들빼기김치와 함흥냉면의 맛은 또 어떠한가. 사람은 변해도 80여년 된 백일홍 찐빵의 맛은 여전히 그대로다.

또 전주는 푸짐한 안주를 곁들인 막걸리와 모주도 미식가와 애주가들을 불러 모은다. 황태·갑오징어·달걀부침 등 맛깔스러운 안주를 싼값에 즐길 수 있는 가맥집(가게 맥주집)은 이미 전국적 유명세를 치르고 있는 가운데 2015년 8월 첫 '전주가맥축제'가 열리는 등 그 전통을 잇고 있다.

전주 한옥마을의 야(夜)시장, 밤이 너무 짧다

향수는 고향을 그리는 마음이다. 그게 심해지면 병이 되기도 하지만 그 이름만으로 고단했던 기억도, 즐거운 기억도 문득문득 떠올리는 원천이 된다. 향수는 그래서 자신의 탯줄을 묻은 고향일 수도 있고, 추억이 묻어나는 곳일 수도 있다. 연고는 없지만 고향의 정취가 묻어나는 곳이라도 가능하다.

전주는 많은 사람들에게 이런 향수를 일으키기 좋은 곳이다. 한옥마을이 그렇고, 넉넉한 인심과 맛깔스런 음식이 풍성하다. 한때 산업화에 뒤진 아픈 상흔이기도 하지만 한 세대는 멈춘 듯한 낮고, 낡은 옛 도심도 향수를 일으키기에 충분하다. 밉지 않은 흥정이 오가고, 고단한 삶을 위로할 오래된 누옥이 즐비한 시장 통도 그렇다. 연령과 계층을 가릴 것 없이 화려하고 현대적인 것보다 느리고, 느낌 있는 여행이 마침 트렌드라지 않던가. 향수 마케팅, 즉 오래지 않은 과거를 느끼기 좋은 자원으로 관광객을 불러 모으기에 가장 좋은 소재는 전주 남부시장이다. 남부시장은 규모와 역사가 크고 오랠 뿐 아니라 즐거움이 가득한 곳이다. 한옥마을 관광객이 늘면서 젊은 층들로 붐비는 청년몰과 야시장이 향수를 자극하기에 적격이다. 오래되고 이름난 맛집에도 사람들이 몰린다. 한옥마을에서 가까운 것도 장점이다. 남부시장에 관광객이 찾아들자 덩달아 전주천 건너 새벽 야시장도 사람들이 늘었다. 남부시장 건너 전주천 왼쪽 도로는 본래 새벽 반짝 시장이 섰는데, 이곳에 관광객의 발길이 잦아지면서 명소가 됐다. 노천 시장에 전주와 주변 지역에서 푸성귀를 들고 나온 할머니들과 시민들의 흥정이 볼거리를 제공한 것이다.

인근의 서학동 예술인 거리 또한 명소가 되고 있습니다. 노천시장과 가까운 완산칠봉 오가는 길, 벽화마을 등에도 옛 정취와 향수를 느끼려는 관광객이 늘고 있다. 이들 지역에 이른바 스토리를 입히고, 체험거리를 더하면 한옥마을 못지않은 관광지가 될게 틀림없다. 거창한 시설을 짓고, 화려한 네온을 밝히지 않고도 관광객을 불러 모을 수 있다는 걸 전주시가 보여줄 수 있다면 얼마나 좋을까.

전주 남부시장에는 2014년 10월 31일부터 개장하고 있는 야(夜)시장이 자리하고 있다. 대만(타이완) 하면 빼놓을 수 없는 것 중의 하나가 바로 야시장이 아니던가. 연평균 기온이 20도가 넘는 기후 탓에 밤에 열리는 야시장이 활성화될 수밖에 없었던 만큼 크고 작은 야시장이 지역별로 성행하고 있다. 오픈시간이 딱히 정해져 있지는 않지만 날이 저물기 시작하면 노점의 천막이 하나 둘 펼쳐지고 그 안에서 지지고, 볶고, 튀기는 음식의 향연이 펼쳐진다. 하지만 전주의 야시장은 서울처럼 늦은 시각까지 야시장을 운영하지 않는다. 보통 야시장은 오후 6시부터 자정까지 영업을 한다고 하니 낭패 보지 않으려면 초저녁에 들러볼 것을 권한다.

남부시장 1층 중앙통로(십자로)에서 청년몰 입구 약 100m까지 기존 상가와 이동 판매대 70개소가 어우러져 향토음식, 이색음식 등 먹거리와 전통공예품, 문화공연이 펼쳐진다. 이동 판매대를 준비하는 상인들 얼굴엔 생기가 돌며 손님맞이에 한창이다. 기존 상점 35곳과 이동 매대 35곳을 합쳐 70개 매장이 백 미터 안에 다 있다. 심지어 공예품을 파는 상점, 사진관, 네일아트 가게까지 문을 열었다.

조선 3대 시장의 하나였던 남부시장은 대형 마트와 기업형 슈퍼마켓으로 고사 직전까지 몰렸다가 이처럼 화려하게 부활했다. 안전행정부가 주관한 야시장 시범 사업이 멋들어지게 성공한 것이다. 이 때문에 동절기를 지나 하절기에도 야시장을 열고 있다. 여름에는 오히려 한 시간을 더 연장해서 영업시간이 자정까지 계속된다. 시민과 관광객들이 원하면 주말뿐만 아니라 매일 상설로 운영할 것이라는 소식도 들린다.

야시장에서는 피순대, 만두, 비빔밥 등 전주의 유명 먹거리와 죽공예, 한지 등 전통시장 대표상품, 수공예품 등을 판매하고 있다.

또 청년몰과 지역의 청년이 참여하는 프로그램도 운영될 예정이다. 최근 블로그 등을 통해 전국적으로 인기를 얻고 있는 청년몰과 지역의 청년이 참여하는 프로그램도 운영, 다양한 계층이 즐길 수 있는 공간으로 운영중이다. 이때면 한옥마을 인근 남부시장은 그야말로 인산인해를 이룬다. 평소 같으면 하루 장사를 마치고 문을 닫을 시간이지만 이날만큼은 환한 조명에 북적이는 사람들로 걷기조차 힘들 정도다. 가장 인기가 있는 것은 뭐니뭐니 해도 허기를 채우고 흥미를 유발하는 음식 종류다. 판매되는 음식들은 인근 한옥마을의 음식들과 겹치지 않도록 원칙을 세웠고, 이 때문인지 손님들의 흥미가 급증, 길게 줄을 선 풍경을 보기란 어렵지 않을 정도다. 가장 인기가 있는 음식은 전주대 학생들이 마련한 홍시호떡. 호떡 안에 설탕 대신 홍시를 넣어 단맛을 냈고 이 점이 많은 관심을 받고 있다. 감호떡, 홍시화채, 홍시찹쌀떡도 인기 품목 중 하나다.

또 베트남 음식을 준비한 '베트남 마트'의 튀김말이는 이색적 맛을 느끼는 데 충분하다. '달달한 두 여자네'가 마련한 팬케이크, 알랍쏘머치, 알랍누아바도 관심의 대상이다. 주인장은 당초 여행 관련 업종을 하는데 부업으로 이동 판매대에 참가했다고. 이들이 판매하는 음식은 살은 찌지 않고 맛있는 것을 즐겨 찾는 다이어트 중인 여성이 주고객이다. 불양념곱창과 막창을 판매하는 '아짐손 불곱창갈비'는 살이 찌든 말든 관심이 없을 것 같은 손님들로 북적거린다. 숯불 위에 올려놓은 곱창과 막창의 굽는 냄새가 지나가는 사람들의 허기진 배를 유혹하고, '에라, 모르겠다. 일단 먹고 보자.'는 손님들의 손과 입이 바쁘다. 불야성을 이루는 야시장에선 터키케밥, 러시아 빵, 필리핀 고기만두, 일본 스시, 중국 볶음국수 등 다문화 가정 주민이 즉석에서 요리해주는 이색 음식은 물론 우리의 야식 메뉴들도 다양하게 맛볼 수 있다.

시장의 터줏대감 '조점례 남문 피순대'에선 선지를 넣어 구수하고 쫀득한 순대를 얼큰한 국물에 끓여내는 순댓국밥으로 속풀이하기에 그만이다. 야시장의 또 다른 매력은 다양한 장르의 게릴라 공연으로 유쾌한 밤 문화를 이끌어준다는 점에 있다.

전주지역 노인들이 직접 만들어 판매하는 '서원시니어클럽'은 말 그대로 사회적 기업으로 등록된 시니어들이 직접 만든 제품들이 전시돼 있다. 이밖에 디자인 소품 등 다양한 제품이 판매되고 컵국수, 생과일 막걸리 등 전통음식과 중국을 비롯한 외국 음식 등 각종 먹거리가 다양하다.

이뿐만이 아니다. 십자로에 세워진 무대에서는 자칭 '유명 DJ'가 출연해 신청 받은 노래를 틀어주며 시장의 흥을 북돋아주고, 이미 흥이 난 사람들은 마이크를 쥔 채 무대 위에 올라 한 가락 뽑기도 하는 즐거움에 흥이 절로 난다.

부산 깡통시장처럼 전주 한옥마을의 야시장이 지역의 문화와 연계해 새로운 수익창출형 전통시장의 모델이 될 것으로 기대되는 만큼 양질의 콘텐츠로 이 곳을 찾는 많은 사람들의 5미 6감을 충족시켜 주었으면 한다. 전주의 동짓달의 밤은, 서예가 창암 이삼만이 흠모했던 심(沈)씨만큼이나 기다랗다. 아주 야(夜)한 이 밤에. 야시장의 밤은 낮보다 뜨겁다.

진미반점 등 오래된 짜장면집 즐비

1970년 후반 1980년대 전반의 대학생 단체 모임 장소로 각광받던 중국집들로는 동부시장 사거리의 동명각과 풍남문 부근의 아관원이 대표적이었다.

전주시의 중앙동에 자리잡고 있는 진미반점은 화교가 운영하는 중국집으로 전주 시민들에게 널리 알려져 있으며, 전주에서 가장 오래된 중국집으로 통하고 있다.

중국 산동성 연태시에서 공무원 생활을 하던 유영백 씨의 부친이 모택동의 공산당 정권이 수립되면서 숙청 대상으로 알려지자 1949년 중국에서 탈출해 한국의 전주에 자리잡게 된다. 연고가 없는 외국인으로 전주에 정착해 처음에는 화교 학교 교사로 시작해 교장까지 역임했다고 한다.

그 후 1969년 7월 '진미반점'이란 중국음식점 등록 허가를 받아 전주 시민들로부터 아주 좋은 평판을 받아오고 있다. 현재 진미반점을 운영하고 있는 유영백(1955년생) 씨는 화교 2세로 전주에서 태어나 서울에서 한중문화잡지사에 근무하다가 부친이 창업한 이 가게를 이어받아 운영하고 있다.

전주에는 전동성당 신축에 중국인들이 많이 참여해 전주에 정착한 사람들이 많았으며 다음 화교 2세대는 중국에 공산정권이 들어서면서 그곳에서 살 수 없게 된 만큼 유영백 씨 부친과 같은 시기에 입국한 인물들로 중국의 지식 계층의 인물들이 많았다.

또 인근의 '홍콩반점'은 1970년 문을 열어 지금도 성업중이었다. 이곳 사장 윤가빈(중국명 인 갸 빈) 씨의 부친이 바로 전주 중국집의 시조인 홍빈관 주인인 윤전성(중국명 인 관 신) 씨였다. 광복 전부터 중국식 요정을 경영하던 1세 사장 윤 씨가 한국전쟁 직후 홍빈관을 개업해 이를 큰아들에게 줬고 둘째아들 가빈 씨는 홍콩반점을 차린 것이다. 홍콩반점 자장은 색깔이 옅고 진미반점은 짙다. 홍콩반점이 설탕을 안 쓰면서도 달착히 입에 붙는다면 진미반점은 고소한 끝맛이 일품이다. 물짜장의 명물원조 홍콩반점이다. 〈생방송 금요와이드〉, 〈식신로드〉 등 다양한 방송매체에 소개된 유명한 곳이기도 하다. 이곳의 물짜장은 짜장보다는 짬뽕에 가까운 맛인데 간장을 넣어 만들어 간장맛이 나는 것이 특징이다. 삼선물짜장은 면과 소스가 따로 나오고 춘장이 들어가지 않아 하얀 빛깔을 띠고 소스는 울면 같은 느낌이 났다. 울면에 가까운 맛으로 뒷맛은 칼칼하기 때문에 담백하고 특유의 불맛이 나고 강렬한 맛이 아니라 걸쭉한 칼국수와 비슷한 느낌도 난다. 그러나 최근에 사라져서 아쉽다. 구 전북도청 옆에 자리한 대보장도 역사가 오래된 곳으로 화교가 운영하는 반드시 가볼 곳 중의 하나다. 물짜장으로 맛을 승부하고 있다.

전주시 완산구 현무1길에 위치한 '영흥관'이 70년 전통의 새빨간 '물짜장' 맛집으로 알려진 곳이다. 짜장인 듯 짬뽕 같은 새빨간 비주얼에 걸쭉하면서도 매콤한 전북 향토음식 '물짜장'의 식감에 타 지역에서도 찾아오는 손님들도 있다.

특히 얼큰하면서도 칼칼한 맛을 내는 비결은 춘장 없이 전분으로 식감을 유지하고, 고추씨와 함께 닭을 통째로 삶아낸 육수와 계란이 들어간 부드러운 반죽에 있다.

풍년제과의 초코파이와 베테랑의 칼국수

전북이 자타공인 '맛향(鄕)'으로 부활하고 있다. 역사와 전통이 오래된 전북지역 토종 맛집과 빵집이 하나둘씩 속속 서울로 올라오고 있다.

전북 음식에 관한 고유의 맛과 신뢰성이 여타의 프랜차이즈점 보다 높게 나타나면서 지역의 한계를 뛰어넘어 선택적 소비를 하고 있는데다가 맛집여행이 유행하면 이를 서울에서도 즐기고 싶어 하는 사람들이 많아졌기 때문이다.

맛집 팝업스토어(단기 임시매장)는 굳이 현지에 내려가지 않고도 쇼핑하러 나온 길에 지방의 유명 먹거리를 편리하게 구입할 수 있다는 장점 때문에 손님을 끌어들이는 효과가 크다고 합니다. 업체 입장에서도 서울 진출의 성공 여부를 시험해볼 수 있기 때문에 서로 득이 된다.

전주PNB 풍년제과의 수제 초코파이와 군산 이성당의 단팥빵 등은 백화점 식품 코너에서 단기 판매를 하다 아예 정식 매장을 내고 눌러앉았다.

'이성당'은 뛰어난 맛과 최고(最古) 빵집이란 스토리를 갖춘 가운데 롯데백화점 잠실점에 영업 면적 270㎡(81평)짜리 매장을 갖추고 있다. 이성당의 대표 제품은 팥앙금이 꽉 찬 쌀가루 반죽 단팥빵과 야채샐러드를 담은 야채빵. 롯데백화점은 본점에 팝업스토어를 유치한 뒤, 올 5월 잠실점에 대형 매장을 냈다. 군산 본점을 제외하면 첫 외부 매장이다.

2013년 팝업 매장을 열기 위해 당시 담당자는 군산을 30여 번 가량을 오가며 김현주 이성당 사장을 설득, 승낙을 받은 후 팝업스토어가 열린 일주일 동안 매출 2억4,000만 원이란 기록을 세웠다. 하루에 단팥빵만 1만 2,000개 팔렸다. 빵을 사기 위해 3시간씩 기다리는 진풍경이 벌어지기도 했다. 사정이 이렇다 보니 이성당은 100억 원대 자금을 투자, 롯데백화점 매장용 생지 공장을 준공하면서 대박 행진을 하고 있다. 팝업 매장을 거친 뒤 진출한 업체는 이성당 말고도 전주PNB 풍년제과가 있다. 수제 초코파이와 전병이 유명한 '풍년제과'도 현대백화점에서 팝업스토어를 성공적으로 마친 뒤 본점, 무역센터점, 목동점 등 핵심 점포 3곳에 입점했다. 새벽에 퍼지는 달그락 자전거 소리와 달콤하고 고소한 센베 냄새. 1951년 고 강정문 씨는 직접 구운 센베를 자전거에 잔뜩 싣고 닭이 훼를 치는 이른 시간 길을 나섰다. 그가 전주시 중앙동 3가 29번지에 문을 연 제과점은 60년 동안 3대를 이어 그 맛을 계승해오고 있다.

역사와 전통을 이어가기 위해 전수된 레시피를 지키며 일정한 온도와 굽는 시간, 수작업, 엄선된 재료를 사용해 갓 구워낸 빵을 통해 빵빵거리며 살라고 기원하고 있다.

오리지널 수제 초코파이, 화이트 수제 초코파이, 국내 최초의 센베, 옛날 양갱 등을 팔아오고 있지만 요즘엔 짝퉁 초코파이가 뉴스에 나올 정도로 유명세를 더한다. 필자도 기나긴 줄의 대열에 합류해 여러 차례 이곳의 초코파이를 사다가 타 지역에서 온 지인들에게 선물하고 있다.

전주PNB 풍년제과 강현희 대표는 "이제 프랜차이즈의 시대를 지나 장인정신으로 무장한 '작은 빵집'의 가치를 알아주는 시기가 왔다."며 "가격이나 맛, 마케팅 등에서 경쟁력을 갖추고 지방에서 성공을 거둔 맛집이 서울로 올라오기 때문에 성공할 확률이 높을 수밖에 없다."고 했다. 해방 후에는 후생극장 앞에 후생 빵집이 있었다. 또, 60년 전통의 전주 한일관이 3년간의 공백을 깨고 최근 서초구 신원동 192-41 청계산 입구에 문을 열었다. 한평생 주방을 지키던 주인 박강임 씨가 2년간 투병 끝에 지난해 향년 85세로 작고한 이후 주방을 이어받은 큰딸 내외(서원택, 이승문)가 새로운 재기를 다짐하고 있다.

1977년 전주 한옥마을에 문을 연 베테랑 분식도 최근 센트럴시티에 지점(고속버스 타는 곳 3번 광주행 앞)을 만들었다. 역시 메뉴는 칼국수(6,000원), 쫄면(6,000원), 만두(5,000원), 세 가지.

전주보다는 1,000원씩 비싸지만 교통비를 빼고, 줄서지 않고 먹을 수 있어 서울 사람들에게는 보다 더 경제적이다. 2013년 여름 '하루에 300그릇만 판다'는 전주의 유명 콩나물국밥집 '삼백집'이 가로수길에 문을 열었다. 또 다른 콩나물국밥 명소인 전주 남부시장의 현대옥도 가로수길, 코엑스 등 서울 곳곳에 가맹점을 운영하고 있다.

만두집 일품향 & 빵과 만두로 유명한 백일홍

"구한말을 전후해 인천에 화교들이 들어오면서 '청요리'가 알려졌어요. 부두 근로자들을 상대로 싸고 손쉽게 먹을 수 있는 음식을 생각하게 되면서 자장면 같은 중국음식이 인기를 끌었죠. 1940년대 후반부터 전주에도 상당수의 중국인들이 이주해 오면서 구 다가동 파출소 일대에 중국음식점이 들어섰습니다."

중국 식당 일품향(一品香)의 군만두는 말 그대로 일품인, 구운 만두의 정석이다. 대한민국 거의 모든 중국집에서 팔고 있는 군만두는 사실 군만두가 아니라 튀김만두다. 그러니 딱딱할 수밖에 없는 것이다. 하지만 일품향에서는 표현 그대로 구워낸다. 한쪽은 좀 바삭할 정도로 굽고 다른 한쪽은 조금 덜 구울 뿐이다. 그래서 군만두는 부드럽고 촉촉하면서도 향기로워진다. 튀김만두와는 완전히 다른 맛이다.

전주시 완산구 중앙동 2가 31번지에 위치한 일품향은 만두 전문 중국 요리집이다. 올해로 69년째(2019년 현재)를 맞는 이 가게는 오로지 맛있다는 입소문으로만 찾아온 손님들에게만 음식을 내놓는다. 자장면보다 우동이, 우동보다 만두가 더 유명한 조금 특별한 가게다. 보통 중국집이 점심때 손님이 집중되는 것과 달리, 일품향은 점심시간이 지나서도 만두를 맛보려는 손님들이 몰린다. 특히 주말에는 오후 9시까지 서울, 부산 다른 지역에서 찾아 온 손님들로 북적인다. 중국인 고 조홍발 씨가 1950년에 창업한 일품향. 그의 손맛은 아내 소정순 씨에게 이어졌다. 소정순씨는 지금 장녀 조충화 씨, 사위 레경구 씨와 함께 가게를 운영하고 있다.

가게에서 태어나 일품향에 대한 애정이 더 각별하다는 조충화 씨.

조씨는 "처음엔 삼동식 만두를 잊지 못한 아버지가 레시피를 개발해 군만두, 찐만두, 물만두만 팔았다."며 "다른 중국집과 비슷한 메뉴를 팔기 시작한 것은 20여 년 전부터다."고 설명했다.

여전히 소정순 씨가 만두의 맛을 내고 있지만 장녀인 조 씨는 장보기부터 사실상 가게 운영을 도맡고 있다. 만두 안에 가득한 고기가 일품으로 유명한 이곳. 특별함보다는 정직함으로 승부한 만두는 속이 두둑하다. 조 씨는 고기보다 야채를 선호하는 고객들이 늘어나면서부터 야채 비율을 조금 늘렸다고 귀뜸한다.

한국 사람 입맛에 맞게 개발한 탕수육과 우동도 만두 못지않은 인기 메뉴다. 아버지 때부터 강조한 것은 오로지 '문밖에 나가지 않고 오는 손님만 받는다.' 는 원칙이다. 세련되지 않은 가게 모습은 69년의 역사를 그대로 지니고 있다.

　일품향의 만두는 이제 해외에서 직접 찾아와 제조 방법을 배우려는 화교들의 발길이 이어질 만큼 유명세를 타고 있다.

　미식가들의 사랑을 받으며 '만두명가'로 자리매김하면서 연매출도 1억 원을 훌쩍 뛰어넘었다.

　조씨는 "중앙동 상권이 침체되기 시작했을 때도 옮기지 않고 그 맛과 가게의 모습 그대로를 유지한 것이 성공의 비결인 것 같다."며 "시간이 흘러도 변하지 않는 맛을 유지할 수 있도록 더욱 노력하겠다."고 했다.

　정창영 씨는 지난 1939년 일본인에게 기술을 배워 전주시 태평동에 만두, 찐빵집을 차렸다. 역사가 80년, 전주에서 가장 오래된 음식점이 바로 '백일홍' 빵집 이다. 지금 백일홍은 전주시 경원동으로 옮겼다. 주인도 정 씨에서 장 씨로 바뀌었다. 사연은 이렇다.

　"아버님, 배우고 싶습니다."(장선기 씨)

　"그러면 와서 일해 보게."(정창영 씨 · 타계)

　장선기 씨는 고 정창영 씨의 아들 친구다.

　장 씨의 첫 직업은 제화업이었으나 1980년대 이후 제화산업이 급격히 기울자 친구 아버지께 지난 1989년 이렇게 청했다. 정창영 씨는 대한민국 최고의 만두 찐방 제조 기술을 남김없이 전수하고 20여 년 전 타계했다. 이후 장 씨가 경영을 맡아 69년째 변함없는 맛을 이어오고 있다.

　"80년의 맛, 그 맛에 반해 맥을 잇기로 했지요. 꾸준히 찾아주는 손님들이 없었다면 지켜내지 못했을 거예요."

　전주시 완산구 경원동 3가 199번지에 있는 백일홍은 만두와 찐빵으로 유명하다.

평소 창업주 고 정창녕 씨가 꽃을 좋아했다. 전북도의 꽃인 백일홍을 가게 이름으로 내걸면서 찐빵가게의 역사가 시작됐다.

백일홍(百日紅)은 백 일 동안 붉게 피어 있는 꽃이라는 뜻을 갖고 있다. 꽃말은 죽은 벗을 그리워하다, 수다스러움, 행복, 기다림, 순결(흰꽃)을 상징한다.

정 씨는 85세까지 직접 가게를 운영했지만, 그 맛은 아들의 친구였던 장성기 대표에게 대물림됐다. 현재 장 대표는 아내 신동순 씨, 조카 장진영 씨와 함께 그 맛을 이어가고 있다. 백일홍가게 옆에서 구두 제화점을 운영하던 장 대표가 친구 아버지의 가게로 들어선 것은 1986년쯤. 6년 가까이 만두와 찐빵 만드는 법을 배웠고 지금 자리에 가게 문을 연 지 15년째다. 백일홍찐빵과 만두의 특징은 두툼하면서도 쫄깃한 만두피와 100% 국내산만을 고집하는 재료에 있다.

팥앙금과 고기는 물론 야채까지 손수 구입하는 것은 물론 '날씨 따라 달라지는' 반죽조차 수제다. 그날그날 판매할 양을 준비했다가 재료가 떨어지면 문을 닫는 백일홍.

이 때문에 허탕치고 가는 손님들도 적지 않다. 전통의 맛을 그대로 유지하는 데 노력하는 백일홍은 만두와 팥앙금 파동이 있었을 때도 '믿고 먹을 수 있는 만두'라고 소문나면서 오히려 매출이 늘었다.

소량 판매 원칙을 세우다 보니 KBS 아침마당에 가게가 소개됐을 땐 '단골손님들은 당분간 방문을 자제해달라'고 요청하는 웃지 못할 일도 있었단다.

오랜 전통을 이어가다 보니 손님 성화에 고속버스로 다른 지역까지 찐빵을 실어나르기도 했다는 장 대표. 현재는 당일 배송이 되는 서울에만 택배를 보내고 있다. 오랜 시간만큼 기억에 남는 고객들도 많다고 한다.

한승헌 변호사, 탤런트 고 조경환 씨 등 유명인사한테는 편히 맛보라고 사인이나 기념사진도 안 찍고 그냥 보낸다는 장 대표. 오히려 맛에 길든 고객들이 모니터링을 자처한다고. 이렇다 보니 팥앙금에 들어가는 설탕을 줄이는 데 10년이 걸렸다.

그러나 장 대표는 어려움도 적지 않다고 털어놨다.

장대표는 "kg당 4500원이었던 팥이 올해는 1만 3,000원까지 올랐다. 야채, 밀가루는 물론 공공요금까지 올라 가격을 지켜내기가 힘들었다. 매일 1인분씩 50년째 사가는 단골, 대신 배달해주는 손님들이 있어 쉽게 재료와 가격의 유혹을 받지 않았다."고 했다.

백일홍찐빵은 맛뿐만 아니라 사장님의 정직한 원칙 덕분에 사람들이 믿고 찾는다고 한다. 당일 생산, 당일 판매 원칙으로 찐빵이 가장 맛있는 당일 제품만 판매하고 재료가 다 떨어지면 그날 영업은 종료됩니다. 또한 신선한 국산 재료만을 고집해서 사용하기 때문에 믿고 먹을 수 있다. 백일홍찐빵은 오전 9시에 시작해서 6시까지 영업하지만 요즘같이 추운 날엔 4시도 안 되어서 찐빵이 동이난다고 하니까, 이 점을 염두하시고 들러주라.

13

전주 즙장

문화재청은 '장(醬) 담그기'를 국가무형문화재 제137호로 지정했다. 조선시대 왕실에서는 장을 따로 보관하는 장고(醬庫)를 뒀으며, '장고마마'라 불리는 상궁이 직접 장을 담그고 관리하기도 했다.

장류라고 하면 일반적으로 간장, 된장, 고추장을 일컫는다. 지역적 특성을 띠는 다양한 별미장은 우리나라에 폭넓게 존재한다. 별미장이란 단기간에 속성으로 만들어 먹는 것, 또는 부재료를 첨부해 별미로 먹는 것을 일컫는다.

간장의 맛이 없으면 그해에 큰 재해가 온다고 할 만큼 간장 담그기는 가정주부들의 큰 연중행사의 하나가 되어 왔으며, 그 집의 장맛으로 음식의 솜씨도 가늠했다고 한다.

간장의 '간'은 소금기의 짠맛을 의미하고, 된장의 된은 '되다'의 뜻이 있으며 간장은 《규합총서》에 '지령'이라 표기되어 있다. 그동안 우리는 전통식 장류를 중시했다.

원래, 즙장이란 콩과 밀, 콩과 쌀 등을 혼합해서 메주를 만들고, 고온에서 단기간 숙성시켜 반찬처럼 식용하는 것이다. 지역에 따라 사용하는 부재료가 달라서 나주즙장, 전주즙장, 밀양즙장 등이 특히 유명하다.

그리고 과거 고온으로 온도를 인위적으로 조절할 수 없을 때에는 두엄 밑에 항아리를 잘 밀봉을 해서 발효를 시켰다고 한다. 즙장은 콩에 밀기울을 섞어 만든 즙장메주를 가루로 빻아 소금과 물을 섞어 봉하여 말똥 속에 묻었다가, 일주일 가량 지난 뒤 다시 곁불 속에 2주일 가량 묻는다. 그 후 꺼내서 먹는 장이다.

전주 즙장은 전래되고 있는 즙장류 중 지역 이름이 붙은 유일한 장이다. 조장법은 조선 초기부터 전해 오고 있다. 특이한 것은 콩과 함께 가을 보리로 즙장 메주를 만든다는 것이다.

"가을 보리를 깨끗하게 씻어서 노랗게 볶은 것 한 말에 콩 다섯 말을 볶아 껍질을 가려내 함께 찧어 가루를 내어 쌀뜨물과 섞어 호두 크기만하게 덩어리를 짓는다.

큰 시루에 김 올려 찐 다음 닥잎이나 뽕나무잎에 싸서 황백의(황색과 흰색 곰팡이)가 입혀지기를 기다렸다가 그대로 말린 후 볕을 쪼여 가루를 내어 간장으로 버무리고 즙장과 함께 항아리에 담아 마분 속에 묻어 9일간 숙성시킨다."고 했다.

《증보산림경제》의 9권 '치선(治善)'편에서는 '전주즙장'이 별도로 언급된다. 서유규의 《임원십육지》에서도 전주즙장에 관한 기록이 보인다.

20세기 초 전통 장류 문화의 맥을 계승하고 있는 '조선무쌍신식요리제법'에는 '별미장'으로 소개된다.

즙장은 말똥 속에 묻는다고 하여 '말똥즙장'이라고도 하며 전주 백씨 가문에서 대대로 전승시키고 있다 하여 백씨장(白氏醬)이라고 했지만 지금은 사라져 아쉽다. 전주 장군주도 흔적이 묘연하다. 이들을 복원해 전주 한옥마을을 찾는 사람들에게 대접할 수는 없는 것일까.

14
고들빼기김치

    순천시는 최근 들어 '2018 전국 고들빼기김치 경연대회'를 성황리에 마쳤다. 고들빼기김치라는 제한적인 소재인 때문인지 다른 음식 경연대회에 비해 어르신들의 참여가 많았고 수상의 영광 또한 어르신들에게 많이 돌아갔다.

    고들빼기김치는 쌉쌀하면서도 멸치젓의 감칠맛이 어울려서 밥맛을 돋우게 하는 전북 음식의 대명사다. 오죽했으면 전주에서는 "고들빼기김치는 양반이 아니면 먹지 못한다."는 말이 전해내려왔으랴. 재료 준비에도 일반 김치와는 달리, 정성이 많이 들고 손이 많이 가는 고급김치라고 할 수 있다.

    고들빼기는 약간 쌉쌀한 맛과 향기가 일품이며, 씹을 때 인삼 맛과 비슷해 '인삼김치'라고도 불린다. 단백질, 칼슘, 비타민이 풍부한 고들빼기는 고채(苦菜), 또는 약사초라고 한다.

    고들빼기

이운룡

    전주 땅을 밟으면
    여염집 밥상에 올라오는 고들빼기

조금은 씁쓸하지만 입맛 돋우는
이 쓴 나물을 어디서 캐시나요?

논두렁 밭두렁 백 번은 넘나들며
아랫집 머슴 '창섭'이가
누구네 꽁무니 뒤따라 오르내리던
언덕배기 같은 데

삶아도 삶아도 살아서 무너지는 꽁보리밥
이 없어도 꿀꺽 잘 삼킨 할머니가
헉헉 숨이 차서 올라가시던
산비탈 묵정밭 같은 데

주워 먹으면 쫄깃쫄깃 맛있다는
별똥 떨어진 재 너머
아직 한 번도 가보지 못한
쑥대밭머리 돌밭 같은 데서

오늘은
'창섭'이의 딸 같은 처녀애와
할머니의 손녀 같은 아주머니가
허부적허부적 기어올라 캐 오는 고들빼기

생김새치고는 못난이 헌 누더기같이
버러지한테 뜯긴 잎사귀
짐승한테 밟힌 잎줄기
사람한테 들킨 실뿌리
온갖 눈치를 땅바닥에 깔고 살다
제 모습 아니게 고스러졌지만
캐보면 다르니라. 겉보기와는 다르니라. 밑이 잘 들어 허연 살뿌리

이놈이 진짜이니라. 진짜 맛있는 건 잎사귀 아니라, 진짜 맛있는 건
뿌리이니라.

　오천 년 밤낮으로
　우리고 우리어도 남아있는 씁쓸한 맛, 젓국에 갖은 양념에 막 버무려
놓아도
　그래도 아직 남은 씁쓸한 쓴 나물 맛, 이것이 너이니라, 네가 버리지
못하는 진국이니라. 한번 맛들이면 환장해서 찾는
　진짜 우리나라 맛, 전주 맛이니라.

　고생고생 애성이 받치던 세월
　그들은 놀랍게도
　이렇게 틀슬한 눈물로 자랐구나!

　요즘은 너나 없이 인공 재배하여
　뿌리는 가늘어져 실낱이 되었고
　잎사귀만 웃자라 무잎 같더라니
　전라도산 고들빼기 어디로 갔느냐?

　무성한 잎사귀
　한겨울 못 배겨 주저앉기 일쑤이고
　주린 짐승 뜯어먹기 십상이니
　속으로 땅속으로 머리 돌리고
　언덕배기면 언덕배기에
　묵정밭이면 묵정밭에
　돌밭이면 돌밭 같은 데서
　쓰라린 흰 눈물 먹고 자랐다기로

　누가 이 고들빼기를 개땅쇠라 하더냐!
　누가 이 고들빼기를 철조망이라 하더냐!

누가 이 고들빼기를 하와이라 하더냐!
누가 이 고들빼기를 나꾸사꾸라 하더냐!
그도 저도 다 아닌 것,

고들빼기는 고들빼기
문둥이면 어떻고 깍쟁이면 어떻고
감자바위면 또 어떠냐?
고들빼기는 고들빼기니라. 영락없이 맞아서 피먹진 먹자줏빛 잎사귀
허연 뿌리 씁쓸한 맛, 이것이
진짜 우리나라 전라도산 고들빼기니라

고 유장우 선생이 필자에게 해준 말이 생각난다. 1930년대 정 씨 총각을 머슴으로 부리던 집이 전주 다가정의 박씨 부잣집이었다고 한다.

그와 절친으로 완주군 상관면 죽림2리에 살던 고생원과 점심을 먹었다. 항상 반찬이 모자라 맨밥을 먹어야 했던 고생원은 미안함을 덜기 위해 소금물에 절여 놓은 쓴나물을 내놓았다. 거무튀튀한 모양의 쓴나물을 김치국물에 버물여 놓고 맛있게 먹으니 총각 정 씨가 "나도 먹어볼까" 하며 작은 것으로 골라 먹었다. "투가리보다는 맛이 괜찮네." 그날 정 씨는 소금물에 절인 쓴나물을 얻어서 집으로 갔다. 찬방에 들려 김치 국물에 버무려 저녁상에 주라는 부탁을 했다. 이때 찬모가 양념을 더 넣어 주인상에도 놓았던 바 이를 더 얻어 오라고 했다. 이렇게 해서 양념도 제대로 안한 고들빼기김치가 시덥게 출현을 하고 그해 늦은 가을, 정상적인 고들빼기김치가 탄생한 바, 1930년대의 일이다.

고들빼기김치는 무엇보다도 겨울을 나기 위한 음식이다. 이는 보통 음력 설 이후에 별미로 먹는다. 김장 때 따로 담가 놓으면 겨울

내내 입맛 돋우는 김치로 먹을 수 있어 더욱 눈길을 끈다. 이를 경상도에서는 속세김치라고 한다.

김장 김치가 아직 익지 않았을 때 파김치나 고들빼기김치가 있으면 그 맛이 얼마인가. 듬성듬성 놓어진 콩밥에 된장시래기국과 함께 고들빼기 김치 한 점을 올려놓아 입이 터져라 우격다짐으로 보는 그것이 補(보)이요, 藥(약)이다.

고들빼기김치의 발전적인 계승을 위해서는 전통성과 소비자 기호의 적절한 조화를 찾아내는 것이 관건이 될 것으로 보인다. 지금 전주는 무엇을 하고 있나.

15

전주비빔밥, 우주인들 입맛도 사로잡을까?

　한국집의 송철무 지배인은 3대째 이어온 전통 비빔밥에 대해 조선시대 이성계 장군의 이야기로 거슬러 올라갔다.
　전주비빔밥의 시초는 이성계 장군이 오목대에서 승리의 기념으로 부하들과 연회를 열면서 간단히 먹은 음식이라는 것.
　한국집의 1대 지배인 할머니는 1950년대 초 유기그릇에 담은 '뱅뱅이 비빔밥', 즉 맷돌처럼 돌려서 비벼 먹는 비빔밥으로 그 역사를 시작했다. 지금의 돌솥은 1970년대 스테인리스 그릇(일명 '스뎅')을 거친 변화된 모습이다.
　한국집은 전주비빔밥을 처음 팔기 시작한 음식점이다. 고(故) 이분례 여사가 1952년 창업하고, 딸 주순옥(88) 여사가 물려받아 아직도 본점 장독대를 관리하고 주방을 감독한다.
　서울에 분점이 9곳이나 있다. 70년 된 씨간장이 자랑이다.
　어렵게 간장 독을 들여다보고 맛을 봤다. 캐러멜처럼 끈적이는 간장은 맛이 복잡하고 약 같지만, 뒤로 갈수록 단맛이 살아났다. 한국집의 씨간장. 점도가 높아 끈적이고 뒷맛으로 묘한 단맛이 난다.

> 처음에는 모찌와 약식 단팥죽 등을 팔았어. 남편과 둘이서 음식을 만들었지. 난생 처음 하는 일인데 어찌나 떨리고 하루하루 지내기가 힘들던지….

성미당 이판례(81) 할머니는 전주에서 손꼽히는 양품점을 하다 부도가 나면서 1965년 음식업에 뛰어들었다. 죽과 떡, 과자 등을 만들다가 비빔밥을 배워보기로 했다.

> 그땐 물어보고 배울 곳도 없었어. 지금처럼 음식점이 많지도 않았고 외식문화가 발달하지도 않았었지. 이집 저집 귀동냥 얻어 비빔밥을 선보였어.

할머니는 원래 손맛이 뛰어났다. '경종김치'를 담가 상에 내었더니 김치맛이 좋다고 소문이 나면서 음식점이 북적이기 시작했다고.
비빔밥도 참기름과 콩나물 고추장으로 비빈후 갖은 나물을 얹어 놋그릇에 냈다. 매운맛이 부드러워지고 고소한 맛이 깊어진, 할머니만의 비빔밥이 만들어졌다.

전설의 전주 뱅뱅이비빔밥
고 작촌 조병희(1910~2002) 선생으로부터 살아생전 들은 말이다.

> 전주 남부시장의 비빔밥을 비비는 솜씨는 가히 천하 일품이었지요. 건강한 사내가 양푼을 왼손에 받쳐들고 오른손아귀로 꼭쥔 수저 두 가락으로 양푼을 빙빙 돌리며 비벼대는데 한참 흥이 나면 콧노래를 부르기도 하고 치뜨린 양푼이 허공에서 빙빙 돌기도 했지요

쇠 그릇에 밥과 반찬을 담아 뱅뱅돌려서 비볐기 때문에 '뱅뱅이비빔밥'이라고도 한다. 어느 누구는 손님 앞으로 그릇을 굴려 주었다고 들었다. 손으로 받쳐들고 비벼대는 솜씨는 전주 남자만이 갖고 있는 정경이었으리라.

전주비빔밥은 일제강점기부터 유명했다. 전주 남부시장의 음식인 '뱅뱅이 비빔밥'은 1960년대를 거치면서 전문화되고 고급화되었다고 한다.

밥과 반찬을 한데 모아 먹기 간편하면서도 단백질과 탄수화물, 식이섬유가 모인 균형잡힌 식단이며 오행에 기반 한 동양의 음식 철학을 반영하니, 이만한 음식이 어디 있을까 싶다. 그러나 그동안 뱅뱅이비빔밥집의 식당 이름을 알아보려고 노력했지만 실패했다.

전주비빔밥인가, 전주비빌밥인가

한국인만이 나이, 마음, 돈, 욕 모든 것을 다 먹는다. 아무리 디지털이 발달해도 아날로그적인 것 없이는 있을 수 없는 것이며, 인터넷이 천만 번 까무러쳐도 어금니로 미각의 맛은 재현할 수 없다.

김치, 비빔밥의 오방색을 통해 우리의 음식이 우주를 담고 있으며, 그것을 먹음으로써, 그리고 제상을 차림으로써 우주와 통하고 있다는 것을 확인할 수 있기 때문이다.

'비빔밥'의 '비빔'은 동사 '비비다'의 명사형이다. 그래서 '비빔'과 '밥'이 만나서 '비빔밥'이라는 복합 명사가 되었다. 그런데 왜 '비빌밥'이나 '비빈밥'이 아니고 '비빔밥'일까 하는 의문을 가진다.

비비기 전에 나오는 밥은 '비빌밥'이고, 이를 받아서 고추장이나 양념장을 넣고 비비고 나면 '비빈밥'이 된다. 실제로 우리가 먹게 되는 음식은 언제나 비빌밥이거나 비빈밥 중의 하나이지 그 중간인 경우는 없다. 이와 같은 경우로 볶음밥이 있다. 볶음밥은 볶는 과정을 거치고 나서야 비로소 먹을거리로서 자격을 가진다. 그럼에도 불구하고 왜 '볶은밥'이라고 부르지 않는지.

한국 사람들은 6천 년 더 전부터 밥을 먹어왔다. 그러면서 밥 따로 반찬 따로 먹을 뿐만 아니라 그것들을 한데 섞고 비벼서도 먹었다. 그와 더불어 비벼 먹는 밥을 가리키는 이름들도 일찍부터 있었을 터인데, 개화기 무렵에 이르러 전주비빔밥이나 진주비빔밥처럼 일정한 격식을 갖추고 상품화되자 유식쟁이들이 '비빔밥'이라는 신식 이름을 거기에다 새로 붙였지 싶다.

"전주비빔밥과 놋그릇은 사실, 별 관계가 없다. 비빔밥이냐 비빌밥이냐가 중요하다. 여기에서 비빔밥과 비빌밥 가운데 어느 쪽 맛이냐고 묻는다면 먹는 사람의 취향이 다르기에 할 말이 없다.

그러나 전주콩나물비빔밥을 파는 집이라면 손님에 따라 음식이 나올 때 콩나물과 온갖 나물을 넣어 비벼진 상태로 나와야지, 그렇지 않으면 비빌밥집이라고 해야 옳다고 본다. 이는 중앙대 송화섭 교수로부터 들은 이야기다.

전주비빔밥, 전주콩나물비빔밥으로 불려야

예부터 우리나라에는 전국적 명성을 얻고 있는 지역 비빔밥이 몇 가지 있다. 조선시대 이규경이 극찬한 평양비빔밥, 전주비빔밥, 제사음복설을 뒷받침하는 안동의 헛제사밥, 진주성싸움에서 유래했다는 진주비빔밥 등이 그것이다.

먼저, 평양비빔밥은 빨간 무를 넣는 것이 특징이다. 그리고 재밌는 사실은 북한 정규요리사 양성과정에서 남한 음식을 가르치는데 그것이 전주비빔밥으로 부르고 있단다.

둘째, 전주비빔밥의 정확한 명칭은 전주콩나물비빔밥이다. 전주비빔밥은 콩나물이 모든 재료에 우선한다. 이때 콩나물은 쥐눈이콩으로 불리는 '서목태'(鼠目太)로 재배한 것을 써야 하는데 여타 지역 콩나물 맛과는 비교가 안 된다.

또 하나, 비결이 있는데 밥할 때 맹물을 쓰지 않고 소뼈 고은 국물로 밥을 짓는다는 것이다.

셋째, 안동의 헛제사밥은 제사를 지낸 후 비빔밥을 해먹는 풍습에서 유래했다. 헛제삿밥엔 고추장과 파, 마늘을 넣지 않는 것이 특징이다.

넷째, 경남의 유명한 진주 비빔밥은 일명 화반(花飯)비빔밥으로 불린다. 밥에 올리는 나물이 화려해서 붙은 말로 선지국이 곁들여 지는 것이 특징이다.

비빔밥의 사찰유래설

비빔밥의 유래는 보통 세 가지로 정리된다. 첫째, 농민음식설이다. 들판에서 일할 때 밥과 반찬을 따로 준비하지 않고 함께 비벼 여럿이 나눠 먹었던 음식에서 기원한다는 설이다. 검증할 만한 자료는 없지만 충분히 추측 가능한 이야기다.

둘째, 제사음복설이다. 예부터 우리는 조상신을 잘 섬겨야 후세가 평안하다고 믿었다. 그래서 제사를 지낸 후 제사음식을 고루 나눠 먹음으로 조상과 내가 하나의 일체감을 이룬다고 생각했다.

셋째, 궁중음식설이다. 조선시대 궁중음식 수라에는 흰수라, 팥수라, 오곡수라 그리고 비빔 네 가지가 있었다. 그중 비빔은 점심 때 가벼운 식사로 이용됐다. 이것이 민간에 전래돼 오늘날의 비빔밥이 됐다는 것이다.

섣달 그믐날 남는 음식이 없게 집에 있던 밥에 남은 찬을 모두 넣고 비벼서 밤참으로 먹은데서 유래되기도 한다.

한서고대학연구소장을 지낸 고 전영래 박사는 필자에게 금산사에서 신도들에게 공양을 하는 것을 보았다면서 사찰유래설을 강하게 주장한 바, 처음으로 공개한다.

그러나 그 유래는 이구동성으로 각각 다르며, 뜨겁게 해 먹었는지, 차게 해 먹었는지, 외래유입설인지, 자생적으로 태생한 것인지 등에 대해서도 정확한 답이 없다.

전주비빔밥, 젓가락으로 비벼야 맛있다

어릴 적부터 끼니때마다 젓가락질 내공을 자연스레 쌓아온 한국인은 젓가락 두 개로 다양한 기술을 개발해놨다.

한 손으로 젓가락을 쥐고 배추김치를 찢어 먹는 것은 기본, 밥알을 세거나 겹겹이 쌓인 깻잎조림을 한 장식 떼어낼 수도 있다.

해보면 알겠지만, 전주비빔밥을 먹을 때 젓가락을 이용하면 시간은 좀 더 걸리지만 밥알이 으깨지지 않고 재료가 골고루 섞인다. 반면 숟가락으로 하면 각종 나물과 야채가 눌려서 손상이 가는 등 비빔밥 고유의 맛을 손상시킨다.

한국 100대 문화 상징, 전주비빔밥

문화체육관광부의 우리나라 100대 민족문화상징 가운데 식생활부문이 11개에 이른다. 김치, 떡, 전주비빔밥, 고추장, 된장과 청국장, 삼계탕, 옹기, 불고기, 소주와 막걸리, 냉면, 자장면 등이 바로 그것이다. 복합음식의 대표격으로 세계화가 가능한 음식이라는 이유 때문이다.

흔히 비빔밥을 전주 고유의 음식인 것처럼 이야기 하지만 사실 비빔밥은 전국적인 음식이다. 또한 비빔밥이 당초 서민들의 가정에서 해 먹던 음식으로 유래했다고도 하지만 문헌상으로 나와 있는 것을 보면 오히려 궁중음식에서 전래 한 것으로 보는 것이 타당하다고 할 수 있다.

전주비빔밥의 유래에 대해 고 이철수 씨는 조선시대 감영 내의 관찰사, 전주판관 등이 입맛으로 즐겨 왔었고, 전주성 내외의 양가에서는 물역(物役)이나 노역(勞役)이 따랐기 때문에 큰 잔치 때나 귀한 손님을 모실 때에 입사치로 다루었다고 한다. 따라서 전주비빔밥은 고관들이나 양반가에서 식도락으로 즐겼던 귀한 음식임을 알 수 있다.

전주비빔밥의 재료는 30여 가지가 된다. 콩나물, 청포묵, 찹쌀고추장, 쇠고기육회 또는 육회볶음, 미나리, 참기름, 달걀 등이 주재료다. 주재료로 쓰이는 콩나물은 특히 외뿌리로 잔가지가 없고 연하여 전국에서도 가장 유명하며 청포묵과 미나리는 전주10미 중의 하나이고 찹쌀로 빚는 고추장이 제 맛을 냄으로 한층 성가를 높이고 있다.

오목대에서 흘러 나오는 녹두포(綠豆泡) 샘물을 이용해 만든 녹두묵은 천하진미로 옛날부터 전국에 널리 알려진 기호식품이었다. 가늘게 채를 쳐서 무침을 해먹었으며 전주에서는 비빔밥에 빼놓을 수 없는 재료로 쓰였다.

때마침 한국형 우주식품 중 하나인 우주비빔밥 제조 기술이 우주식품 관련 기술로는 처음으로 민간에 이전돼 제조 기술 상용화의 길이 열렸다.

우주에서 먹을 수 있도록 개발된 우주비빔밥 제조 기술이 민간에 이전돼 기내식과 편의식 등으로 공급되기 때문이다.

멸균 처리해 3년 동안 맛을 유지하고, 뜨거운 물만 부으면 바로 먹을 수 있는 시제품이 선보일 예정이다. 한국원자력연구원 방사선실용화기술부 이주운 박사팀이 교육과학기술부 방사선기술개발사업의 일환으로 개발한 우주비빔밥 제조 기술을 전주비빔밥생산자연합회에 이전키로 하는 기술 실시계약을 최근 체결했다.

지금까지 한국원자력연구원이 우주식품으로 개발한 식품은 김치, 라면, 비빔밥, 불고기를 비롯해 모두 17종으로, 이중 김치, 라면, 생식바, 수정과 등 4종은 지난 2008년 한국 최초의 우주인 이소연 박사에게 제공됐다.

우주비빔밥은 우리나라 전통 음식인 전주비빔밥의 조리법을 기초로 비빔밥을 수분 6% 이하인 건조된 블록 형태로 만들어 우주에서 섭취할 수 있도록 물만 부으면 먹을 수 있게 만든 음식으로, 한국원자력연구원이 지난 2010년 개발해 러시아 연방 국립과학센터(SSCRF) 산하 생의학연구소(IBMP)로부터 우주식품 인증을 받은 바 있다.

우주식품은 몸에 이로운 젖산균 같은 미생물이라 할지라도 우주공간에서 우주인의 건강을 위협할 수 있기에 무균 상태로 제조해야 한다. 국제우주정거장에서는 물 최대 온도가 70℃에 불과해 낮은 온도의 물에서도 쉽게 복원해서 먹을 수 있어야 한다.

 비빔밥에 첨가되는 고추장에는 발효를 돕지만 부패를 유발할 수 있는 바실러스균이 있어 살균 과정도 필수다. 하지만, 건조된 블록 형태로 제조하면 가열 살균 처리가 어렵다는 문제가 있다. 그래서 한국원자력연구원은 방사선 조사 기술을 이용, 블록 형태의 전주비빔밥에 감마선을 조사함으로써 고추장 및 밥, 야채 등에 존재하는 미생물을 제거했다.

 전주비빔밥생산자연합회는 이 우주비빔밥을 기내식으로 만들어 공급할 예정인 것임은 물론 2030년 화성 탐사 우주인들에게 제공될 예정이며, 이 우주 비빔밥을 기내식과 비상식량, 레저용 식품 등으로 일반 시민들도 먹을 수 있게 되는 날이 멀지 않았다.

 우주비빔밥은 우주 식품 관련 기술 이전 첫 사례로, 우주불고기, 곶감초콜릿, 오디 음료 등의 우주식품 기술 이전도 준비 중이어서 실용화에 더욱 기대를 모은다.

 이번 기술 이전은 전주 지역 향토음식의 맛을 널리 알리고 우주식품 제조 기술 상용화에도 이바지할 수 있는 등 관련 산업은 물론 지역경제 활성화에 기여할 것으로 보인다.

16

혼돈반(混沌飯)과 골동반(骨董飯)

"내 일찍이 세종 때 주서(注書·승정원의 정7품 벼슬)의 사초(실록 편찬의 자료가 되는 기록)를 보니 상감께서 친히 양성(안성), 진위(평택), 용인, 여주, 이천, 광주 사이를 사냥 다녔는데 때로는 한 달이 지나서야 돌아오셨다가 이튿날 또 떠나곤 하였다. 길가의 시골 백성들이 더러는 푸른 참외를 드리기도 하고 더러는 보리밥을 드리기도 하였다. 그러면 상감께서는 반드시 술과 음식으로 답례했다."

박동량이 쓴 《기재잡기》는 조선 초기부터 명종에 이르는 역대 일화를 기술했다. 정사에 빠진 채 구전되는 역사를 포함, 명인들의 전기, 시사 등도 다룬다.

비빔밥은 중국 골동반과 다르다

'골동반'은 명나라 동기창(董其昌)의 《골동십삼설(骨董十三說)》이란 책에 나온다. 뒤섞은 것을 '골동(骨董)'이라고 썼다. 동기창은 16세기-17세기 중엽의 인물이다.

이보다 앞선, 우리 측의 '비빔밥'에 대한 기록도 있다. 이름은 다르다.

음식문화만큼 변화무쌍한 것도 없지만 비빔밥은 이미 조선 중기에 먹었다.

홍윤성(1425~1475)은 세조의 신임을 배경으로 막강한 권력을 휘둘렀다. 그런 그의 집에 도둑이 들 뻔했다. 포도청조차 집 근처에 얼씬거리지 못하는 점을 노렸다. 홍윤성 집 근처를 순찰하던 포도부장 전임(田霖,?~1509년)이 이들을 잡아 홍윤성에게 넘겼다. 홍윤성은 기쁨을 감추지 못했다.

"공이 크게 기뻐하며 뜰에 내려와 그의 손을 붙잡아 끌어 올리면서 '이런 좋은 사람을 어찌 이제야 알게 되었는가. 자네 술은 얼마나 마시며 밥은 얼마나 먹는가.'라고 물었다. 전임이 대답하기를 '오직 공께서 명하시는 대로 먹겠습니다.' 하니 곧 밥 한 대접에다가 생선과 채소를 섞어 세상에서 말하는 혼돈반같이 만들고 술 세 병들이나 되는 한 잔을 대접하니 전임이 두어 숟갈에 그 밥을 다 먹어치우고 단숨에 그 술을 들이켰다." 여기서 혼돈반이 바로 비빔밥이다. 채소와 생선을 밥에 섞어 먹는 것을 박동량이 살던 시대에 유행하던 혼돈반에 비교했던 것이다.

이는 '기재잡기'에 나오는 내용이다. 원문에는 '비빔밥'을 '혼돈반'이라고 표기했다. "민간에서 말하는 이른바 '혼돈반'같이 (如俗所謂混沌飯, 여속소위혼돈반)"라는 표현이다. 혼돈반은 '뒤섞은 밥'이다. "밥 한 대접에다가 생선과 채소를 섞어"라고 했다. 혼돈반은 비빔밥이다.

전임은 조선 중기의 무신이다. 위의 내용은 전임이 갓 벼슬살이를 했을 때의 이야기다. 전임은 1482년(성종 13년) 전주판관이 됐다.

《조선왕조실록에》 '전주 판관 전임의 재주에 대해 의논하고 다음 정사에 거론케 하다(태백산사고본, 성종실록 169권, 성종 15년 8월 22일 병자 2번째 기사 1484년 명 성화(成化) 20년)'는 기록이 보인다.

"전주 판관(全州判官) 전임(田霖)은 사람들이 다 그 재주가 쓸 만하다

하므로 내가 시험하려 하는데, 지금은 농사가 아직 끝나지 않았으므로 바로 갈 수 없으니, 가을이 되거든 직임을 가는 것이 어떠한가?"

하자, 승지(承旨)들이 아뢰기를,

"전임의 사람됨은 무예(武藝)와 이재(吏才, 관리로서의 재간)를 모두 갖추었고 학문도 넉넉합니다. 또 듣건대 범을 잘 쏘므로 경내(境內)에는 고약한 짐승이 다니지 못하며, 부윤(府尹) 이봉(李封)도 어진 재상(宰相)이므로 두 사람이 서로 의기가 맞아서 자못 다스린 보람이 있다 합니다. 전임은 나이가 적지 않으니, 제때에 기용하여야 하겠습니다."

하니, 전교하기를,

"다음 정사때에 다시 아뢰라."

했다.

15세기 후반 고위직 벼슬살이를 했으니, 위 내용의 시기는 15세기 중반 무렵이라고 추정할 수 있다. '전임의 혼돈반'은 명나라 동기창의 '골동'보다 100년 이상 앞선다.

한반도의 비빔밥은 중국 측 기록에 앞서 오래전부터 있었다. 문서상의 한자 표기가 '骨董飯, 골동반'이었을 뿐이다.

올해 전주비빔밥축제가 다음달 9일부터 12일까지 전주 한옥마을 한벽문화관 앞 천동로 일원에서 비빔밥을 주제로 관람객의 오감을 만족시킬 축제로 진행된다. 찬란한 전주 비빔의 역사와 전통을 조화롭게 잘 버무리기 바란다.

17
●
성미당과 놋그릇 이야기

　심심찮게 신문 지면을 채우는 우리 음식이 있다면 바로 비빔밥이다. 몇 해 전 '마이클 잭슨 비빔밥'으로 눈길을 끌더니 항공사 기내식의 인기 메뉴로도 자리 잡았다. 또 역사적인 남북 정상회담 때 양국 정상이 비빔밥을 먹었고 외국인 배낭 여행객이 최고의 한국 음식으로 꼽은 것도 바로 비빔밥이다. 이제 비빔밥은 우리만의 먹을거리가 아니다. 세계가 알아주는 '글로벌 푸드(global food)'다. 몇 년 전 국제기내식협회 총회에서 대한항공의 비빔밥이 최우수상을 탔다. 요즘에는 음식점에서 고추장을 듬뿍 넣어 벌건 비빔밥을 땀을 뻘뻘 흘리며 먹는 외국인의 모습이 낯설지 않다.

　비빔밥이 처음으로 언급된 문헌은 1800년대 말의 《시의전서(是議全書)》. 이 문헌에는 '부뷤밥(골동반)'으로 기록돼 있다. 골동반의 '골(汨)'은 '어지러울 골' 동(董)은 '비빔밥 동'으로 '골동'이란 여러 가지 물건을 한데 섞는 것을 말한다. 그러므로 '골동반'이란 '이미 지어 놓은 밥에다 여러 가지 찬을 섞어서 한데 비빈 것'을 의미한다. 물론 이 문헌의 '골동반'을 비빔밥의 원형으로 보는 데는 이견이 있다. 한국이 원조인 비빔밥을 두고 중국문헌에 나오는 골동반을 드는데 그건 잘못이다. 《자학집요》라는 문헌에 골동반 짓는 법이 나오는데, 어육 등

여러 가지 재료를 미리 쌀 속에
넣어 밥을 짓는다 했으니 결과적
으로 비빔밥이 됐을지는 몰라도
다 된밥과 나물, 고추장을 넣어
비비는 오늘날의 비빔밥과는 절
차부터가 다르기 때문이다. 비빔밥
이 어떻게 생겨났는지에 대해서도 여
러 설이 난무하다.

"조선시대 임금이 점심 때나 종친이 입궐했을 때 먹는 가벼운 식사", "나라에 큰 난리가 벌어져 임금이 궁궐을 벗어났을 때 수라상에 올릴 음식이 없어 밥에 몇 가지 나물을 비볐다", "농번기에는 여러 차례 음식을 먹는데 그때마다 상차림을 준비하기 어렵고 그릇을 가져가기도 어려웠으므로 그릇 하나에 여러 가지 음식을 섞어 먹게 되었다", "동학군이 그릇이 모자라 그릇 하나에 이것저것 받아 비벼 먹었다", "제사를 마치고 나면 제상에 놓은 제물을 비벼서 먹게 되었다" 등 여러 근거가 있지만 아직 정확히 밝혀진 것은 없다.

그렇다면 전주비빔밥이 생기게 된 배경은 어떠한가. 조선시대에 이르러 남원 읍내장과 함께 전주 읍내장은 당시 최대 규모로 자연히 농산물의 집하 유통이 원활하게 되고 각 지방의 식품 재료들이 집산, 풍부한 재료로 하여금 맛의 고향이 될 수 있었던 것. 전주를 감고 흐르는 전주천은 수질이 뛰어났기 때문에 기름진 평야를 만들었고, 여기서 생산되는 곡류나 소채류는 모두 풍부한 영양가를 함유하여 식생활 또한 윤택해질 수밖에 없었다.

전주비빔밥이 유명하게 된 데는 나름대로 각별한 이유가 있다. 주재료인 콩나물이 연하고 고소해 그 질이 빼어나기 때문이다. 그래서 전주의 각종 요리에는 콩나물이 어김없이 들어가는데 애주가들이 즐겨 먹는 콩나물국밥이 대표적이다. 게다가 인근 순창의 빼어난 고추장 맛과 평야지대의 질 좋은 농산물이 더해져 명성을 떨치게 됐다. 게다가 음식에 드리는 깊은 정성은 또 어떠한가. 음식 솜씨 중에서도 특히 젓갈류가 뛰어나 게젓, 명란젓, 새우젓, 오징어젓 등 그 담는 법과 간수법이 매우 훌륭, 젓갈을 써서 담는 김치는 영양가도 높고 맛도 일품이었다. 따라서 전주는 사계절 각기 다른 재료를 쓸 수 있는 천혜의 조건을 갖추고 있었다. 이처럼 아낙네들의 음식 솜씨가 뛰어났기 때문에 옛날부터 전주비빔밥은 평양의 냉면과 개성의 탕반과 함께 조선 3대 음식의 하나로 꼽히고 있다.

전주시 중앙동 전주우체국 앞 골목에 있는 전주비빔밥 전문점 성미당(대표 정영자, 전북향토음식지정업소)은 전국적으로 익히 잘 알려진 맛집이다. 성미당의 맛의 비결은 처음 가게 문을 연 이판례 여사의 손끝에서 비롯돼 딸과 손녀딸에 이어 3대에 이어지면서도 그대로 고유의 맛을 간직하고 있다.

전주비빔밥은 첫째, 사람 사이의 연을 확인하는 한솥밥의 문화인 공식(共食)의 대표적인 음식입니다. 큰 바가지에 비벼 온 식구가 함께 나누어 먹으며 정을 나눌 수 있기 때문이죠. 둘째, '빨리빨리'를 좋아하는 민족의 음식답습니다. 밥에 찬을 턱 얹어 쓱쓱 비벼 먹으면 눈 깜짝할 새에 빈 그릇이 되지 않습니까. 셋째, 배부르게 먹기를 좋아하는 우리의 욕구를 만족시킵니다. 고소하고 매콤한 맛에 금세 포만감이 느껴짐이죠. 넷째, 무엇보다도 우리의 맛과 멋이 흐릅니다. 비빔밥은 나물류와 고기, 버섯, 달걀, 튀각, 묵 등의 다양한 재료에 고소한 참기름과 고추장을 버무려 맛과 영양이 뛰어납니다. 흰밥 위에 올린 노랗고, 하얗고,

붉고, 푸르고, 검은 색의 조화는 정말 아름답기만 합니다.

한국문화를 상징하는 심벌로서 전주비빔밥은 안성맞춤이다는 얘기다. 비빔밥은 한솥밥 가족공동체를 만드는 요건이 된다. 가족끼리 한솥비빔밥을 만들어 먹어보아라. 가족끼리 정이 새록새록 피어날 것이다. 비빔밥은 뜨거운 콩나물밥과 각각 개성을 가진 찬반이 서로 하나로 조화를 이루면서 맛을 내는 음식이기도 하다. 그래서 지역간 계층간 집단간 갈등과 지역간 계층간 집단간 갈등과 대립을 치유할 수 있는 상징적 처방으로 비빔밥보다 더 좋은 게 없을 듯하다. 때문에 비빔밥은 단순히 물질이 섞인 게 아니라 음양오행까지 비벼져 정신문화과 물질문화가 동시에 스며있는 가장 한국적인 전통음식이라 할 수 있다.

저희 이모님이 원래 전주음식을 잘하셨습니다. 그래서 이모님이 가르쳐주신 방식에 여러 군데서 자문을 구해 전주비빔밥을 하고 닭죽도 시도해 보았습니다. 와이셔츠 한 장을 주고 심해원(당시 한식전문식당) 주방장에게도 물어볼 정도의 열성을 발휘, 전주비빔밥을 내 손으로 꼭 만들고야 말겠다는 생각뿐이었습니다. 위에 올려놓는 양념은 그때 그때 상황에 따라 다르게도 썼지요. 어른들을 모시고 살면서 많은 것들을 배우는 계기도 전주비빔밥에 관심을 갖게 한 한 원인입니다.

이때가 1965년 12월 13일이란다. 그는 그날 점심때부터 내놓을 비빔밥을 만들기 위해 오전 11시까지 밥을 지어놓았고, 채소는 채소로 따로 장만을 해 놓으며 쇠고기국물을 끓여 놓고 그 국물에 표고를 볶아 두었다. 밥을 비빌 때는 커다란 그릇에 필요한 인원의 수만큼씩 함께 비볐으며, 그 옛날에는 장작불에 지은 밥을 남원 운봉에서 나는 목기 함지박에 탐스럽게 비볐단다. 필요한 분량의 밥을 큰 그릇에 담고 밥 한 그릇 몫에 참기름을 주걱으로 반쯤(반숟갈로 하나가 넘게) 마련하는 것도 잊지 않았다.

그 옛날에는 이모님(작고)이 참기름을 짜다 주었지만 지금은 참기름은 물론이거니와 손수 찹쌀고추장, 간장 등을 담그고 있단다. 오픈 당시에 조선배추 등 김치 맛이 전주에 널리 알려지며 하나둘씩 성미당을 찾아온 것이 오늘에 이르게 됐단다. 현재 일반비빔밥은 8천원, 육회비빔밥은 1만 원이며, 육회비빔밥을 선보인 것은 오랜 시간이 되지 않았다는 이 여사의 증언이다.

> 오방색으로 표현하는 우주가 바로 전주비빔밥입니다. 노란 계란을 중심으로 붉은 육회, 흰 묵, 검은 김가루, 푸른 오이채 등의 오색 양념을 보시면 이해가 갈 것입니다. 주재료로 찹쌀고추장(순창고추장이 아닌 직접 담근 고추장), 콩나물, 참기름을, 부재료로 표고버섯, 도라지, 오이, 당근, 미나리, 소고기육회, 취나물, 상추, 고사리, 애호박, 무채, 황포묵, 김, 계란, 잣 등을 쓰고 있습니다.

성미당이 다른 비빔밥 집과 다른 점이라면 한번 비빔 과정을 거쳐 나중에 손님이 다시 한 번 비벼 먹는다는 사실에 있다. 일단 밥과 함께 콩나물 무친 것을 찹쌀고추장, 참기름, 간장 등을 넣어 비빈다. 이때 쓰는 참기름과 간장은 집에서 직접 담가 4~5년간 묵힌 것으로 비빔밥의 맛을 내는 데 가장 중요한 재료다.

밥의 따스함을 보존하고 시골의 정취를 흠뻑 느낄 수 있어 식욕을 더욱 돋울 수 있다는 판단에 은은한 놋그릇도 쓴다. 이렇게 비빈 밥 위에 산나물, 도라지, 고사리, 시금치, 미나리, 쑥갓, 녹두묵, 표고버섯, 잣, 계란, 볶은김, 당근, 오이, 깨소금, 볶은 쇠고기, 상추 등 십여 가지의 비빔 재료를 색깔에 맞추어 얹혀낸다.

노란 놋그릇은 식지 않고 인체에 좋아 사용, 개업 당시에 완산동에서 영감님 국그릇(놋그릇)을 가져다가 썼지만 좀더 크게 만든 것으로 바꾸었다.

2대째 업을 잇고 잇는 정영자 씨는 "친정 어머님으로 물려받은 전주비빔밥을 그때 그 조리 방법 그대로를 적용 만들고 있다."며 '당국에서는 비빔밥 맛의 차별화를 통한 가격의 차등 적용은 물론 주자장 문제와 다양한 홍보 전략을 구사, 전주비빔밥의 세계화에 앞장설 수 있는 전기를 마련해야 할 것이다.'고 말했다.

이판례 여사가 말하는 '전주비빔밥'

1. 저희 전주비빔밥은 먼저 사골물로 밥을 꼬들하게 짓는다.
2. 사골물로 지은 밥을 프라이팬에 콩나물, 찹쌀고추장, 참기름을 넣고 약한 불에서 정성스럽게 비벼낸다. 그래서 밥, 콩나물, 찹쌀고추장, 참기름이 어우러져 1차적인 맛이 난다. 이렇게 정성스럽게 비벼낸 밥을 뜨거운 물에 데워놓은 놋그릇에 잘 담아 놓는다. (그위에 여러 가지 양념해 놓은 부재료를 20여 가지 가지런히 놓는다.)
3. 쇠고기는 채 썰어 배즙, 청주를 넣고 무쳐서 1시간 정도 놓아둔 후 마늘, 청장, 참기름, 깨소금, 잣가루를 넣고 무쳐 두었다가 육회로 사용한다.
4. 미나리는 끓는 물에 소금을 조금 넣고 살짝 데친다. 데친 미나리에 소금, 참기름, 마늘, 깨소금을 넣고 무친다.
5. 콩나물(160g)은 끓는 물에 소금을 조금 넣고 삶은 후 찬물에 헹

군다.
6. 삶은 콩나물에 소금, 참기름, 마늘, 깨소금을 넣고 무친다.
7. 도라지는 소금을 넣어 주무른 후 씻어 쓴맛을 제거한 다음 마늘, 소금을 넣어 볶다가 깨소금, 참기름을 넣는다.
8. 고사리는 끓는 물에 삶은 다음 마늘, 청장을 넣어 무쳐서 볶다가 깨소금, 참기름을 넣는다.
9. 표고버섯은 채 썰어 깨소금, 참기름, 청장, 마늘을 넣고 무친 다음 살짝 볶는다.
10. 애호박은 채썰어 소금에 절였다가 찬물에 살짝 헹구고 물기를 짠 후 마늘을 넣고 볶다가 참기름, 깨소금을 넣는다.
11. 무는 채썰어 고춧가루, 마늘, 생강, 소금을 넣고 무친다.
12. 오이와 당근은 길이 4~5cm 정도로 곱게 채썰어 놓고 황포묵은 길이 4-5cm, 나비 1cm, 두께 3mm 정도로 썰어 놓는다.
13. 손님이 먹을때 다시 비벼서 먹게 된다. 그래서 두번 비벼서 먹게 되므로 여기서 전주비빔밥만의 특유한 고소한 맛이 나게 된다.

18
오모가리탕

 전주 오모가리탕과 전주백반, 폐백음식이 향토음식으로 추가로 지정될 것 같다. 전주시는 최근 들어 향토전통음식심의회를 개최하고 오모가리탕 등 3개 품목을 전주향토음식 추가 지정 대상으로 최종 선정했다. 지난 1995년 '전라북토 향토음식 발굴 육성 조례' 제정 당시 지정된 비빔밥과 한정식, 콩나물국밥, 돌솥밥에 이어 20년 만에 향토음식 품목이 늘어나게 된다.

 예로부터 전해온 '완산 10미'란 오목대의 황포묵, 기린봉 골짜기의 열무, 신풍리의 호박, 남천의 모래무지, 삼례천의 게, 봉동의 무, 서원 너머의 미나리, 선왕골의 파라시, 상관의 서초(담배), 청수정의 콩나물 등을 말한다.

 이 가운데 모래무지는 맑은 물에만 서식해 고기가 깨끗하고 맛이 담백해 뚝배기에 파, 풋고추, 고추장, 당면 등 갖은 양념을 넣고 끓였기에 토속적인 맛을 느낄 수 있었다. 또한 모래 밑에 숨어 다닌다는 이름처럼 싱싱해 회를 깻잎에 싸먹기도 해 전주의 별미 중의 하나였다.

 삼복 더위. 이 시절 전주에서 일등 피서는 수양버들 늘어진 한벽당 근처에서 오모가리탕을 먹는 것이었다. '오모가리'란 '오가리(뚝배기의 전라도 사투리)'의 애칭으로, 민물고기를 넣고 끓인 오모가리탕은 천변의 평상에 앉아먹어야 제맛이다.

    푸른 산 푸른 물이 함께 좋이 얼린 곳 백 척의 절벽 위에 선 남주의 으뜸. 난간 밖엔 감고 도는 고운 산수요 창 너머 그윽한 푸른 대숲 그늘. 시원한 맑은 바람 여름 더위 씻기고 달빛은 조요로이 가을을 싣고 오네. 어디다 견주랴 이 청류벽 위에 높이 뜬 이 한벽루의 경치를.

'삼의당 김씨(三宜堂金氏)'의 〈次完山寒碧韻(차완산학벽운, 완산 한벽루의 운을 따라)〉를 통해 한벽당 바위에 부딪쳐 물이 하얀 옥처럼 부서진다고 해서 옥류천이라고 불렸음이 입증된다.

버드나무 밑 평상에 걸터 앉아 오모가리탕을 놓고 시조를 읊조리던 풍경이 흔했지만 지금은 보기 힘들어졌다. 한벽집, 남양집, 김제집, 화순집 등이 지금도 유명하지만 모래무지와 게 등이 하천 등의 오염으로 인해 잡히지 않고 있기 때문이다. 〈호남무가〉에 이런 대목이 있다.

사람이 죽어 염라대왕 앞에 서면 천당으로 보낼지, 지옥으로 보낼지를 심판할 때 팔도별식 33가지를 먹어 보았느냐고 물어본다. 이를 먹어 보았다는 사람은 천당으로 보내고 못 먹어 보았다는 사람은 지옥으로 떠밀어 버리는데, 그 팔도별식 33가지 중에 "남천 모자 먹어 봤냐?"가 끼여 있다. '남천'이란 전주천이고, '모자'는 모래무지를 가리키는 말이다. 오모가리탕에 소주 한 잔을 기울이면서 시 한 수를 읊어보면서 즐겨보는 '온고을(전주)'의 멋과 맛이여!

19
조지 클레이턴 포크가 1884년 맛본 전주 밥상

전주시가 전주음식의 기원을 밝힐 전라감영의 주안상과 연회문화를 복원키로 했다.

전주시는 2019년 8월 23일 한국전통문화전당 4층 교육실에서 조선시대 전라감영의 관찰사 밥상과 135년 전에 전라감영을 방문한 외국인 손님에게 차려낸 상차림은 어떠했을까 등에 대한 연구 결과를 발표하고 토론하는 '전라감영 관찰사 밥상 연구 세미나'를 개최했다.

이날 세미나는 시가 전주음식 아카이브 연구의 일환으로 오늘날 전주음식의 시원(始原)을 전라감영에서 찾기 위한 전라감영 음식문화에 대한 연구결과가 발표됐다.

송영애 전주대학교 식품산업연구소 교수가 〈전라감영의 관찰사 밥상과 외국인 접대상〉을 주제로 발제하고, 김남규 전주시의회 의원을 좌장으로 장명수 전북대학교 명예총장과 김미숙 한식진흥원 팀장, 김영 농촌진흥청 연구관, 박정민 전북연구원 전북학연구센터 부연구위원 등이 패널로 참여하는 토론도 펼쳐졌다.

특히 이날 세미나는 《세종실록지리지》, 《신증동국여지승람》, 《성호사설》, 《완산지》 등에서 찾아낸 전라도의 대표적인 식재료와 전라감사를 지낸 유희춘의 《미암일기》와 서유구의 《완영일록》에서 찾은 전라감영의 음식문화 등 총 19개의 고문헌에서 찾은 결과물을 바탕으로 전라감영의 관찰사 밥상이 재현됐다.

특히조선 후기인 1884년 11월 10일에 전라감영을 방문한 외국인(조지 클레이턴 포크, George Clayton Foulk, 1856~1893)이 여행일기 속에 그려둔 아침밥상을 찾고, 이를 재현해 소개했다.

조선에 파견된 미국 공사관의 무관이자 대리공사를 역임한 포크는 전라감영에서 대접받은 아침 밥상에 대해 "가슴까지 차오른 엄청난 밥상"이라고 표현했으며, 전라감영을 두고 "작은 왕국"이라고 칭한 것으로 알려졌다.

송영애 교수는 "음식과 관련된 고문헌이 전무한 전주에서 외국인(G. C. Foulk)이 기록해둔 전라감영에서 대접받은 아침밥상은 전라감영의 음식문화를 알 수 있는 최고이자 최초의 기록"이라며 "타 지역의 감영에서도 발견되지 않은 감영의 주안상, 연회 문화 등이 있어 그 가치를 더해준다."고 설명했다.

개항 초기 조선의 근대화와 자주독립을 위해 젊음을 바쳤으나, 청나라로부터는 모략당했고, 조선으로부터는 추방당했으며, 본국 정부로부터는 해임당했다. 어느 날 일본의 호젓한 산길에서 홀로 죽음을 맞이한 비운의 의인 조지 포크에 대한 이야기이다. 지금으로부터 125년 전 구한말로 돌아가 전주의 고급 한정식을 맛보고 싶다면, 조선에 머물었던 미 해군 중위 조지 클레이튼 포크에게 물어보면 된다.

조지 포크는 1884년 11월 11일 전주 감영을 방문해 융숭한 대접을 받았다. 그는 거기에서 관찰한 바를 세밀화처럼 묘사했는데, 스케치를 남기기도 했다. 자신이 대접받았던 저녁상이다.

둥근 반상과 작은 술상이 놓여 있다. 놀랍게도 그는 17가지 음식에 일일이 번호를 달고 그 위치와 이름을 손글씨로 적었다.

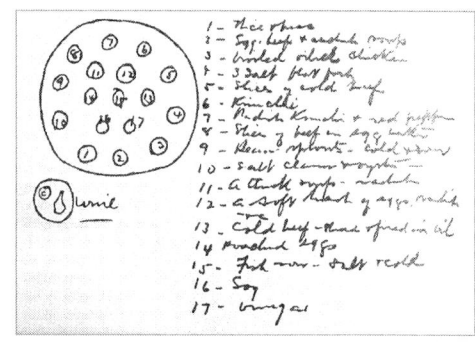

이것이 19세기 전주의 한정식 식단일 터다. 17개의 음식이 무척 궁금하다. 그런데 보다시피 무슨 글자인지 알아보기 극히 어렵다. 1번부터 꽉 막힌다. 전문가의 도움을 받아 해독한 시안은 아래와 같다.

1. rice & beans(콩이 섞인 쌀밥, 콩밥)
2. Egg, beef & radish soup(무를 썰어 넣은 소고기 계란국, 쇠고기무국)
3. broiled chicken(구운 닭, 닭구이)
4. Salt (?) pork(돼지 요리, 돼지고기 구이)
5. Slices of cold beef(소고기 조각, 소불고기)
6. Kimchi(김치)
7. radish kimchi & red pepper(붉은 고추가 들어 있는 동치미거나 깍두기, 무김치& 붉은 고추(물김치))
8. Slices of beef in egg (?)(계란을 입힌 소고기 산적, 또는 육전)
9. Bean sprouts- cold & sour (숙주나물 무침, 또는 콩나물무침)
10. Salt clams & oysters(조개젓과 굴젓)
11. a duck soup- radish(무를 넣은 오리고기국, 무오리탕)

12. A soft (?) of eggs, redish (?, 계란과 무가 들어간 꿩탕)
13. cold beef, roast and fired in (oil?)(숯불 불고기, 숯불에 구은 쇠고기)
14. poached eggs(계란 조림, 수란)
15. fish raw – salt and cold(생선 젓갈)
16. Soy(간장)
17. 초간장

밥 1종, 국 1종, 김치 2종, 나물 1종, 젓갈 3종, 전 1종, 구이 3종, 찌개 또는 전골 형해 2종, 장 2종 등 17종으로 분석됐다. 완산8미인 전주 콩나물과 무는 이때도 유명했다. 식재료에 무가 물어간 음식은 4종이었다. 소고기무국, 닭국, 돼지구이, 산적, 소고기 수육, 오리탕, 꿩탕, 소불고기 등 육류가 8종이 들어가 최대의 접대임을 보여주었다. 이때 전라감사 김성근은 그에게 인삼, 두 종류의 부채, 빗, 병풍을 주었으며, 포크는 그에게 5,000푼의 영수증을 요구했다고 한다.

또 송 교수는《세종실록지리지》,《신증동국여지승람》,《성호사설》,《완산지》, 전라감사를 지낸 유희춘의《미암일기》, 서유구의《완영일록》등 고문헌을 바탕으로 전라감영의 관찰사 밥상을 재현해 소개했다.

가치성, 지역성, 현실성 등을 고려해 조선시대에 왕권을 대행하는 지역 최고통치자인 전라감영의 관찰사 밥상을 9첩으로 제시했으며, 감영이 위치한 전주의 식재료와 조리법을 고려했다.

그 결과, 관찰사 밥상에 오른 기본 음식은 쌀밥, 고깃국, 김치(강수

저, 배추김치, 물김치), 장류(간장, 초간장, 초고추장), 찌개(생선조치, 조기찌개), 닭찜, 쇠고기전골 등이 선정됐다. 또, 반찬은 무생채, 미나리나물, 숭어구이, 생치조림, 양하적, 죽순해, 쇠고기자반, 새우젓, 어채 등이 이름을 올렸다.

카터 에커트(Carter J. Eckert) 하버드대 교수는 조지 포크가 조선에 파견된 보통의 외교관이나 관리와는 매우 달랐으며 조선의 모든 것에 강렬한 흥미를 느꼈다고 전한다.

조지 포크는 한반도 곳곳을 폭넓게 여행했으며 견문한 모든 것을 기록으로 남겼는데, 자신이 몸담고 있던 조선이라는 이방의 모든 것을 이례적으로 열린 마음과 예민한 감수성으로 대했다.

다른 무엇보다도 조지 포크가 남긴 기록물의 가장 큰 가치는 타의 추종을 불허하는 포크 자신의 성품과 능력으로 말미암은 것이다.

조지 포크의 조선 보고서는 정확성과 디테일의 표상이며 우리는 그의 눈을 통해 역사적으로 외부의 영향을 받지 않은 오리지널 조선 왕국의 모습을 볼 수 있다고 평한다.

조지 포크의 다음 글을 보면 이방인의 객관적 시선이 아니라 조선인의 마음이 읽힌다.

> 밤이 오면 어두운 남산 꼭대기, 봉수대의 불꽃이 줄지어 신속히 꺼진다. 남산의 봉화불은 이 나라의 가장 먼 곳으로부터 뻗어 있는 봉수 4대 동맥의 마지막 봉화다. 그 불이 꺼지면 사람들은 오늘밤 온 나라가 평화롭다는 것을 알게 된다. 남산 맞은 편 궁궐의 임금은 왕국의 평화를 알리는 이 무언의 메시지에 안도하며 침전에 들 것이다.
> 잠시 후 도심의 큰 종에서 울려 나오는 부웅부웅 소리가 귓전에 들려온다. 사람들에게 이제 집으로 돌아가라는 뜻이며 밤에는 성문이 닫힌다는 신호다. 이 땅에 밤이 내리면 이처럼 봉화불이 신호를 하고 큰 종

이 밤 공기 속에서 부웅부웅 소리를 내온 지가 4백 년 이상 됐다(출처: ⟨EPISTOLARY KOREA⟩)

조지 포크의 기록에는 실로 많은 세밀화와 스토리가 담겨 있다. 좀 더 엿보기로 하자. 조지 포크는 전주를 방문하기 전인 11월 8일 전북 용안이라는 곳을 들러 이런 기록을 남겼다.

밤에 비가 왔다. 잠을 잘 자지 못했다. 벼룩 때문이었던 것 같다. 10시에야 일어났다. 비가 오고 있어서였다. 여기엔 세면실이 없다. 나는 언덕길을 지날 때에도 바깥 공기를 쐬지 못한다. 나를 살펴보려는 사람들이 내 주위를 온통 꽉 채우고 있어서다. 내겐 이게 골칫거리다

같은 해 11월 14일 여행기에는 전라도 시골 어느 주막에서 일어난 일이 펼쳐진다.

4시 28분 여기에 도착. 5분간 쉬다. 그런 다음 남서쪽으로 이동해 5시에 한적한 주막에 들렀다. 여기에서 하룻밤을 묵다. 꽤 크고 깔끔하다. 투박한 나무로 지었는데 연기에 검게 그을렸다. 이게 내가 보기에는 주막모델(chumak model)이다. 그래서 여기 스케치를 한다

조지 포크가 붙여 놓은 명칭들을 아래와 같다.

　　a. main entrance(대문)
　　b. kitchen(부엌)
　　c. open center-yard(마당)
　　d. guest rooms(사랑방)
　　e. host's room(주인방)
　　f. anpang, wife's room(안방)
　　g. shed for wood(땔나무간)

h. stables(마구간)

i. shed(헛간)

j. shelves for dishes(그릇 놓은 선반)

k. porch(베란다)

l. little room(쪽방)-sleep or rest

m. front porch(앞 베란다)

n. a shed-open for luggage & (창고)

o. back gate(뒷문)

p. cooking place heats room d(부엌에서 d방에 군불을 땐다)

놀랍지 아니한가? 조지 포크, 신기한 사람이 아닐 수 없다. 조지 포크는 또한 주막의 내부 정경과 사건에 대해 세밀화 같은 기록을 남겼다.

전주시는 전라감영 관찰사 음식 조사 결과를 토대로 전주비빔밥축제에서 관찰사 밥상을 재현, 기획전시 등을 통해 시민들에게 선보일 예정이다. 관찰사 음식연구가 전주의 음식문화를 알 수 있는 매우 중요한 내용의 세미나임에 틀림없다. 이와 같은 고문헌 자료를 찾는 연구와 더불어 축적해 나가는 것 자체가 전주시 음식문화의 발전을 위한 발걸음이 될 것으로 믿는다.

20

전주역사박물관 한글 음식방문(方文) 알고 보니

전주역사박물관이 소장하고 있는 한글 음식방문은 단장(單張)으로 되어 있다. '감양쥬 방문, 알느리미 방문, 잡장아지 방문, 마늘쟝아지 방문' 등 4개의 음식방문이 필사되어 있다. 필사 시기는 여러 가지 문법적 특징과 조리법의 특징을 고려할 때, 19세기 말이나 20세기 초로 추정된다. 표기에 반영된 음운론적인 특징과 어휘적인 특징을 고려할 때 충청 지방이나 전라 지방에서 기록된 것으로 보인다.

표기법상으로는 연철, 분철, 중철 표기가 모두 나타난다. 어휘적인 특징으로는 의태어와 첩어가 자주 사용된 점, 충청·전라 방언 어휘가 사용된 점 등을 들 수 있다. 내용적인 면에 서는 다른 한글 조리서에는 나오지 않는 '알느리미 방문, 잡장아지방문, 마늘쟝아지 방문'이 기록되어 있다는 점에 의미를 부여할 수 있다.

'감양쥬 방문, 알느리미 방문, 잡장아지 방문, 마늘쟝아지 방문' 등 4개의 음식방문을 알아보기로 한다. '감양쥬'는 '감향주(甘香酒)'로, 단양주이며 맛이 꿀같고 향기롭다

"멥쌀 한 되를 깨끗이 씻어 가루로 만들어, 그 가루로 구멍떡을 만들어 삶아 식히고, 삶던 물 한 사발에 누룩가루 한 되, 구멍떡 한 되를 섞어 쳐서 관단지(술독)에 넣고, 찹쌀 한 말을 깨끗이 씻어 밑술을

하는 날 물에 담갔다가 사흘 만에 찌되, 식지 않았을 때 밑술을 퍼내어 섞어 항아리에 넣고, 더운 방에서 술항아리를 여러 겹 싸 두었다가 익거든 써라. 쓴맛이 나게 하려면 항아리를 싸지 말고 서늘한 곳에 두어라."

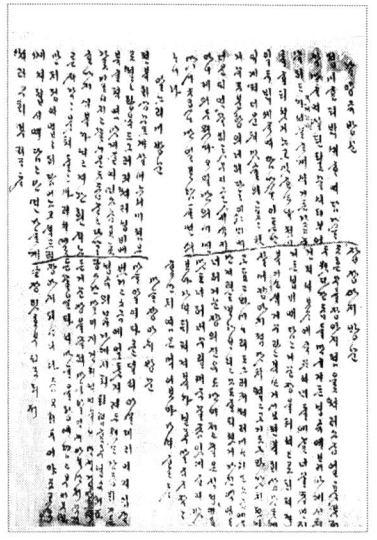

《음식디미방(飮食知味方)》에 전하는 감향주 빚는 방법이다. 감향주는 전통 가양주(家釀酒)의 하나다. 달착지근한 맛과 향기를 지닌 술로 도수가 약하고 부드럽다.

이 전통주를 소개한 음식디미방은 조선 중기 경상도 영양 지방의 한 양반집 안주인 장계향(1598~1680)이란 여인이 써서 남긴 최초의 한글 조리서다.

이 책에는 146항목의 음식조리법이 서술돼 있다. 감향주를 비롯, 칠일주·삼해주·벽향주·송화주·소주 등 술 빚는 51가지 방법이 적혀 있다.

《산가요록》의 '삼미감향주'

    제조 공정
    1-멥쌀 준비
    2-쌀가루 냄
    3-죽쑤기
    4-누룩 첨가
    5-25도 4일 발효
    6-멥쌀 고두밥 찜(뜨거운 물을 뿌려가며 찐다.)
    7-고두밥을 넣은 뒤 밀가루를 섞음
    8-익으면 음용함

《산가요록》의 '삼미감향주'
① 멥쌀 4말을 씻어 담근다.
② 곱게 가루 낸다.
③ 끓인 물 8말과 섞어서 죽을 쑨다.
④ 식으면 누룩가루 7되를 섞어 만든다.
⑤ 4일 후에 멥쌀 8말을 씻어 담근다.
⑥ 푹 찌고 끓인 물 1말을 밥에 뿌린다.
⑦ 식으면 밀가루 3되를 섞는다.
⑧ 이 술이 익으면 색과 향이 매우 좋다.

원문풀이
① 멥쌀 21.2kg을 씻어 침지한다.
② 물빼기 후 가루 낸다.
③ 끓인 물 45.6L로 죽을 쑨다.
④ 죽이 식으면 누룩가루 2.8kg을 섞는다.
⑤ 4일 후, 멥쌀 42.4kg을 씻어 침지한다.
⑥ 물빼기를 하고 푹 찐다.(끓인 물 5.7L을 뿌려가며 찐다.)
⑦ 식으면 밀가루 960g와 섞어 밑술과 합한다.
⑧ 익으면 음용한다.

다음은 '감양쥬 방문, 알느리미 방문, 잡장아지 방문, 마늘쟝아지 방문' 등 4개의 음식방문이다.

감양쥬 방문(판독문)
1-01 감양쥬 방문
1-02 졈미 흔 되 빅셰ᄒᆞ여 담갓드
1-03 쟉말ᄒᆞ여 ᄯᅡᆯ 된 되로 물 셔 되 부어
1-04 슬히드가【익게 긔야】셔늘ᄒᆞ게 식거든 가로 누

1-05 록 흔 되 셧거 노코 밋 ᄒᆞᄂᆞ 날 졈미
1-06 일 두 빅세ᄒᆞ여 담갓드 이튼날
1-07 익게 쪄 더운 치 밋슐의 고로 〃 셧
1-08 거 묵고 분항의 너허 단 〃 이 ᄡᅡ미여
1-09 더운 듸 엿 쓸히듯 무더 그룻시 식지
1-10 아니케 ᄡᅡ두웟다 오일 만의 닉면
1-11 맛시 조흐ᄂ 만일 ᄇᆞ람 들면 싀
1-12 ᄂᆞ니라

'감양주'는 '감향주'를 의미한다. 이 술은 밑술을 만들어 빚는 것이 특징이며, 맛이 꿀같이 달고 향기롭다고 하여 '감향주'라고 한다. '감향쥬'가 '감양쥬'로 표기된 것은 유성음 사이에서 'ㅎ'이 탈락하는 보편적 현상이 적용된 것이다. 감향주를 만드는 법은 《음식디미방》, 《규합총서》, 《주방문》, 《음식방문》 등 한글 조리서에도 소개되어 있다. 각각의 문헌에 소개된 감향주 만드는 법은 전체적인 과정은 같으면서도 구체적인 기술면에서 조금씩 차이를 보인다. 위의 판독문을 현대어로 옮기면 다음과 같다.

감향주 방문(현대역)

점미(粘米) 한 되 백세(白洗)하여 담갔다 작말(作末)하여 쌀 된 되로 물 서 되 부어 끓이다가 익게 개어 서늘하게 식거든 가루 누룩 한 되 섞어 놓고 밑술 하는 날 점미 일 두(斗) 백세하여 담갔다 이튿날 익게 쪄 더운 채 밑술에 고루고루 섞어 묶고 항아리에 넣어 단단이 싸매어 더운 데 엿 끓이듯 묻어 그릇이 식지 않게 싸 두웠다 오일 만에 내면 맛이 좋으나 만일 바람 들면 시다.

첫째 단의 두 번째 방문은 '알느리미 방문'이다. '느리미'는 지금의

'누르미'에 해당하는 것으로 보인다. 여기에 '알'이 붙어 '알느리미'가 되었다. 《음식디미방》에는 '대구겁질느르미, 개쟝국느름이, 동화 느르미, 가지느름이' 등이 나오지만 '알느리미'에 대해서는 《음식디미방》을 비롯, 다른 어떤 한글 조리서에서도 관련 자료를 찾을 수 없다. 따라서 이 문서는 '알느리미 방문'이 수록된 유일한 한글 조리서라는 의의를 갖는다. 판독문을 제시하면 다음과 같다.

알느리미 방문(판독문)
    1-13 알느리미 방문
    1-14 젼복 히삼 무르게 살머 느리미 졈으
    1-15 로 뼐고 황육도 그러킈 뼈러 닙비에
    1-16 복글 젹 염 맛게 ᄒ여 씌소금 호돗
    1-17 가로 기름 치고 쏠긔운도 좀 ᄒ고 다 각 〃
    1-18 ᄒᆞ 가지식 복가 늬고 겨란 흰지 노
    1-19 른지 각 〃 붓쳐 둘 〃 마러셔 쎌
    1-20 만치 졈여 엽 〃 히 담어 노코 식 드려
    1-21 ᄭᅦ셔 졉시예 담고 난면 가눌게
    1-22 뼈러 우희 쑤릴 츳

원래 '누르미'는 생치즙, 간장, 막장, 기름, 후추, 천초 등에 녹말을 넣어 걸쭉하게 만든 즙액을 붓거나 섞어 만든 요리를 말하는데, 19세기 이후로는 도라지, 버섯, 고기 등을 갸름하고 좁게 간추려 꼬챙이에 꿰어 밀가루와 달걀을 씌워 기름에 지진 것을 의미하게 되었다. '알느리미'와 관련해서는 '알'의 의미를 구체적으로 알기 어려운데, 재료에는 '알'이 없기 때문에 이 '알'이 음식의 모양이나 상태와 관련이 있을 가능성이 크다. 이 요리가 전복의 껍데기를 제거하고 알맹이를 적당하게 썰어 조리한다는 점을 감안하면 '알느리미'의 '알'이 '알맹이'를 의미하는 것으로 추정된다. 이에 대한 현대역은 다음과 같다.

알누르미 방문(현대 역)

전복, 해삼 무르게 삶아 누르미 점(點)으로 썰고 황육도 그렇게 썰어 냄비에 볶을 적에 염을 맞게 하여 깨소금, 호두 가루, 기름 치고 꿀기운도 좀 하고 다 각각 한 가지씩 볶아 내고 계란 흰자, 노른자 각각 부쳐 둘둘 말아서 펠 만큼 저며 옆옆이 담아 놓고 색 들여 꿰서 접시에 담고 난면을 가늘게 썰어 위에 뿌리는 차례.

두 번째 단의 첫 번째 방문, 다시 말해 이 문서의 세 번째 방문은 '잡장아지 방문'이다. 이 문서 외의 다른 한글 조리서에서는 '잡장아지'라는 음식을 발견하기 어렵다. 먼저 판독문을 제시하면 다음과 같다.

잡장아지 방문(판독문)

2-01 잡장아지 방문
2-02 조흔 무를 쟝아지 겸으로 뼈러 소금 얼풋 섈려
2-03 두웟다 간 좀 들 만ᄒ거든 닝슈에 몱아케 시처
2-04 건져셔 보즈에 쏙 벗셔 미돌에 눌너 물 쏙 쌛지
2-05 거든 님비예 담고 거문 쟝을 처셔 고로 뒤져겨
2-06 복기는 식 거무라고 복는 거시요 젼복 희삼 무르게
2-07 살머 쟝아지 겸갓치 뻘고 고기도 그와 갓치 겸이
2-08 고 표고와 미ᄂ리도 그러케 뼈러 미ᄂ리는 소금에 줌
2-09 간 겨렷드 쌀라 브리고 모도 흔듸 셧거 가진 약염도
2-10 너허 거문 쟝의 진유도 만이 치고 쑬은 식셩듸로 맛초

2-11 너허 버무릴 제 국물 좀 잇게 ᄒᆞ여 맛
2-12 보아 가며 뒤져겨 복가 닌 후 말국 ᄌᆞ작 //
2-13 홀 만치 염은 먹어 보아 가며 홀 ᄎᆞ

'장아지'는 어휘면에서 보면 지금의 '장아찌'에 대응된다. 이 문서에서 다루고 있는 '잡장아지'는 조리법상 '무갑장과'와 유사한데, '갑장과'는 오이나 무, 배추속대, 미나리 등의 채소를 소금이나 간장에 절였다가 꼭 짜서 기름에 볶아 갖은 양념으로 무쳐서 먹는 음식으로, '숙(熟)장아찌'라고도 한다. 현대 역은 다음과 같다.

잡장아찌 방문(현대역)
좋은 무를 장아찌 점(點)으로 썰어 소금 살짝 뿌려 두었다 간 좀 들만 하거든 냉수에 말갛게 씻어 건져서 보자기에 꼭 싸서 맷돌에 눌러 물 쪽 빠지거든 냄비에 담고 검은 장을 쳐서 고루 뒤적여 볶기는 색 검으라고 볶는 것이요 전복, 해삼 무르게 삶아 장아찌 점같이 썰고 고기도 그와 같이 저미고 표고와 미나리도 그렇게 썰어 미나리는 소금에 잠깐 절였다 빨아 버리고 모두 한데 섞어 갖은 양념도 넣어 검은 장에 진유(眞油)도 많이 치고 꿀은 식성대로 맞추어 넣어 버무릴 때 국물 좀 있게 하여 맛보아 가며 뒤적여 볶아 낸 후 말국 자작자작 할 만큼 양념은 먹어 보아 가며 하는 차례.

이 문서의 마지막 방문은 '마늘장아지'에 대한 것이다. 이는 현대의 마늘장아지를 만드는 방법과 일치한다. 먼저 판독문을 제시하면 다음과 같다.

마늘쟝아지 방문(판독문)
2-14 마늘쟝아지 방문
2-15 마늘 알이 다 크고 덜 쇠아실 졔 키여셔 겹질
2-16 벗기고 소곰에 얼픗 겨려 두윗듯 간 좀 비거든
2-17 닝슈의 몱가케 시쳐 퇴렴훈 후 닝슈의 쏘
2-18 담그란 말이지 건져 니여 물긔만 쟝강 마르거
2-19 든 거믄 쟝을 쓸혀 마늘 알 익지 아닐 만치 식거
2-20 든 꿀을 타셔 마늘을 항에 담고 부어 두면
2-21 쟝아지 되느니라 좀 오리 두어야 죠코 식
2-22 슨 쟝빗 호부듸로 되지

앞서 살펴본 '잡장아지'가 장과에 해당한다면 '마늘쟝아지'는 지금과 같은 장아찌에 해당한다. 전자와 후자가 '장아지'와 '쟝아지'로 첫 음절의 모음에서 표기상 차이를 보이지만, 이것이 '장과'와 '장아찌'의 차이를 나타내는 것은 아닌 듯하다. 이 문서만 하더라도 '잡장아지 방문'과, 바로 뒤이어 나오는 '마늘쟝아지 방문'의 조리법이 차이를 보인다. 조리법상 전자는 '장과'에 속하고 후자는 '장아찌'에 속한다. '마늘쟝아지 방문'의 현대 역은 다음과 같다.

마늘쟝아지 방문(현대 역)
마늘 알이 다 크고 덜 쇠었을 때 캐어서 껍질 벗기고 소금에 살짝 절여두었다 간 좀 배거든 냉수에 말갛게 씻어 헹군 후 냉수에 또 담그란 말이지. 건져 내어 물기만 잠깐(?) 마르거든 검은 장을 끓여 마늘 알 익지 않을 만큼 식거든 꿀을 타서 마늘을 항아리에 담고 부어 두면 장아찌 된다. 좀 오래 두어야 좋고 색은 장빛 호부(好否)대로 되지.

21
●
전주는 왜 콩나물국밥이 유명할까

 전주콩나물국밥이 2017년 대한민국을 대표하는 음식으로 전 세계에 소개됐다. 전주시는 미국 CNN을 통해 전주콩나물국밥을 포함한 '한국음식 10선'을 세계에 소개했다고 했다.
 'Eating Viet Nam (맛있는 베트남)'의 작가인 영국출신 식도락 작가 그레이엄 홀리데이는 최근 발간한 《Eating Korea: Reports on a Culinary Renaissance(맛있는 한국: 음식의 르네상스에 대한 보고서)》를 통해 한국에서의 음식탐험 일대기를 소개했으며, 이를 CNN를 통해 공개한 것.
 그레이엄은 이 책에서 보통 떠올릴 수 있는 전형적인 한식보다는 특색 있고 외국인들에게 다소 낯선 음식들을 소개했으며, 한국음식을 대표하는 10선으로 전주의 콩나물국밥을 선정해 소개했다.
 앞서 2016년 7월 세계적인 여행잡지인 론리플래닛에서 선정한 '아시아 TOP 3 여행지'로 선정돼 CNN 등 주요 외신에 보도됐으며, 지난달에는 중남미국가인 페루 제1의 방송국인 '아메리카 TV'에서도 한옥마을을 취재할 만큼 외신의 스포트라이트를 지속적으로 받고 있다.
 콩나물국밥은 한정식, 비빔밥과 함께 전주의 3대 진미로 손꼽히는 음식이다. 1920년대의 대중잡지인 《별건곤》은 전주콩나물국밥을 서울의 설렁탕, 평양의 어복쟁반과 함께 서민의 3대 음식으로 꼽았으며 최남선의 《조선상식문답》도 우리나라 10대 지방 명식 중 하나로 기록했다. 사람들은 보통 전주콩나물국밥을 한 술 떠서 입에 넣는 순간, 왜 전주콩나물국밥이라고 하는지 깨닫는다. 불필요한 잡맛이 느껴지지 않는 시원한 맛, 콩나물국의 비릿함은 전혀 찾아볼 수 없다. 한 입 한 입 먹을 때마다 단순하지만 시원한 맛에 매료된다. 특별한 맛이 없는 것 같으면서도 결국에는 그 맛이 매우 특별하다는 걸 인정하게 되는 음식. 그것이 전주콩나물국밥이 보여주는 진정한 맛의 경지다.

전주콩나물국밥은 삼백집식과 남부시장식 두 종류가 있다. 삼백집식은 뚝배기에 밥, 삶은 콩나물, 썰이김치, 육수를 넣고 펄펄 끓이다가 계란을 넣는다. 전주콩나물국밥의 원조이자 가장 유명한 집이 삼백집이어서 삼백집식이라고 한다. 반면 남부시장식은 뚝배기에 밥과 삶은 콩나물, 썰이김치를 넣고 뜨거운 육수를 부어서 말아 내는 방식이다. 뜨겁지 않아서 먹기 좋고 개운한 맛이 일품이다.

전주콩나물국밥은 이제는 대표적인 한식당 메뉴가 됐다. 콩나물국밥을 전문으로 하는 체인점들이 생겨나고 높은 인기를 누린다. 우리네의 간단한 메뉴가 세계적인 한식이 될 수 있는 가능성을 엿보게 만들고 있다. 깜깜한 곳에 오로지 다리 하나로 서서 버티고 살지라도 희망을 포기하지 않는 전주 사람들처럼 말이다.

전주콩나물국밥과 전주비빔밥을 먹을 때면 콩나물의 삶에 대해 생각하곤 한다. 무럭무럭 빽빽한, 캄캄한 시루 속에서 줄기 하나로 지내지만 이들 음식에선 없어서는 안될, 반드시 필요한 존재가 된다.

설상가상으로, 더러는 거꾸로 자라며 엄청 큰 멀미를 통해 역지사

지하는 고운 심성을 기르기도 한다. 한 바가지의 물을 순식간에 허겁지겁 먹고 살아가지만 너무나도 바지런한 모습으로 잘 성장해줘 모든 사람들의 입사치를 돋운다. 세상에 다리 하나로도 이렇게 당당할 수도 있을까 생각하며, 적어도 오늘만큼은 내 떡과 이웃의 떡을 놓고 저울질하지 않기로 다짐해 본다. 한쪽 발로 올곧게 수평을 잡고 묵묵히 십자가를 지고 가는 누님, 이모, 시장상인, 홀로가장과 독거노인들 등 착한 사람 모두 모두 고맙다. 다리 하나로 서서 자는 홍학처럼 저 아주 단출하게, 아주 편안하게 오늘 하루 시작한다.

1884년 11월 10일 전라감영을 방문한 미국 무관 조지 클레이턴 포크(George Clayton Foulk, 1856~1893)의 융숭한 아침 밥상에 콩나물이 올라갔다.

전주 콩나물은 육당 최남선(崔南善)의 《조선상식문답》에 보면 우리나라 지방명식으로 개성의 엿과 저육, 해주의 승가기, 평양의 냉면, 의주의 대반두, 강릉의 강풍죽 등 10여 가지 가운데서도 손꼽히는 것으로 되어 있다.

전주의 콩나물은 전주지역의 토질과 수질이 다른 지방의 그것과 달라 콩나물의 줄기가 통통한 데다 기가 살아있고 곧게 뻗었으며 적당량의 잔뿌리가 차별화되고 있다. 서울 등 전국 어느 곳에서나 같은 조리방법으로 끓이는데도 콩나물국밥이나 해장국과 맛이 다른 것은 콩나물의 품질이 다르기 때문이다.

전주는 예부터 전주천, 노송천, 관선천의 물줄기를 생명으로 삼아 전주시민을 살려온 문전옥답(門前沃畓)이었다. 그래서 오랜 세월 동안 전주관찰사의 관아도 이곳에는 설치할 수 없도록 하였고, 후백제 견훤이 '이 고장 전주에 사평리 들판(현 전주종합경기장)이 없었다면 과연 어디서 식량을 조달했을지' 걱정했다고 하는 바로 그 땅이다.

하천은 만경강의 상류가 되는 전주천(全州川), 삼천(三川)이 있다. 전주천은 남동쪽 노령산맥의 분수계인 임실군 관촌면 슬치(瑟峙, 250m)에서 발원하여 남관, 신리를 지나 대성동의 각시바위에서 승암산과 남고산의 규암층을 짜르는 협곡을 통과한 후 한벽당 부근에서 반석천(盤石川)과 합류된다. 이곳 근방에서 전주천의 방향이 동서 방향으로 바뀌어 흘러서 남천(南川)이라 부른다. 전주교와 매곡교를 지나 완산다리 부근에서 다시 방향이 바뀌고 다가산에 근접하면서 흘러 이 부근을 서천(西川)이라 한다. 진북사 지나 한일고 부근에서 모래내가 합류하여 가련산 남쪽 기슭의 사평리(沙平里)를 지나 팔복동 추천대(楸川臺)에서 삼천과 모아진 후 삼례교 부근에서 고산천(高山川), 소양천(所陽川)과 합류하여 만경강이 된다.

추천대에서 삼례교까지의 유로(流路)를 추천(가리내)이라 부른다. 삼천천은 정읍군·임실군 등 노령산맥 서사면에서 발원하여 전주시의 남서부를 흘러서 전주천과 합류한다.

전주(全州)는 온고을이라는 지명에 걸맞게 물산이 풍부할 뿐만 아니라 노령산맥에서 뻗어내린 기린봉, 승암산, 고덕산, 모악산 등으로 둘러싸인 분지 형태로 사람 살기 좋은 조건을 두루 갖춘 곳이다. 다만 서북쪽이 열려 있어서, 풍수지리적으로 이를 비보하는 장치들이 마련되었다. 덕진제방, 숲정이, 진북사(鎭北寺) 등이 그것이다. 건지산(乾止山)이라는 명칭도 그렇다. 북서쪽이 건방(乾方)에 속하므로, 서북쪽으로 빠져나가는 기운을 막기 위해 건지산이라 한 것이다. 1541년(중종 20) 전주사람 50여 명이 연명으로 올린 소에, "(전주부의) 지형이 남쪽은 높고 북쪽은 허하여 바다 기운이 분산하기 때문에, 진산

이름을 건지산이라 하고, 제방을 쌓아 이름을 덕진(德津)이라 하였으며, 절을 창건하여 건흥사(建興寺)라 하고, 서쪽에 있는 조그만 산을 가련산(可連山)이라 했다."고 한 것은 그런 비보 풍수를 말해 준다.

그런데 전주 주산과 관련해 이런 주장이 있다. 《동국여지승람》 등 조선의 지리서들에는 진산이 건지산이라 기록되어 있지만, 원래는 기린봉이 주산이라는 것이다.

기린봉이야말로 기골이 장대하고 주산으로서 품격을 갖추고 있으며, 건지산은 주산으로서는 너무 약한데 기린봉에 왕의 기운이 흐르기 때문에 이 기를 누르기 위해 조선왕조는 일부러 주산을 건지산으로 잡았다는 것이다. 최창조 서울대 명예교수도 그런 논리를 펴고 있다. 결국 전주에 왕기가 흐른다는 이야기이다. 그래서 그런지 전주는 일찍이 후백제의 왕도로 자리하였고, 이후 조선왕조의 발상지로 기능하였다. 하지만 그만큼 시련도 적지 않았다.

"전주콩나물국밥은 지형과 남부시장 때문에 유명하지 않았을까요. 전주는 분지라 겨울에는 춥고 여름에는 더워요. 사평리라는 지명에서 보듯 물이 잘 빠지는 곳이라서 콩나물을 기르기 안성맞춤이었죠. 즉, 전주 부근의 토질이 좋아 양질의 콩이 많이 생산, 공급되고, 전주의 수질이 콩나물 재배에 적합하기 때문에 전주 콩나물이 유명하고 맛있었습니다.

남부시장에 전주 밖에서 온 사람들이 나무를 팔기 위해 몰려들었죠. 넓은 마당 한쪽에 큰 솥에 장작불을 지피다 보면 이들은 추위를 이길 수 있지 않았겠습니까. 콩나물국을 끓이는 데는 아주 큰 주걱이 필요했지요. 3대 바람통 가운데 좁은목부터 임실 방향은 추운 곳이었죠. 그래서 쥐눈이콩(서목태)를 키울 수 있었다고 생각합니다."

이는 2019년 8월 29일 사무실서 만난 이인철 체육발전연구원장(체육평론가)의 설명이다.

"남부시장 해장국집 부뚜막에는 항상 꼬독꼬독 말린 붉은 고추가 놓여져 있었고 그것을 손으로 부수어 넣어 먹는 맛은 가히 일품이었습니다. 얼큰하고 시원해 속풀이로 제격이었습니다.

당시는 뚝배기에 담아 숯불이나 연탄불에 올려 끓이면서 깨소금, 고춧가루, 마늘, 파, 후춧가루, 새우젓(육젓), 쇠고기 자장, 잘게 썬 신김치 등을 적당히 넣어 간을 맞추었습니다. 새우젓과 신김치 등은 1년 전부터 준비한 것들입니다. 끓는 해장국에 계란을 깨어 넣은 콩나물해장국은 국물이 기름지지 않고 시원하여 술에 찌든 속을 시원하게 풀어주는 데 그만입니다. 훗날 콩나물국밥은 보글보글 끓는 국에 양념류와 계란을 한두 개 깨어 넣어 먹었습니다."

전주 콩나물은 비빔밥과 콩나물국밥의 기본 재료로 미나리, 황포묵, 애호박, 모래무지 등과 함께 '전주 십미(十味)'를 구성한다.

이중환의 《택리지》에 "전주를 둘러싼 산형이 바르지 않은지라, 이곳 사람들에게는 위기(胃氣)가 있을 것이다."라 했다. 여기서 위기는 각종 위장질환을 말하는데, 그래서 전주 사람들이 위장을 보하려고 콩나물을 많이 먹었다는 이야기다.

22

삼백집 욕쟁이 할머니 이봉순과 봉동 할머니 국수

전주시 고사동 삼백집은 1960년대 초, 욕쟁이 할머니집으로 이름 났다. 1947년 개업해 전주콩나물해장국의 원조집 반열에 드는 것은 물론이고, 차별되는 국맛과 24시간 영업을 일관되게 이어오는 등 전주콩나물해장국의 상징적인 의미를 고루 갖추고 있다. 아침운동을 마친 시민들과 출근길 직장인들에게는 아침식사 겸 해장국집이고, 점심과 저녁도 언제 가든 식사가 가능한 곳으로 통한다.

창업주 이봉순(1972년 78세로 작고) 할머니는 무던한 인상과 투박하고 걸쭉한 전라도 사투리로 아무에게나 서슴없이 욕을 툭 내뱉곤 해 고객들을 놀라게 했고, 악의 없이 소탈한 성품이 누구에게나 편안한 마음을 안겨주었다. 사회적으로 어려운 시절에 가게를 열었지만 화제를 모을 만큼 경영도 뛰어났다.

고유한 노하우가 담긴 콩나물해장국은 이른 아침부터 자리가 가득 메워졌고, 가게 이름이 삼백집인 것도, 하루 3백 그릇의 국밥을 준비해 놓으면 2~3시경에 다 팔고 3~4시면 문을 닫았다고 해서 자연스럽게 붙여진 것이라고 한다.

그래서 어느 시인이 '삼백집'의 상호를 지어주었단다. 모주 또한 그 시인이 '어머니의 술'이라는 뜻에서 그렇게 이름을 지었다. 콩나물국밥은 이렇게 삼백집에서 태어났다.

원조집 반열에 드는 것은 물론이고, 차별되는 국맛과 24시간 영업을 일관되게 이어오는 등 전주콩나물해장국의 상징적인 의미를 고루 갖추고 있다.

"에라이 썩을 눔아, X랄 말구 처먹기나 혀!"

'까칠 캐릭터'에도 원조가 있다면 아마 욕쟁이 할머니가 아닐까. '불친절 마케팅'이라는 신조어가 탄생하는 데 혁혁한 전공을 세운 전국의 욕쟁이 할머니집들.

소설가이자 '한국의 맛있는 집' 시리즈를 쓴 백파 홍성유 선생에 따르면 욕쟁이 할머니집은 전주콩나물해장국집, 여수생선해장국집, 청주의 한 설렁탕집이 원조라고 한다.

사람들은 맛있는 음식과 욕을 먹기 위해 발품을 팔아 음식점을 찾고, 기꺼이 돈을 지불한다. 이유는 다양하지만 결국 '어머니 같아서', '어른이 그리워서', '신기해서', '정이 넘쳐서' 등으로 귀착된다. '할머니의 욕이 시처럼 느껴져서', '은근히 귀여우셔서'와 같은 다소 황당한 사유도 없지 않았다.

스포츠동아의 인기 연재만화 〈츄리닝〉의 스토리 작가인 이상신 씨는 자신의 작품에 욕쟁이 할머니를 자주 등장시키는 이유에 대해 "손님이 욕을 '처먹으려고' 돈을 낸다는 자체가 만화스러웠다"고 말했다. 그는 직접 욕쟁이 할머니집을 가 본 일은 없지만 영화 〈오해피데이〉에서 욕쟁이 할머니로 나온 김수미 씨를 보고 아이디어를 얻었다고 한다.

욕쟁이 할머니계의 전설적인 사례로는 위에서 언급한 전주콩나물해장국을 파는 삼백집의 이야기가 있다.

지난 1970년대 전주에 지방 시찰 차 머문 저녁, 박정희 대통령께서 술을 마신 다음날 아침 속풀이를 하기 위해 수행원에게 콩나물국밥을 요구, 수행원은 부랴부랴 욕쟁이 할머니가 운영하는 콩나물해장국집에 도착해 콩나물국밥 한 그릇을 배달해 달라고 요구했다. 욕쟁이 할머니 수행원에게 하는 말이 고함을 냅다 지르면서 "와서 처먹든지 말든지 해!" 하며 욕쟁이 할머니의 불호령에 그냥 돌아올 수밖에 없는 수행원들은 그 사실을 조심스럽게 박 대통령께 알렸다.

이야기를 전해들은 박대통령은 한바탕 껄껄 웃으며 손수 국밥집을 찾아갔다. 그러나 대통령이라고 생각지 못한 욕쟁이 할머니는 평소대로 욕지거리를 퍼붓더니 박 대통령을 보고는

"이 놈 봐라. 이놈이 어쩌믄 박정희를 그리도 닮았냐. 누가 보면 영락없이 박정희로 알겠다, 이놈아. 그런 의미에서 이 계란 하나 더 처먹어라."

고 말했다.

욕쟁이 할머니와 소탈하고 따뜻한 서민 대통령의 거짓말 같은 실화는 지금까지도 전주 사람들에게 자랑거리가 되고 있다. 욕쟁이 할머니도 박정희 대통령도 이승을 등진 지 오래지만 나라 최고 통치자와 콩나물국밥집 할머니의 훈훈한 일화는 각박한 세상을 녹여주고 있다.

지금은 이 욕쟁이 할머니를 만날 수 없다.

완주 화암사와 봉동 할머니국수

최근들어 전북 완주군 경천면 요동–동향동 도로 확·포장 공사가 완료되어 화암사 가는 길이 더욱 편리하고 안전해졌다.

화암사는 불명산 시루봉 남쪽에 있는 절로 본사인 금산사에 딸린 절이다. 절을 지을 당시의 자세한 기록은 없으나 원효와 의상이 유학하고 돌아와 수도하였다는 기록으로 보아 신라 문무왕 이전에 지은 것으로 보인다. 2011년에 국보 316호 지정된 화암사 극락전(極樂殿)은 1981년 해체·수리 때 발견한 기록에 따르면, 조선 선조 38년(1605)에 세운 것으로 되어 있다. 극락전은 우리나라에 단 하나뿐인 하앙식(下昂式) 구조이다. 하앙식 구조란 바깥에서 처마 무게를 받치는 부재를 하나 더 설치해 지렛대의 원리로 일반 구조보다 처마를 훨씬 길게 내밀 수 있게 한 구조이다. 중국이나 일본에서는 근세까지도 많이 볼 수 있는 구조이지만 우리나라에서는 유일한 것으로 목조건축 연구에 귀중한 자료가 되고 있다.

안도현 시인은 화암사를 가리켜 "구름한테 들키지 않으려고 아예 구름 속에 주춧돌을 놓은/ 잘 늙은 절 한 채"라 했다. 그리곤 "화암사, 내 사랑/ 찾아가는 길을 굳이 알려주지는 않으렵니다"라며 마무리한다. 이보다 더 강력한 추천사가 있을까. 산간의 절집을 두고 곱게 늙었다느니 하는 표현이 흔해진 것은 〈화암사 내 사랑〉이라는 이 시의 영향이 아닐까 싶다.

완주군 운주면과 이웃한 경천면 불명산(佛明山)에 터를 잡은 화암사는 694년(신라 효소왕 3년) 일교국사가 창건한 천년고찰이다.

원효·의상대사가 수도하고 설총이 공부했다고 전해진다. 협곡의 계류를 따라가다 철계단을 거쳐 야트막한 암벽을 타고 오르면 요새

같은 화암사가 모습을 드러낸다.

인간세 바깥에 있는 줄 알았습니다.
처음에는 나를 미워하는지 턱 돌아앉아
곁눈질 한번 보내오지 않았습니다.

나는 그 화암사를 찾아가기로 하였습니다
세상한테 쫓기어 산속으로 도망가는 게 아니라
마음이 이끄는 길로 가고 싶었습니다
계곡이 나오면 외나무다리가 되고
벼랑이 막아서면 허리를 낮추었습니다

마을의 흙먼지를 잊어먹을 때까지 걸으니까
산은 슬쩍, 풍경의 한 귀퉁이를 보여주었습니다.
구름한테 들키지 않으려고 구름속에 주춧돌을 놓은
잘 늙은 절 한 채

그 절집 안으로 발을 들여 놓는 순간
그 절집 형체도 이름도 없어지고,
구름의 어깨를 치고 가는 불명산 능선 한자락 같은 참회가
가슴을 때리는 것이었습니다
인간의 마을에서 온 햇볕이
화암사 안마당에 먼저 와 있었기 때문입니다
나는, 세상의 뒤를 그저 쫓아다니기만 하였습니다

화암사, 내 사랑
찾아가는 길을 굳이 알려주지는 않으렵니다
— 안도현의 〈화암사, 내 사랑〉

안도현 시인이 "잘 늙은 절"이라고 표현한 것처럼 당우마다 '늙음'이 스며있어 멋스럽다.

극락전과 우화루가 보물로 지정된 절집에는 일주문이나 천왕문, 석탑도 없다. 스님도 주지 방착 스님 한 분만 계신다. 극락전, 우화루, 불명암, 적묵당 등 4채의 당우가 사각형으로 둘러싼 마당에 서면 하늘만 보인다.

안 시인은 자신이 화암사를 찾는 길이면 한 번씩 들러가는 곳이라며 국숫집 한 곳을 가르쳐 주었다. 낡고 작은 가게에 국수 하나만 말아서 파는 곳인바, 옛날 생각나는 그런 곳이라며 들러 보면 좋을 거라 했다. 완주군 봉동농협 앞에 자리한 아담한 국숫집. 마침 장날이라 가게 앞 도로변은 사람들로 북적였다. 상호는 '원조할머니국수집', 할머니가 돌아가신 후에 며느리가 그 뒤를 이어오고 있다고 한다.

60여 년 동안 국수를 만들어 온 주인 할머니의 비법이 대대로 이어오고 있다. 오로지 물국수만 파는 이곳은 개운하고 깔끔한 육수 맛이 일품이다. 가격은 대 5,000원, 중 4,000원, 소 3,000원을 받고 있다. 그릇 크기에 따라 대, 중, 소로 나뉜다. 그릇을 보니 제일 작은 것이 일반 식당의 보통 국수 그릇 크기다.

육수는 주방 한쪽에서 하루 종일 끓고 있고, 손님이 와서 주문을 하면 바로 국수를 삶아 낸다. 국수 삶는 것도 요령이 있을 텐데 얼마나 오랫동안 일을 한 것인지 시계를 볼 필요도 없이 딱 적당한 시간에 국수를 건져낸다.

더도 덜도 없이 잘 삶은 국수에 육수를 가득 붓고 송송 썬 파를 얹어내 준다. 고춧가루를 듬뿍 넣은 양념장을 적당히 얹어 간을 맞춰 먹으면 된다. 멸치로 맛을 낸 육수는 시원하고 깔끔하다. 조미료가 들어가지 않은 개운한 맛이다. 쫄깃한 면발도 일품. 국수에 손맛이 느껴지는 익은 김치를 얹어 먹어도 맛있다.

더 이상 단순하게 만들 수 없을 만큼 단순한 국수 한 그릇. 입맛도 다양해지고 매번 색다른 맛을 찾아내려고 혈안이 된 요즘, 수수하다 못해 초라해 보이는 이 국수 한 그릇에서 따뜻한 위로를 얻는다.

> 분점 내 달라는 둥 체인점을 하자는 둥 찾아오는 이들이 많지만, 면발·육수·양념 모든 면에서 즉석 손맛을 내야 하는 게 국순데, 그게 어디 쉽겠소. 나는 이 국숫집 하나만으로도 족하요.

정현자 씨는 "손맛은 말 그대로 손에서 나오는 것"이라며, 오늘도 하루 200~300그릇의 국수를 직접 말아 낸다. '할머니국수집'의 역사는 한국전쟁이 끝나갈 무렵, 정 씨의 시어머니 권부녀 씨(1995년 작고)로부터 시작됐다.

가난한 집에 시집와 자식을 8남매나 둔 권 씨는 호구지책으로 장마당에 국숫집을 열었고, 남다른 음식 솜씨로 장나들이객들의 입맛을 사로잡았다. 그리고 당신이 연로해지며, 역시 만만찮은 솜씨를 보유한 며느리 정 씨에게 가게를 잇게 한 것이다.

이 집을 찾는 손님들은 굳이 메뉴판을 볼 필요가 없다. 양에 따라 오직 대·중·소가 있을 뿐이다. 소짜는 중국집 짬뽕 그릇만 하며 대짜는 양이 이 두 배다. 웬만한 남자들도 대짜를 먹고 나서는 부른 배를 주체 못한다. 맛은 하루 200명이 넘는 손님 수가 증명하는 셈. 전주, 익산, 대전 등지에서 일주일에 한두 번씩 들르는 단골들도 있다. 쫄깃한 면발, 맑으면서도 진한 육수, 짭조름한 양념은 먹어 본이 모두의 감탄을 자아낸다. 면은 충남 천안의 주문 국수업체인 '영광소면'에서 공급받고, 육수와 양념은 정 씨가 직접 재료를 사서 장만한다. 맛의 비결은 영업 비밀이지만, 정 씨가 귀띔하는 한두 가지 팁은 육수 낼 때 통풋고추를 넣고 양념에 들어가는 기름은 참기름과 들기름을 섞는다는 것. 국수에 곁들여 내는 반찬도 정씨가 공들이는 것 중의 하나로, 기본 찬거리인 김치 · 단무지 외에 풋고추와 직접 담근 된장을 따로 내놓는다. 국수는 찬 음식이라 매콤한 고추로 열을 보완해 주기 위해서다. 이외에 이 집 식탁에는 숟가락이 없는 것도 특징이다. 육수는 두 손으로 들고 후루룩 마셔야 제맛이라는 게 정 씨의 지론이다.

> 이것도 어엿한 가업인데, 백 년이고 이백 년이고 계속 이어가야 안 되것소. 딸하고 두 며느리가 식당에 나와 일을 돕고 있는데 모두 실력이 쓸 만허요. 그중에 젤 나은 한 놈이 물려받것제.

육수 내고 양념장 만드는 비법만큼은 아직 딸과 며느리들에게도 알려주지 않았다는 정 씨. 맛난 국수 한 그릇이 유명 레스토랑 코스 요리 부럽지 않은 이유다. 주문을 하면 바로 국수를 삶아 한쪽에서 팔팔 끓고 있는 육수를 양푼에 하나 가득 붓고, 그 위에 곱게 빻은 고춧가루와 잘 썬 파로 고명을 얹어낸다. 면발은 쫄깃쫄깃한 것이 일품이다. 쫄깃한 면발의 비법은 찬물에 넣었을 때 투명함이 느껴지도록 삶는 데 있다. 화암사처럼 곱디 곱게 늙을 수 있다면 이 얼마나 좋은 일인가. 봉동 할머니국수집 면발을 먹으면서 아프지 않고 오래 살기를 기원해 본다.

23

동학이 생각나는 황포묵

새야 새야 파랑새야/ 녹두밭에 앉지 마라/ 녹두꽃이 떨어지면/ 청포 장수 울고 간다.

이는 전래 민요 〈새야새야 파랑새야〉의 일부다.
 동학농민혁명을 전후해 불려진 이 민요에서 청포장수는 청포묵 장수를 일컫는다. 여러 가지 해석이 가능하겠으나 민간에서 청포묵이 애용됐음을 알 수 있다.
 여기서 청포묵은 녹두를 갈아 앙금으로 만든 묵이다. 해열·해독 작용과 보양에 좋으나 색깔이 곱지 않은 게 흠이다. 이에 격(格)을 높인 게 황포묵(노랑묵)이다.
 앙금이 엉기기 시작할 때 자연 색소 중 최고인 치자물을 넣은 것이다. 탱탱하면서도 낭창낭창한데다 맑고 노란 색감이 입을 유혹한다.
 2008년 전주시가 지정한 '전주 비빔밥 표준조리법'에 따르면 이 황포묵은 비빔밥에 반드시 들어가야 하는 필수 재료다. 길이는 4-5cm, 너비 1cm, 두께 3mm 정도로 썰어 사용하도록 했다고 한다.
 전주 초록바위는 조선 시대 죄인들의 사형을 집행하던 곳이었으며, 김개남 등 동학 교도들과 천주교 신자들이 처형당한 곳이기도 하다.

전주비빔밥 유래에 대한 설은 다양하다.

첫째 궁중음식설. 조선시대 왕이 점심에 먹는 가벼운 식사로 비빔이란 것이 있는데, 그 비빔이 비빔밥의 유래라는 것이다.

둘째 임금몽진음식설. 나라에 난리가 일어나 왕이 피란을 하였는데, 왕에게 올릴 만한 음식이 없어 밥에 몇 가지 나물을 비벼 낸 것에서 유래하였다는 것이다.

셋째 농번기 음식설. 농번기에는 다들 바빠 구색을 갖춘 상차림을 준비하기 어려우니 그릇 하나에 여러 음식을 섞어 먹게 되었다는 설이다.

넷째 음복설. 제사를 마치고 나서 상에 놓인 음식으로 비벼 먹은 것에서 비롯하였다는 설이다.

다섯째 묵은 음식 처리설. 섣달 그믐날에 묵은 해의 음식을 없애기 위하여 묵나물에 밥을 비벼 먹은 것에서부터 비빔밥이 유래했으며,

여섯째 동학혁명설. 동학군이 그릇이 충분하지 않아 그릇 하나에 이것저것 비벼 먹은 데서 유래했다는 설이 있다.

근음산수(近吟 三首)

가람 이병기(李秉岐)

홀로 우뚝 솟아 피어나는 백화근(白花槿)이
백련(白蓮)도 새울 만큼 캄스럽고 말쑥하다
진실로 백의(白衣)의 나라 이 겨레의 꽃 아닌가!

선왕골 파라시는 아직도 아니 붉고
기린봉(麒麟峰) 열무 팔미(八味)의 하나라지
배급 탄 안남미(安南米) 밥도 이 맛으로 먹히네

비 한 번 지난 뒤에 귀또리 방에 울고
발과 전등(電燈) 가에 힘없이 나는 모기
참혹헌 패잔병처럼 지향할 바 모르네

'완산 8미'가 언급된 것은 가람 이병기의 시조가 처음이다. 1953년대, 전주시 교동 양사재(養士齋)에서 지은 이른바, '근음삼수(近吟三首)'가 그것이다.

이 시조에서 가람은 완산 8미로 ▷기린봉 열무 ▷신풍리(송천동) 호박 ▷한내 무 ▷상관 게(蟹) ▷남천(南川) 모자 △선왕골 파라시(감) ▷소양 대흥리 서초(西草·담배) ▷오목대 황포묵을 꼽았다.

《전주야사》를 쓴 이철수는 산지(産地)를 조금 더 넓혀 ▷사정리(서서학동) 콩나물 ▷서원넘어(華山동) 미나리를 더해 '10미'라 했다.

흔히 비빔밥을 전주 고유의 음식인 것처럼 이야기하지만 사실 비빔밥은 전국적인 음식이다. 또한 비빔밥이 당초 서민들의 가정에서 해 먹던 음식으로 유래했다고도 하지만 문헌상으로 나와 있는 것을 보면 오히려 궁중음식에서 전래한 것으로 보는 것이 타당하다고 할 수 있다.

전주비빔밥의 유래에 대해 고 이철수 씨는 조선시대 감영 내의 관찰사, 전주판관 등이 입맛으로 즐겨 왔었고, 전주성 내외의 양가에서는 물역(物役)이나 노역(勞役)이 따랐기 때문에 큰 잔치 때나 귀한 손님을 모실 때 입 사치로 다루었다고 한다. 따라서 전주비빔밥은 고관들이나 양반가에서 식도락으로 즐겼던 귀한 음식임을 알 수 있다.

전주비빔밥의 재료는 30여 가지나 된다. 콩나물, 청포묵, 찹쌀고추장, 쇠고기육회 또는 육회볶음, 미나리, 참기름, 달걀 등이 주재료다. 주재료로 쓰이는 콩나물은 특히 외뿌리로 잔가지가 없고 연하여 전국에서도 가장 유명하며 청포묵과 미나리는 전주10미 중의 하나이고 찹쌀로 빚는 고추장이 제맛을 냄으로써 한층 성가를 높이고 있다.

오목대에서 흘러 나오는 녹두포(綠豆泡) 샘물을 이용해 만든 녹두묵은 천하진미로 옛날부터 전국에 널리 알려진 기호식품이었다. 가늘게 채를 쳐서 무침을 해먹었으며 전주에서는 비빔밥에 빼놓을 수 없는 재료로 쓰였다.

전북 전주지속가능발전협의회가 2015년 한 해 전주와 관련한 35개 지표를 발표했다.

보고서를 보면, 지난해 전주시 비빔밥 전문업체 10곳에서 판매한 비빔밥은 74만 6,742그릇이다. 즉, 하루에 1,852그릇이 팔린 셈이다. 이는 2014년 67만 5,995그릇보다 10.5% 증가한 수치다. 10만 그릇 이상 판매하는 업소도 3곳(전년 2곳)이다. 전주 한옥마을이 유명해지면서 관광객이 늘었기 때문이다. 5·10월은 다양한 축제 개최로 관광객 유입으로, 8월은 휴가철 관광객 수의 증가 등으로 많이 팔렸다. 가장 적은 판매량을 보인 것은 2월로 추워서 행사가 적은데다 명절이 있기 때문으로 분석된다.

일반적으로 외지에서 전주를 방문하는 관광객은 비빔밥을 먹지 않고 돌아가는 경우가 거의 없다고 보아도 될 정도로 비빔밥은 관광객들에게 많은 인기를 얻고 있다. 그러므로 비빔밥 판매 동향은 전주시 경제 및 관광 현황을 설명하는 가장 중요한 지표 중의 하나가 될 수 있다. 물론 제조업보다는 큰 비중을 차지하지는 않지만 현재 관광객에 대한 통계가 미흡한 상황에서 전주비빔밥 판매그릇 수는 전주시 관광객 수와 전주지역 소상공인들 경기상황을 가늠하는 중요한 지표 가운데 하나임에 분명하다. 이 같은 맥락에서 전주에서 판매된 비빔밥 판매 그릇 수를 조사, 실행에 옮김으로써 지역경제를 활성화하기 위한 방향을 모색하는 자료로 널리 활용하기 바란다.

全州讚歌-귀촉도가 웁니다

신석정

'M형!

…… 기왕 이야기가 나온 길이니, 우리 고장 자랑을 좀 더 늘어놓기로 하겠습니다. 전주하면 그 규모야 작은 고장이지만, 산자수명한 풍광이야 어디에 못지않으니 '전주 팔경' 하면 못 보아 한이 될 만합니다. 동으로 솟아오른 기린봉에 떠오르는 달을 일러 기린토월麒麟吐月이라 하여 제1경을 삼고, 전주천 기슭에 자리한 한벽당의 풍정을 말하는 한벽청연寒碧晴煙이 제2경이요, 남고산의 저녁노을을 헤치고 울려오는 남고모종南固暮鍾이 제3경이요, 전주천의 빨래하는 풍정을 말하는 남천표모南川漂母가 제4경이요, 덕진 연못의 연꽃 꺾는 덕진채련德津採蓮이 제5경이요, 위봉사 아래 옥으로 부서지는 폭포가 있으니 위봉폭포威鳳瀑布라 하여 제6경이요, 한내(전주천 하류)에 내려앉은 기러기 떼를 비비낙안飛飛落雁이라 일러 제7경, 고산高山과 봉동鳳東의 냇물에 낚싯배 오르내리는 것을 동포귀범東浦歸帆이라 하여 제8경을 삼으니, 주말을 즐길 수 있는 고장들입니다.

'전주 팔경'이 눈으로 즐기는 풍경이고 보면, 입으로 즐길 수 있는 '전주 팔미'가 있으니, 음식 사치로 유명한 이 고장의 자랑이라면 자랑이 될 수도 있을 것입니다. 서당골 파라시(8월에 먹는 감), 기린봉 열무, 오목대 청포묵, 소양 담배, 전주천 모자(물고기), 한내 게, 사정골 콩나물, 서원너머 미나리로 모두 전주 음식의 감칠맛이 자랑이라면 자랑이 되는 것들이라 하겠습니다.

M형!

전주천으로 나가 한벽당 아래 수양버들 그늘에 자리잡고 앉아서 전주천의 명물 모자로 만든 '오모가리' 안주를 불러 놓고 컬컬한 목을 전주 약주로 달랜 다음 숲이 울창한 완산칠봉으로 발걸음을 옮겨 해설피 울기 시작하는 귀촉도의 목멘 소리를 들으러 가기로 합시다

이는 신석정이 발표한 수필 〈전원으로 내려오십시오〉로 소개되기도 한다. 여기에 '완산팔미'가 나온다.

특히 전주비빔밥이 그 명성을 얻게 된 것은 완산팔미(完山八味) 중 서목태(鼠目太)라 부르는 쥐눈이콩과 함께 옥구 참기름, 그리고 오목대(완산구 교동)에서 나는 녹두로 빚은 황포묵에 기인한다.

여기에다 맛좋은 고추장·참기름, 그리고 계절 따라 나는 푸성귀를 고명으로 얹는 신선함이 보기만 해도 입맛을 돋운다.

전주는 예부터 수질이 좋아 콩나물에 쓰이는 콩의 품질이 좋다고 한다. 무와 오이, 당근, 애호박, 표고버섯 등도 들어간다. 특히 밥은 소 양지머리 고기를 푹 고은 물로 지어 비빌 때 밥알이 서로 달라붙지 않고 윤기가 나도록 했다.

전주비빔밥은 전주 콩나물에, 진안 참깨, 옥구 참기름과 함께 무주 산간 지방의 풋풋한 야채 한 줌이 들어가야 제맛을 낸다. 옴팡집에서는 7년 이상 묵은 간장을 썼다. 조선간장과 집에서 담근 고추장을 사용했다.

또다른 환상적인 조합도 있다. 전주 콩나물에 순창 고추장, 그리고 진안 참깨와 함께 무주 산간지방의 풋풋한 야채 한 줌만 있으면 훌륭한 전주비빔밥이 되는 게 아니던가.

전주비빔밥은 물에 데친 콩나물과 쇠고기 육회 또는 볶음, 황포묵을 고명으로 빠뜨리지 않고 있다. 묵을 만들려면 좋은 수질이 가장

중요했는데, 전주 오목대 부근의 지하수가 깨끗하고 황포묵을 만드는 조건에 딱 맞아떨어져 예로부터 전주 황포묵이 유명했다. 고명의 가운데에 계란을 하나 얹어 화룡점정을 찍는다.

황포묵은 한때 삼성그룹 이병철 회장이 전주비빔밥을 즐겨찾아 서울 신세계 백화점에 납품했다고 하며, 허영만의 '식객'에도 소개됐다. 황포묵은 녹두 청포묵에 노란 치자물을 들여 만든 묵이다.

반면 청포묵은 녹두를 갈아 앙금으로 만든 묵으로 해열·해독 작용과 보양에 좋으나 색깔이 곱지 않은 게 흠이 었다. 때문에 격(格)을 더욱 높인 게 황포묵(노랑묵)이다. 앙금이 엉기기 시작할 때 자연 색소 중 최고인 치자물을 넣은 것이다. 탱탱하면서도 낭창낭창한데다 맑고 노란 색감이 입을 유혹한다.

전주비빔밥에 빠져선 안될 황포묵은 어디서 나올까. 도내에서는 전주와 남원에서 생산되고 있다고 전한다. 남원은 1989년 소복순 여사가 사망함에 따라 맥이 끊겼고, 전주 청식품이 유일하게 남았다. 전주 우아동 아중저수지 인근 9㎡ 남짓한 가게에서 양석대 대표(84)가 3대째 가업으로 130여년을 이어 오고 있는 것이다. 황포묵 장인으로서뿐 아니라 전주비빔밥의 역사를 꿰뚫고 있는 산증인이지만 그에 대한 대접이 소홀한 것 같아 안타깝다.

24

임실 팥칼국수와 전주 소바, 그리고 국수

팥칼국수는 팥을 뭉근하게 끓인 팥물에 칼국수를 넣어 끓인 제물국수 형태이다. 1년 중 밤이 가장 길다는 동지는 예부터 세시명절로 여기며 작은설(또는 아세亞歲)이라고 했다. 동지에는 세시음식으로 팥죽을 먹었는데, 팥죽에 새알심을 가족의 나이수대로 넣어 끓이는 풍습이 있으며, 팥죽을 먹어야 한 살 더 먹는다는 말이 전해진다.

동지 때 먹는 팥죽의 붉은 색은 민속에서 벽사(闢邪)의 의미를 가지며, 팥은 악귀를 예방하는 의미가 있다.

다른 지역과 달리 전라도에서는 동지 때 새알심을 넣은 팥죽보다 팥칼국수를 더 즐겨 먹는다고 한다. 또한 전라도 일부 지역에서는 팥죽이 팥칼국수를 가리키는 말이라고 한다. 팥은 피로 회복과 더위 타는 증세를 해소하는 데 효과가 있다고 알려져 있다. 그래서인지 전라도 지역에서는 동지뿐만 아니라 뜨거운 팥칼국수를 무더운 여름에도 즐겨 찾으며, 특별식처럼 생각해 복달임 음식으로도 먹는다.

밀가루가 귀한 시절 밀로 만든 음식은 음력 6월 15일을 전후로 밀을 수확할 때만 먹을 수 있었다. 한여름에 수확하는 밀은 찬 성질을 가진 것으로 알려져 있다.《동의보감》을 비롯, 동양의 의학서는 하나같이 밀은 성질이 차가운 곡식으로, 가슴이 답답하고 괴로운 신열,

무더위 때문에 생기는 열기를 없애준다고 한다.

그러므로 팥과 밀은 여름철 별미로 더없이 적합한 음식이다. 전라도 사람들의 팥칼국수에 대한 애정은 전주 중앙시장에 형성된 팥죽 골목에서 발견할 수 있다.

전라도 지역에서 팥을 즐겨 먹는 것은 다른 식문화적인 요인도 있겠지만, 팥 생산량이 높은 것도 이유가 될 수 있다.

이 글은 국립민속박물관이 펴낸 《한 그릇에 담긴 이야기-국수와 밀면(글 손정수.황동이, 사진 김영광)》, 그리고 취재를 통해 얻어진 사실을 중심으로 꾸렸음을 강조하고 싶다.

통계청이 발표한 2010년부터 2017년까지 전국 두(豆)류 생산량을 보면, 전라도가 팥을 심는 면적과 생산량이 가장 많다. 대표적으로 2017년 통계를 보면, 전국 단위 대비 전북과 전남의 팥 재배 면적 및 생산량은 47%를 차지한다. 흔히 칼국수는 멸치나 해산물을 우려낸 육수에 칼국수 면을 넣어 끓여 먹는데, 전라도에서는 팥을 재료로 한 팥칼국수가 더 친숙하다.

또한 팥칼국수는 직접 반죽해 칼로 썬 칼국수 면이 어울리는데, 시중에 판매하는 건면으로는 팥칼국수의 깊은 맛을 내기 어렵다. 겉면에 밀가루가 묻어 있는 칼국수가 같이 들어가 어우러져야 더 걸쭉한 팥칼국수가 된다.

전북 임실군 강진면에 할매국수집은 멸치로 육수를 낸 잔치국수와 비빔국수를 주 메뉴로 판매하는데, 겨울에는 팥칼국수를 계절 메뉴로 내고 있다. 주 메뉴는 건면을 사용하지만 팥칼국수는 직접 반죽한 칼국수 면을 사용한다. 할매국수집의 김운암 사장은 건면을 사용하면 뜨거운 팥물을 견디지 못하고 쉽게 풀어지기 때문에 칼국수 면으로 끓여야 뜨거운 팥죽에서도 면이 쉽게 붇지 않고 더 쫄깃한 식감을 맛볼 수 있다고 말했다.

임실군 임실읍에서는 1일과 6일에 임실오일장이 열린다. 임실시장에는 두 곳의 팥칼국수집이 있는데, 상호명은 모두 'ㅇㅇ팥죽'을 사용한다. 그중 임실시장에서 16년째 영업 중인 임실팥죽은 팥칼국수, 팥죽, 잔치국수가 주 메뉴이다. 임실팥죽은 처음 잔치국수를 파는 가게로 시작했다. 그래서 처음에는 상호명을 임실국수로 시작했다. 임실팥죽 사장인 유정순(여, 1948년생)은 임실군 오수면 봉천리가 고향이다. 고향에서 농사를 짓던 그는 지인의 권유로 2002년 임실시장에서 국수 장사를 시작하게 됐다. 장사를 시작할 때는 주변에 다른 국수 가게가 없었다고 한다. 잔치국수로 가게를 시작했지만 팥칼국수와 팥죽을 같이 팔게 되면서 가게 상호를 임실팥죽으로 변경했고, 현재는 임실국수와 임실팥죽 상호를 함께 사용한다.

"여기서도 팥죽은 동지 때 먹는데 여름에도 많이 먹어. 이열치열이라고 여름에도 국수보다 팥죽이 더 많이 나가. 젊은 사람들은 이제 비빔국수 많이 나가고, 연세 있으면 팥죽 많이 찾고."

임실팥죽은 국수보다 팥죽과 팥칼국수가 더 유명한 집이다. 특히 장이 열리는 날에는 동네 어르신들이 장 구경을 왔다가 가게에 들러 팥칼국수 한 그릇으로 점심을 해결하곤 한다. 가게에서는 새알심이 들어간 팥죽보다 팥칼국수가 인기가 많은데, 찹쌀로 만든 새알심이 들어가는 팥죽이 팥칼국수보다 비싸기 때문이다. 유정순은 직접 기른 팥을 뭉개질 정도로 푹 삶아 체에 거른 후 믹서에 한 번 더 갈아서 고운 팥앙금을 만들어 냉장 보관한다. 칼국수 면은 직접 뽑는데, 오전에 미리 반죽을 해두고 주문이 들어오면 가정용 제면기로 면을 뽑는다. 주문을 받으면 갈아둔 팥을 물과 농도를 맞춰 끓인 후 면을 넣고 한 번 더 끓이면 팥칼국수가 완성된다. 글로 읽으면 간단해 보이지만 팥을 푹 삶아 체에 눌러 곱게 만드는 과정과 농도를 맞춰가며 팥물이 눌어붙지 않도록 계속 젓는 과정은 간단치 않다. 팥죽을 흔히 간식으로 생각하지만 이렇게 보면 팥칼국수는 한끼 식사로 손색이 없다.

전라도에서 팥칼국수는 가정에서도 즐겨 먹는 음식이다. 임실이 고향인 유정순 사장도 어린 시절 집에서 심은 팥으로 팥칼국수나 팥죽을 즐겨 해 먹었다고 한다. 국수와 관련된 에피소드를 에세이 형식으로 펴낸 《인생의 중심이 흔들릴 때 나를 지켜준 이, 어이없게도 국수》에서는 팥칼국수를 보고 "없어서 못 먹지."라는 반응을 보이는 사람이라면 전라도에서 어린 시절을 보냈거나 적어도 부모님의 고향이 그쪽일 가능성이 크다고 말한다. 이처럼 팥칼국수는 전라도를 대표하는 음식문화로 자리 잡고 있다. 전라도의 팥죽과 팥칼국수의 또 다른 특징은 설탕을 넣어 먹는다는 것이다. 팥칼국수를 끓일 때는 약간의 소금으로 간을 하고 손님들이 입맛에 따라 먹을 수 있도록 식탁에 설탕 그릇을 둔다. 과거에는 설탕을 미리 뿌려주기도 했으나 요즘에는 당뇨가 있는 어르신들이 많아 직접 양을 조절할 수 있도록 따로 넣지 않는다고 한다.

전라도에서는 팥죽이나 팥칼국수뿐만 아니라, 콩국수에도 설탕을 넣어 먹고 설탕물에 국수를 말아먹기도 한다. 전라도 지역에서 팥죽이나 팥칼국수에 설탕을 넣어 먹게 된 이유에 대해 정확히 알 수 없지만, 여러 가설 가운데 일본 식문화의 영향을 받았다고 보는 의견도 있다. 일본에는 우리의 팥죽과 비슷한 '오시루코おしるこ'라는 음

식이 있다. 오시루코는 팥을 삶아 으깨어 끓인 물에 설탕을 넣고 새알심이나 떡을 띄워 먹는 간토 지방 음식이다. 한국의 전통적인 팥죽은 약간의 소금으로 간을 하여 식사 대용으로 먹는 것이었는데, 단 음식을 즐겨 먹는 일본의 식문화가 전파되어 단팥죽이 생겨났다고 본다. 특히 일본인 거류지가 있었던 군산과 부산에서는 팥죽에 설탕을 넣어 먹는 문화가 형성되었다. 이렇게 팥죽에 설탕을 넣어 먹던 것이 팥칼국수와 다른 음식에도 영향을 끼쳤을 수 있다.

뭉근히 끓인 팥칼국수는 지역 사람들에게 속은 뜨겁지만, 열을 내려줄 재료로 만들어져 여름이면 더위를 식혀줄 보양식으로, 겨울에는 따뜻하게 속을 데워줄 음식으로 사랑받고 있다.

전라도 안에서도 미식의 도시로 유명한 전주의 독특한 국수 문화로는 일본식 메밀 국수인 '소바'를 들 수 있다. 먼저 소바에 대해 간략히 살펴보면 일본에서 소바そば는 메밀, 메밀국수를 가리키는 말로 사용되며, 일본 문헌에는 15~16세기에 처음 등장한다.

일본에서 소바가 대중화된 시기는 에도시대부터이며, 이때부터 일상식으로 정착하게 됐다. 소바는 면을 차갑게 씻어 차가운 쓰유에 찍어먹는 것과 뜨거운 쓰유를 부어먹는 것으로 나뉜다. 차갑게 하여 쓰유에 찍어 먹는 것은 '자루소바ざるそば' 또는 '모리소바もりそば'라고 부르며, 쓰유를 면이 잠길 정도로 부어 고명을 얹어 먹는 것을 '붓가케소바ぶっかけそば'라고 한다. 붓가케소바는 따뜻한 쓰유를 부어 여러 가지 건더기를 넣어 먹기도 하며, 줄여서 '가케소바かけそば'라고 부른다. 일본에서 서민들의 배를 채워주는 음식이었던 소바는 18세기에 이르러 일본인들의 기호 식품으로 자리 잡게 됐다.

이처럼 일본에서 18세기 무렵 보편화된 소바가 한국에 들어온 시기를 정확히 알 수는 없지만, 전주에는 1955년 들어 소바를 파는 식당이 생겼다. 1955년 창업한 서울소바는 전주에 처음 생긴 소바 식당으로 알려져 있는데, 현재 3대째 이어져 오고 있다. 그다음으로 생긴 소바집은 전주 한옥마을 부근에 위치한 진미집이다. 서울소바와 진미집, 이 두 집은 '전주 소바'라는 독특한 음식 문화를 만들어냈다.

62년간 3대째 소바 하나로 고객의 입맛을 사로 잡은 '서울소바집'. 전주시 중앙동에 있는 이 가게는 1950년대 초반 문을 연 후 지금까지 운영하고 있다. 친정아버지(이용기)의 가업을 이어받아 50여 년째 이 가게를 지키고 있는 이은순 사장과 후계자인 아들 김경배(46세) 씨. 이곳에서 3대째 가업을 잇고 있는 김경배는 소바 조리 경력 19년에 달하는 일명 '소바의 달인'으로 부르고 있다. 그의 손끝에서 나오는 쫄깃한 면과 시원하고 개운한 국물 맛은 한마디로 하나의 예술이다. 한 번 맛을 본 사람이면 다시 찾고 싶어하는 곳이다. 때문에 4~8월 성수기에는 문전성시를 이룬다. 불볕더위가 기승을 부리는 여름철엔 더위를 식히려는 식도락가들이 몰려들어 발 디딜 틈이 없다. 입소문을 듣고 찾아온 미국인들과 일본인들도 간혹 눈에 띈다. 전국적으로 명성이 자자하면서 체인점 문의도 쇄도하고 있다. 뭐니 뭐니해도 맛의 비결은 엄선된 재료에 있다. 메밀은 강원도에서 구입하고 멸치와 다시마 등 육수 재료는 전남 여수와 경남 기장 등지에서 직접 수송해 온다.

이 모든 작업은 50여 년째 가게를 지키고 있는 김 씨의 어머니 이은순 사장이 진두지휘한다. 전국 방방곡곡 발품을 팔아 구입한 재료의 요리는 고스란히 김 씨의 몫이다. 김 씨는 메밀을 바수어서 그날 그날 들어갈 면을 반죽한다. 메밀 특유의 고소한 향이 살아있게끔 반죽하는 게 기술이란다.

　김 씨가 가장 신경을 쓰는 부분은 육수다. 창업자인 외할아버지가 물려준 국물 맛을 유지하기 위해 10여 가지가 넘는 재료를 넣고 있다. 달콤하고 쌉싸름한 육수를 우려내면 곧바로 육수통에 넣어 냉장 보관한다. 김 씨는 겨울 매출이 큰 폭으로 떨어지는 밀요리 전문점의 특성에 대비해 '온소바' 등 다양한 사이드 메뉴를 개발했다.

　옛날에는 소바를 대나무 발에다 한 짝씩 주고 육수를 따로따로 주어 몇 짝씩 들었다. 재미있는 일화는 옛날 배불리 먹지 못할 때 30짝을 한 번에 먹으면 돈을 받지 않겠다는 내기를 하기도 해 여름철이면 소바에 얽힌 사연들이 많다.

　김 씨는 "소바(메밀국수)는 일반 면 요리와 달리 관리가 까다롭다. 매장에서 냉면처럼 전 국수 상태로 공급하게 되면 맛과 향이 떨어져 고소한 향을 느낄 수 없게 된다."면서 "직접 면 반죽을 뽑아 담아내야 고유의 맛을 느낄 수 있다."고 했다. 이곳 외에도 전주 시내에는 열 곳이 넘는 소바 전문점이 있다. 전주 소바의 시작이라고 할 수 있는 서울소바를 통하면 언제, 어떻게 전주에서 소바가 시작되었는지 그 유래를 알 수 있겠지만, 아쉽게도 가게 사정상 인터뷰하지 못했다. 전주 소바는 일본식 소바도 아니고 한국의 메밀 국수 대표 주자라고 할 수 있는 강원도식 막국수와도 다르다. 일본식 소바는 진한 쓰유에 메밀로 만든 면을 살짝 찍어 먹는 것이다. 여기서 '쓰유つゆ'는 국수를 찍어 먹는 장국으로 가쓰오부시나 멸치를 우려낸 국물에 일본식 간장醬油, 소유을 섞어 만든 것이다.

　또한 소바 면의 메밀 함량에 따라 소바의 종류도, 명칭도 다르다. 강원도의 막국수는 지역에 따라 조리법이 조금씩 다르지만, 메밀을 재료로 하고 국수틀을 이용하여 압착 형태로 면을 뽑고 동치미, 고기, 간장 등으로 다양하게 육수를 내서 국물을 부어 먹는 형태이다.

그러나 전주의 소바는 메밀과 밀가루가 섞인 진한 검은 색의 면에 가쓰오부시, 멸치, 간장 등 해물로 만든 장국을 부어 먹는 국수이다. 하지만 전주 소바의 장국은 국물처럼 마셔도 부담이 없을 정도로 쓰유에 비하면 간이 약하다. 이를 보면 전주 소바는 일본식 소바 문화에 한국의 국물 문화가 결합되어 나타난 새로운 국수라고 할 수 있다. 또한 명칭에 대해서도 주목할 필요가 있다. 일본의 소바와 메밀면을 사용한다는 공통점만 있을 뿐, 먹는 방식도, 장국의 맛도 다르지만 메밀국수라고 부르지 않고 '소바'라는 명칭을 그대로 사용한다. 특히 전주의 소바 식당에서는 콩국수를 같이 파는 집이 많다. 다수의 식당에서는 콩국수도 소바 면을 사용하여 만든다. '소바 콩국수'라고 부르는 이 국수는 하얀 콩물에 검은색 소바 면을 넣고 설탕을 뿌려 먹는 것이 특징이다. 다른 지역에도 일본식 소바를 판매하는 식당이 많지만 전주에는 일본식 소바와 차별을 두면서 소바 면으로 콩국수까지 만들어 먹는 독특한 문화가 나타난다.

전주의 여러 소바 가게 가운데 두 번째로 문을 연 것으로 알려진 진미집은 전주천을 앞에 두고 뒤쪽으로는 전주 최대 관광지인 한옥마을과 이어지는 곳에 위치해 있다. 가게는 1975년경 문을 열었고, 3대째 이어 운영하고 있다. 진미집은 이길순 사장으로부터 시작됐다. 전주가 고향인 이길순 1대 사장은 튀김, 빈대떡 등 분식을 파는 작은 노점으로 가게를 시작했다. 가게 부근에는 남부시장이 있고, 전주천을 앞에 두고 있어 시장 상인과 냇가에 놀러 오는 사람들이 주요 손님이었다. 분식 장사를 1~2년 정도 하다가 전주에서 가장 오래된 소바 가게인 서울소바에서 소바를 맛본 이길순은 이 음식을 팔면 좋을 것 같다는 생각을 하였고, 이내 자신만의 조리법을 개발하게 됐다.

1대 사장의 딸인 라혜숙(1960년생, 전주 출생)은 2남 1녀 중 장녀로 어릴 적부터 어머니의 장사를 도왔다. 2대 사장인 라혜숙은 중·고등학교 시절 학교를 마치면 가게 일을 하였고, 어머니에게 가게를 물려받아 30년 가까이 운영했다. 현재는 라혜숙의 아들인 김종훈(1985년생, 전주 출생)이 맡아서 이어 가고 있다.

김종훈은 1남 1녀 중 장남으로 고등학교 때 가게 일을 돕다가 졸업 후 본격적으로 가게에 집중했다. 아들 김종훈이 대표로 있지만, 라혜숙이 여전히 주방의 모든 일을 담당한다. 김종훈은 어머니가 아직 일을 더 할 수 있는 나이이고, 주방에서 숙련된 기술자가 어머니만 한 사람이 없기 때문에 가게 운영이 힘들 때 조언을 얻으면서 함께 운영하고 있다.

김종훈은 주방 이외에 홀, 식자재, 육수 등 나머지 부분을 총괄적으로 살핀다. 라혜숙은 어머니 이길순에게 소바 육수를 만드는 방법을 전수 받았다. 이길순이 운영할 당시 진미집 주변에는 음식점이 없었다고 한다. 그래서 주로 남부시장의 상인들, 주변 회사 직장인, 노동자들이 저렴한 가격에 배불리 먹기 위해 진미집을 즐겨 찾았다. 당시 진미집은 소바 전문이지만 이외에도 콩국수, 냉면, 선지국밥, 추어탕, 시래기국밥 등 한식류를 같이 파는 대중음식점이었다. 여름에는 소바와 콩국수를, 겨울에는 국밥 종류를 주로 판매했다. 처음 소바를 시작할 때는 냉소바와 '각기소바'로 불리던 따뜻한 소바가 있었다. 여기서 '각기소바'는 메밀 면이 아닌 밀가루로 만든 우동 면을

재료로 사용했는데, '각기'는 일본어 '가케かけ'를 한국식으로 발음한 것으로 '뿌리다', '끼얹다'라는 뜻을 갖고 있다. '가케우동'은 우동 면에 뜨거운 장국을 부어서 먹는 것을 말하는데, '가케소바(각기소바)'도 따뜻하게 끓인 쓰유를 부어 먹는 소바이다.

이 각기소바는 사람들이 뜨거운 국물에 면이 퍼진 것을 선호하지 않아서 판매를 중단했다가 메밀 면에 따뜻한 장국을 부어 만든 '온소바'로 2018년에 다시 탄생했다. 1대와 2대 사장이 운영하던 진미집에서는 다양한 한식을 판매했지만, 김종훈 대표가 가게 일을 돕기 시작하면서 소바, 콩국수 등 면 요리에 집중하게 되었다. 국밥은 반찬을 따로 만들어야 하므로 일손과 재료비, 준비 시간 등이 더 들기 때문에 약 10년 전부터 판매하지 않고 있다.

진미집 소바의 맛을 좌우하는 것은 장국이다. 김종훈 대표는 소바의 장국은 가쓰오부시로 만든 것과 가쓰오부시를 쓰지 않고 멸치를 포함한 각종 해산물로 맛을 낸 것 두 종류가 있다고 말한다. 국물 맛은 가쓰오부시의 유무뿐 아니라 간장의 종류에 따라서도 차이가 난다. 진미집에서는 멸치, 새우, 다시마 등의 해산물을 주로 사용해서 육수를 끓이는데, 주방 외에 별도로 마련된 육수 전용 공간에서 조리한다.

이 육수는 1대 사장님의 조리법에 2, 3대의 경험과 시대적 변화가 더해져서 지금의 형태로 계량화 됐다. 김종훈 대표는 육수에 특히 공을 들이는 만큼 육수를 만드는 공간에는 본인 이외에 아무도 출입하지 못하게 한다. 초기에 소바 장국은 짠맛이 강했는데, 점차 사람들이 달지 않고 짜지 않은 맛을 선호하게 되면서 장국의 맛이 점차 순해졌다고 한다. 시대가 변하면 찾아오는 손님들의 입맛도 변하기 때문에 음식 맛에도 조금씩 변화를 주고 있다.

진미집에서도 전주의 다른 콩국수 가게와 마찬가지로 메밀로 만든 소바 면으로 콩국수를 만든다. 소바를 시작하면서부터 콩국수에는 항상 소바 면을 썼는데, 밀가루로만 만든 면보다는 식감과 색감이 더 좋다고 한다. 콩물도 가게에서 직접 만드는데, 10년 전까지 콩나물을 재배하는 콩을 썼다. 콩나물 콩은 일반 백태보다 작지만 고소한 맛이 있다. 그러나 재료 수급이 어려워 백태로 변경했다.

진미집은 현재 가맹 사업을 진행 중이다. 전주에는 한옥마을 부근의 본점과 2곳의 직영점을 운영하고 있다. 본점에 있는 제조 공장에서 계량화된 조리법으로 만든 장국, 양념장, 재료 등을 직영점으로 납품하여 운영하고 있다. 김종훈 대표는 외할머니께서 만든 가게와 음식을 잘 이어가는 것을 앞으로의 목표로 삼고 있다.

임실 백양국수공장과 전주 송철국수

문화재관리국이 발간한 《한국민속종합조사보고서》 전라북도편 의 식주 부분을 보면, "전북에서는 신랑, 신부가 혼인을 하고 첫날밤 저녁에 식사를 할 때 4~8월에는 국수 장국상을 차리고, 9월에서 3월까지는 떡국상을 차린다."는 내용이 있다. 전라도는 제주도와 함께 굵은 면을 선호하는 중면 문화권이라고 할 수 있다. 전라도에 위치한 국수 공장은 소면과 중면을 함께 생산하지만, 중면의 판매량이 더 많다.

전북 지역에는 오래된 국수 공장이 몇 군데 남아 있다. 그중 전북 임실군 임실읍에 위치한 백양국수공장은 1971년에 문을 열어 재래식 공장 형태를 유지하고 있는 곳이다.

이곳은 곽강찬(남, 1942년생, 전북 임실군 오수면 주천리), 이명희(여, 1949년생, 전남 나주시 남평읍) 부부가 운영하고 있다. 곽강찬은 젊은 시절 임실군 관촌면 관촌리에 있는 새싹국수공장에서 일을 하면서 제면 기술을 배웠다. 이때 배운 기술로 건물을 임대하여 1971년 국수 공장을 시작하였다. 현재 공장은 1980년에 땅을 사서 집을 지으면서 1986년에 이전하였다. 공장 건물은 2층 주택인데 1층은 부부의 살림집이며, 2층에는 제면실과 건조장이 있다. 1층 마당에서 좁은 시멘트 계단을 따라 올라가면 공장의 역사가 드러나는 40평 정도의 제면 공간이 나온다. 남편 곽강찬이 주로 밀가루와 물을 배합하여 반죽을 하고 국수를 뽑으면, 아내 이명희가 국수를 밖으로 옮겨 건조시키고, 공정이 끝난 국수는 잘라 포장한다. 국수의 쫄깃함을 위해서 빵가루와 중력분 밀가루를 1대 10 비율로 섞어서 반죽한다. 밀가루가 감기는 롤러는 '방망이'라 부르며, 롤러에 반죽이 감기는 것을 '떡 감는다.'라고 표현한다. 백양국수는 현재도 햇볕에 말리는 자연 건조 방식을 유지하고 있다. 제면기에서 나온 생면을 1차로 햇볕에 반나절 정도 건조시킨 후 실내로 들여와 바람이 없는 곳에서 숙성 건조를 한다. 이후 선풍기를 틀어 바람으로 건조한다. 이러한 건조작업을 반복해야 쫄깃한 국수가 완성된다. 건조 작업은 계절과 날씨에 따라 달라지는데, 이곳에서는 햇볕이 뜨거운 여름에는 나흘, 봄과 가을에는 일주일, 겨울에는 일주일 이상 건조하여 완성한다. 날씨가 건조하면 국수가 갈라지고 깨지기 때문에 적절한 습도가 중요한데, 비가 온 다음 날이 국수를 건조하기 가장 좋다고 한다. 국수 건조를 담당하고 있는 이명희는 "국수 마르는 건 귀신도 모른다."고 말할 정도로 건조 작업이 힘들다고 한다. 백양국수공장에서는 중면만 생산하는데, 완성된 국수의 길이는 20cm 정도이다. 이곳에서 생산하는 국수는 다른 공장에서 생산하는 것에 비해 길이가 짧은데, 공장 운영 초기에는 지금보다 더 짧았다. 제면 기술이 발달하고 기계가 좋아지면서 면의 굵기가 가늘어졌고, 더 길게 뽑을 수 있게 된 것이다. 또한 소면에 비해 중면이 요리했을 때 빨리 붇지 않고 식감이 좋아서 나이가 있는 사람들의 선호도가 높다고 한다.

임실군 강진면에 위치한 임실 할매국수는 백양국수를 사용하는 가게 중 한 곳인데, 국수의 굵기에서 확연한 차이를 보인다. 백양국수 공장은 2kg을 한 단으로 5,000원에 판매한다. 주로 전화로 주문을 받아서 택배로 보내는데, 4단, 8단, 10단 단위로 포장한다. 생산된 국수는 임실군에서 가장 큰 시장인 임실시장 안에 있는 식당과 임실읍 인근의 국숫집인 할매국숫집, 행운집, 임실국수 등에 납품한다. 임실군 내에 있는 상점이나 식당에는 곽강찬이 직접 오토바이를 이용하여 배달한다. 또한 전국 각지에서 들어오는 택배 주문이 많은데, 2010년 무렵 방송을 통해 알려지면서 주문량이 늘어났다.

공장 일을 할 수 있는 인력은 부부 둘뿐이기 때문에 밀려드는 주문량으로 밤낮없이 바쁘게 생활한다. 특히 자연 건조를 하기 때문에 부부는 밤에도 교대로 국수를 실내로 들여야 해서 더욱 고되다고 한다. 현재 주문량은 많지만, 부부도 나이가 들고 이어갈 사람이 없기 때문에 공장을 운영하는 데 어려움이 있다.

70년 전통으로 2013년 '천년전주기네스'에도 선정된 바 있는 송철 옛날국수공장(대표 송진우). 국가적으로 분식이 장려되던 1970년대 전주 시내에는 무려 20여 곳의 국수공장이 있었다고 한다. 하지만 현재까지 전주에서 그 명맥을 잇는 곳은 송철국수가 거의 유일하다.

전주 한옥마을 인근 동문사거리 '국시코시'나 삼천동 '옛날양푼국수', 월드컵경기장 인근 '자미원' 등이 송철국수를 애용하고 있으며, 식도락가들 사이에서도 유명한 오원집의 '가락국수'도 이곳에서 국수를 제공한다. 하루 300~400그릇은 거뜬히 소화한다는 완주군 용진면의 그 유명한 시골집 국수도 송철국수만을 사용한다.

  송철국수는 일제강점기 시절 해방과 함께 강제노역에서 돌아온 송철승 씨가 창업주다. 1946년 경 일제의 징용으로 강제노역하다 돌아온 송철승 씨는 전주 남부시장에서 '송철옛날국수' 공장을 시작했다. 애초에는 일제강점기 시절 송철승 씨의 누이 남편이 운영했는데, 해방 후 이 공장을 이어받아 '송철승국수'라는 상호로 명성을 얻어 기틀을 마련했다. 이후 송철승 씨가 1972년 사망하자 당시 막 제대한 아들 송현귀 씨가 사업을 이어받으면서 '송철옛날국수'로 상호를 바꿔 새롭게 운영해 왔다. 1973년 전주남부시장 현대화 사업으로 공장을 현재 동완산동으로 확장 이전한 후, 전주시청에 서둘러 사업자등록을 진행하다 보니 이름이 '승'자가 빠진 '송철국수'로 정해졌다

  1972년부터는 아들 송현귀 씨가 대를 이었으며, 현재는 손자 송진우 씨가 3대에 걸쳐 가업을 물려받았다. 국수 노하우만큼은 전국 어디에 내놔도 손색이 없다. 국수제조 마지막 단계는 포장이다. 자동화된 대형공장은 비닐로 국수를 감싸지만, 송철국수는 지금도 종이를 이용해 수작업으로 마무리한다.

25

세전서화첩(世傳書畵帖) 완영민읍수도(完營民泣隨圖)

　국립민속박물관과 한국국학진흥원은 2020년 5월 15일까지 박물관 상설전시실 3층 가족 코너에서 〈풍산 김씨 허백당 김양진 문중의 가족 이야기-이치(理致)를 깨닫고 나라를 생각하다〉전을 갖고 있다.

　전시는 풍산 김씨 허백당 김양진 문중을 중심으로 아버지에서 아들로 이어지는 가계 계승과 가족 간의 교육을 통해 집안 대대로 다져진 가학[家學]의 전승이라는 주제로 '유경당 현판', '세전서화첩', '잠암선생일고 목판' 을 비롯, 각종 문집과 고문헌 자료 190여 점이 소개된다.

　풍산 김씨 허백당 문중은 고려 고종 때 판상사로 풍산백(豊山伯)에 봉해진 김문적(金文迪)을 시조로 한다. 조선초기에 경상북도 안동 풍산 오미리(五美里)로 처음 들어온 이래, 그의 증손자인 허백당(虛白堂) 김양진(金楊震, 1467~1535)이 청백리로 가문을 크게 중흥시켰고, 허백당의 증손자인 유연당(悠然堂) 김대현(金大賢, 1553~1602)은 죽암정사(竹巖精舍)를 세워 가학(家學)에 힘썼다.

　그의 여덟 아들은 모두 문과 소과에 합격하고 그 가운데 다섯 형제가 대과에 급제하여 학문과 벼슬로 그 명성을 떨쳤다. 인조(仁祖)는 이를 듣고 풍산 김씨 집안을 '팔련오계지미(八蓮五桂之美, 여덟 송이의 연꽃과 다섯 그루의 계수나무'란 뜻의 연꽃은 문과 소과를, 계수나무는 대과의 합격자를 일컫는 말이다.)'라고 칭송하고, 마을 이름도 오미리로 바꾸어 부르게 했다. 이들은 풍산 오미리, 봉화 오록리, 예천 벌방리에 터를 잡고 선조의 가르침을 바탕으로 가학을 전승, 많은 학자와 관인(官人)들을 배출하였다. 나라가 평온할 때는 관직에 나아가 사회에 봉사하였고, 나라가 위기에 처하면 구국운동에 앞장선 사람들이 많았다.

유연당 김대현은 화남(華南) 김농(金農, 1534~1591)의 아들로, 아버지와 아들, 형과 동생, 삼촌과 조카 등 가족 간에 스승과 제자가 되어 집안의 학문[家學]을 형성하고 전승했다. 팔련오계로 명성을 떨친 그의 여덟 아들은 안으로는 가학의 전통을 계승하고 밖으로는 퇴계 이황의 학문을 전수받은 학봉 김성일과 서애 류성룡의 학맥을 이어받았다. 김대현의 9대손인 학암(鶴巖) 김중휴(金重休, 1797~1863)는 후손들이 선조의 가르침을 따라 학문에 힘쓰도록 선대의 행적과 유고를 모아 〈석릉세고(石陵世稿)〉와 〈세전서화첩(世傳書畵帖)〉을 편찬, 대대로 집안의 학문을 계승하게 했다.

〈세전서화첩〉(世傳書畵帖 19세기 후반, 한국국학진흥원 소장 풍산 김씨 근전 문중 기탁)'은 허백당(虛白堂) 김양진의 12대손 김중휴(金重休, 1797~1863)가 가문을 선양(宣揚)할 목적으로 19명의 조상에 얽힌 31가지 이야기를 글과 그림으로 엮어 만든 서화첩(書畵帖)이다.

이 가운데 〈완영민읍수도

세전서화첩

〈完營民泣隨圖〉〉는 허백당 김양진이 전라도관찰사로서 선정을 베푼 이야기로 임기를 마치고 돌아올 때 고을 사람들이 전송하러 나와 눈물을 흘리면서 따르고 있는 장면이다. '完營(완영)'은 전라감영을 의미한다.

1520년 김양진(金楊震, 1467~1535, 호는 허백당(虛白堂))은 전라감사에 임명됐다. 연산군 시절의 혼란스러운 분위기가 아직 가시지 않은 탓에 온 나라의 민심이 흉흉했다. 특히 수령이 백성들로부터 거둬들인 세금을 갖고 달아나는 경우가 적지 않아 수만 섬의 곡식이 문서에만 남아있는 실정이었고, 이에 견디다 못한 백성들은 짐을 꾸려 고향을 등지는 일이 곳곳에서 일어나고 있었다. 김양진은 부임한 즉시 폐단을 바로 잡아야겠다는 생각에서 백성들의 억울함을 일일이 듣고 해결해주는가 하면, 허위로 작성된 세금문서를 발견하면 자신의 급료를 반납해 채워 넣었다. 김양진이 임기를 마치고 돌아올 때 고을 사람들이 전송하러 나왔다. 수레와 말이 수십 리에 이르렀고 눈물을 흘리면서 따르는 이들이 무려 만 명에 달했다고 한다. 이에 김양진이 겨우 설득해 되돌려 보냈지만, 30여 명의 사람들은 막무가내 따라와서 하인으로 삼아줄 것을 간청했다.

김양진이 전주 감영에서 돌아오던 날, 망아지 한 마리가 뒤따르는 것을 보고 하인에게

> 내가 처음 이곳에 올 때는 망아지가 없었는데, 지금 갑자기 보이는구나. 이곳에서 태어난 것인가?

하고 물으니

"예, 그렇습니다"

하고 답했다. 그러자

> 그렇다면, 이는 전주 감영의 재산인데, 내가 어찌 갖고 갈 수 있겠느냐! 빨리 끌고 가서 나무에 매어 놓고 오너라

하고 지시하니, 하인이 망아지를 끌고 가서 동문 바깥의 버드나무에 매어놓았다.

당시 사람들은 망아지를 중국 수춘(壽春)의 송아지(삼국시대 위나라 시묘(時苗)가 수춘령(壽春令)이 되었을 때 타고 갔던 암소가 낳은 송아지를 수춘에서 낳았다고 해서 그곳에 두고 왔다는 이야기가 있다.)에 비유했고, 전주의 백성들은 망아지가 묶여있던 곳에 김양진의 생사당(生祠堂)을 세운 것으로 전한다.

이후 김양진이 돌아오고 나서도 그곳 사람들이 은혜를 잊지 못해 전송 당시의 모습을 그림으로 그려서 본가로 보내주었다.

이후 김양진이 숨을 거두자 이들은 상복을 착용하고 무덤 아래 머물면서 떠날 줄을 몰랐다. 하는 수 없이 문중에서는 노비안(奴婢案)에 이들의 명단을 기록해두었는데, 1761년 무렵 문중 합의에 의해 노비안을 불태웠다. (세전서화첩, 2012. 5. 24. 민속원)

허백당의 선정을 담은 〈완영민읍수도〉는 1520년 허백당(虛白堂) 김양진(金楊震, 1467~1535)이 전라감사 시절에 선정을 베푼 내용과 전라감사를 마치고 돌아올 때 청백리로서의 행적이 동한(東漢) 말기 사람인 시묘(時苗)에 얽힌 고사인 '수춘의 송아지'에 비견하여 "허백당의 망아지'로 치환하여 그린 그림이다. 그림의 뒤에 있는 기록에 따르면

'허백당이 전라감사로 근무하던 시절은 연산군 시절의 혼란스러운 분위기가 아직 가시지 않은 탓에 행정과 세정이 제대로 되지 않아 온 나라의 민심이 흉흉하였다. 김양진은 부임한 즉시 폐단을 바로 잡아야겠다는 생각에서 백성들의 억울함을 일일이 듣고 해결해주는가 하면, 허위로 작성된 세금문서를 발견하면 자신의 급료를 반납하여 채워 넣었다. 또 매달 초하루가 되면 노인들을 찾아다니면서 쌀과 고기 등을 나누어주고, 젊은이들을 모아서 소학과 심경 등을 강론하였다. 그런 다음 그들 가운데 재주와 학식이 뛰어나거나 효심이 지극한 이가 있으면 조정에 추천하기도 했다. 또한 비록 신분이 미천한 사람일지라도 효심과 우애를 갖춘 경우에는 술과 고기 등을 상으로 내리거나 신역(身役)을 면제해주고 정문(旌門)을 세우도록 했다. 그러자 모든 백성들이 마치 부모와 같이 섬기게 되었다."고 되어있다. 이 내용을 그린 그림의 화면은 두 가지로 구성되어 있다.

　첫 번째가 허백당 김양진이 전라감사를 마치고 완영[전주 감영]을 나서는 장면으로 허백당이 남여(藍輿, 의자와 비슷하고 뚜껑이 없는 작은 가마로 승지나 참의 이상의 벼슬아치가 탔다.)에 높이 앉아 있고 앞뒤로는 수행하는 인물들이 따르고 그림의 하단에는 노소의 사대부 복장을 한 수 많은 사람들이 눈물을 훔치며 아쉬워하는 장면이다. 멀리 화면의 상단에는 고졸하게 산수를 표현하였는데, 구륵으로 산의 윤곽을 그리고 일부는 미점을 찍어 이를 보충하였다. 이 장면을 기록으로 보면 "김양진이 임기를 마치고 돌아올 때 고을 사람들이 전송하러 나왔는데, 수레와 말이 수십 리에 이르렀고 눈물을 흘리면서 따르는 이들이 무려 만 명에 달했다. 이에 김양진이 겨우 설득하여 되돌려 보냈지만, 30여 명의 사람들은 막무가내 따라와서 하인으로 삼아줄 것을 간청하였다."는 내용을 그림으로 그린 것이다.
 이 장면에 대한 기록은 다음과 같다.

> 김양진이 전라 감영에서 돌아오던 날 망아지 한 마리가 뒤따르는 것을 보고 하인에게 "내가 처음 이곳에 올 때는 망아지가 없었는데, 지금 갑자기 보이는구나. 이곳에서 태어난 것인가?" 하고 물으니 "예. 그렇습니다." 하고 답했다. 그러자 "그렇다면, 이는 전라 감영의 재산인데, 내가 어찌 갖고 갈 수 있겠느냐! 빨리 끌고 가서 나무에 매어 놓고 오너라." 하고 지시하니, 하인이 망아지를 끌고 가서 동문 바깥의 버드나무에 매어놓았다. 당시 사람들은 망아지를 중국 수춘壽春의 송아지[삼국시대 위나라 시묘가 수춘령壽春슈이 되었을 때 타고 갔던 암소가 낳은 송아지를 수춘에서 낳았다고 해서 그곳에 두고 왔다는 고사]에 비유했고, 전주의 백성들은 망아지가 묶여있던 곳에 김양진의 생사당生祠堂을 세운 것으로 전한다.

 이 그림은 허백당 김양진이 전라감사로서 베푼 선정을 잊지 못해 전송 당시의 모습을 지역민이 그림으로 그려서 본가로 보내주었던 것이다. 그는 매달 초하루가 되면 노인들을 찾아다니면서 쌀과 고기 등을 나누어주고, 젊은이들을 모아서 소학과 심경 등을 강론했다. 그런 다음 그들 가운데 재주와 학식이 뛰어나거나 효심이 지극한 이가 있으면 조정에 추천하기도 했다.
 또, 비록 신분이 미천한 사람일지라도 효심과 우애를 갖춘 경우에는 술과 고기 등을 상으로 내리거나 신역(身役)을 면제해주고 정문(旌門)을 세우도록 했다. 그러자 모든 백성들이 마치 부모와 같이 섬기게 됐다.

26

조삼난(趙三難) 만마관(萬馬關)에서 술장사를 하다

조삼난은 충청도 명문대가의 아들이었으나, 대대로 가난하고 어려서 부모를 잃어 일찍 장가를 들지 못하고 있었다. 그 형 모 씨는 글은 잘하지만 포부가 졸렬하여 살아갈 수가 없어 겨우 굶주린 배를 채우기를 마치 부잣집 고기 먹듯 하는 형편이었다. 조삼난은 나이 30이 다 되어 그 형이 친구들에게 도움을 청해 채단을 마련하고 서로 비등한 혼처를 구해 배필을 택하였다. 역시 궁한 사람이 궁한 사람과 만난 것이다. 시집온 날 항아리에 좁쌀 한 톨조차 남은 게 없었고, 부엌은 싸늘하여 연기조차 낼 수 없었다. 그러자 신부가 말하였다.

"집안 살림이 이 모양이니 어떻게 살아가야 합니까?"

"내게 한 가지 계책이 있긴 한데, 당신은 따르겠소?"

"죽음도 피하지 않을 텐데 어찌 삶을 마다하겠습니까?"

"굶기를 밥 먹듯 하는 처지에 저 채단은 어디다 쓰겠소? 저걸 팝시다. 기십 꿰미는 받을 테니, 당신과 멀리 도망가서 대로변에 집을 사가지고 살아봅시다. 우선 술장사를 하여 그 이문으로 변리를 놓아, 돈이 좀 벌리면 집을 늘려 안방을 깨끗이 꾸미고 술집을 표시하는 주기(酒旗)를 걸고, 허름한 여관방을 널리 열어놓고 마구를 연달아 지어 오가는 상인들을 받되, 나는 객주의 심부름꾼이 되고, 당신은 술

청의 꽃이 되어 두 주먹 불끈 쥐고 10년을 기약해서 누만 냥의 재산을 모은 다음, 그때 가서 옛 가문을 회복하면 어떻겠소?"
"참으로 어려운 일입니다."
"어려운 일을 극복하지 않으면 어떻게 쉬운 일을 도모하겠소?"
"그럼 해보시죠."

드디어 채단을 팔아, 남편은 지고 아내는 이고 한밤중에 도망하였다. 그 형은 집이 가난하기 때문에 아우가 견디지 못하여 가문의 누를 끼친 것이겠거니 생각하니 책을 볼 마음도 내키지 않고 남을 대할 면목도 없었다.

그로부터 5, 6년이 지나는 사이에 그 형은 생계가 더욱 궁핍해져 굶주린 기색이 얼굴에 나타나고, 땟국이 온몸에 흘러 허름한 갓에 뒤축이 떨어진 신을 끄는 양이 영락없이 걸인의 형상이 되고 말았다. 그는 동생의 종적을 찾으려고 팔방으로 떠돌아다니느라 실컷 고생을 하고 전주 만마관에 당도했다. 관내에 큰 객점이 있는데, 한 미인이 술청에 앉아 있었다. 지팡이를 세우고 눈을 들어 바라보니, 바로 자기 제수였다. 혹 닮은 사람이 아닐까 싶어 행동거지를 유심히 살펴보니 틀림없이 다른 사람이 아니었다. 그는 크게 한숨을 쉬고 탄식을 하며 주기를 걷고 들어갔다.

"제수씨, 이게 어찌 된 영문이오?"
"아주버님, 우리에게 따지려 오셨습니까?"
"내 길에 시달려 목이 마르니, 우선 목을 축이게 한 잔 주시오."

그는 술을 받아 쭉 들이켜고는 물었다.
"아우는 어디 갔소?"
"장사 일로 마침 가까운 장터에 갔습니다."

"내 이번 길은 아우 때문이오. 여기서 기다리다가 오거든 만나보고 하룻밤 묵어가겠소."

"그럼 방으로 들어가시지요."

한참 기다리자 아우가 짧은 배자를 걸치고 행상들의 짐바리 수십여 필을 줄줄이 몰고 들어와서 짐을 풀고 말을 매어 꼴을 먹이는데, 먼지를 잔뜩 뒤집어 쓴 양이 취한 사람처럼 보이기도 하고 미친 사람 같기도 하였다. 그 형이 방에서 지켜보다가 일손이 끝나기를 기다려 아우를 불렀다.

"얘야, 네가 이게 웬 꼴이냐?" 동생이 눈을 들어 쳐다보니 자기 형이었다. 뜰에서 잠깐 허리를 굽혀 인사를 하고 물었다.

"형님, 여길 무슨 일로 오셨수?" 그러더니 다시는 집의 소식이나 노정(路程)이나 오래 떨어졌던 회포 등에 대해서는 물어보지도 않고 밥상을 가지고 손님을 접대하러 오가느라 가만히 있을 겨를이 없었다.

"형님도 다른 길손들과 똑같이 자시려우?"

"그게 무슨 말이니? 되는 대로 먹지."

"길가 계산은 10전인데 형님에겐 5전어치로 드립죠."

그 형은 냉대가 극심한 줄 알면서도 꾹 참고 그날 밤을 넘겼다. 아우는 밤에도 다른 방에서 자며 들여다보지도 않는 것이었다.

그 이튿날 길손들은 전부 떠났으나, 그 형은 그대로 앉아있었다. 아우가 말했다.

"형님, 왜 안 가고 머뭇거리시우? 얼른 밥값이나 셈하고 일어서우."

"내 너를 오래 보지 못하여 못내 마음이 울적하다가, 이제 너를 만나니 자연 발걸음이 무거워지는구나. 너는 무슨 마음으로 나를 이다지도 미워하며 내쫓으려는 거냐? 게다가 또 밥값까지 받으려 하는 거냐?"

"내 동기간을 생각한다면 이 지경이 되었겠소?"

"대체 값이 얼마냐?"

"내 미리 형님 주머니가 넉넉지 못한 줄 알고 저녁과 아침을 반상으로 두 차례 드렸으니 10전이오."

"넌 내가 넉넉지 못한 줄만 알았지 텅텅 빈 줄을 몰랐구나."

"그럼 허다한 부잣집에 어디 묵을 곳이 없어 하필 여관엘 들었소? 돈이 없거든 수중에 든 물건이라도 대신 잡히시오."

"그건 참 어려운 일이다."

"어려운 일을 극복하지 않으면 어떻게 쉬운 일을 도모하겠소?"

그 형은 할 수 없이 떨어진 부채와 닳아빠진 수건으로 셈을 했다. 제수가 옆에서 한마디 거들었다.

"어제 술 한 잔 값이 있습니다. 그것도 갚으셔야죠."

그 형은 다시 주머니 속에서 헌 빗을 꺼내 땅에 던지고 눈물을 씻고 돌아섰다.

그 후로 심회가 편치 못하여 혼자 탄식하곤 하였다.

"마시면 탐학해진다는 광동(廣東)의 탐천(貪泉)과 진(陳) 후주(後主)가 그 비(妃)들과 숨었다가 수군(隋軍)에 붙잡힌 말릉(秣陵)의 욕정(辱井)이란 곧 이를 두고 말함이겠지. 우리 집안에 저런 패악한 동생이 나올 줄 생각이나 했으랴!"

그리고는 아이들을 훈계하여 부지런히 치가(治家)해서 이 부끄러움을 씻자고 다짐했다.

4, 5년 지내는 동안 추우나 더우나 아우를 원망하며 세월을 보냈다. 어느 날 어떤 손님이 준마를 타고 가벼운 갖옷을 입고 찾아왔다. 그 손님이 문전으로 들어오는데 어디서 온 귀한 손인지 모르겠으나 방안으로 들어와 공손히 절을 하고 주저주저하는 양을 보니 자기 아우였다. 형은 발끈하여 성을 내어 꾸짖었다.
 "너도 사람 노릇 할 날이 있느냐?"
 "죄송합니다. 우선 제 말을 들으십시오. 제가 집을 떠날 때 가난을 이기지 못해 집사람과 약속하여 몇 년 계획을 세웠지요. 남쪽 수백 리 관시(關市)로 가서 대로변 요지에 자리를 잡고 이득을 독점하는 일이나, 거간 노릇 등 직접 닥치는 대로 손을 대어 전을 벌려 장사를 하고, 물건을 팔아 이문을 남기기에 골몰하였습니다. 이런 판국에 어찌 동기간의 정을 염두에 두겠습니까? 전에 형님이 들르셨을 때 원수처럼 대한 것은 사람답지 못하게 돈벌이를 하기 때문에 인정을 끊으려고 그렇게 했던 겁니다. 무슨 다른 뜻이 있었겠습니까? 이제 저는 수만금의 재산을 모아 아무 고을, 아무 마을에다 집터를 정하고 2천 석 필지의 땅을 마련했지요. 1천 석은 큰집 장토요, 나머지 천석은 작은집 장토로 몫을 정했고, 산기슭을 끼고 동서로 각기 50칸씩 기와집을 지었는데, 몸채·사랑채·대청·마루·부엌·창고 등이 똑같고, 가장 기물과 의복, 서책도 서로 비등한데, 다만 큰댁에 사당 3칸이 더 있지요. 지금은 노비들로 지키게 하고 있습니다. 여기 땅문서 두 궤짝과 저녁과 아침거리로 먹을 정백미(精白米: 깨끗하게 쓿은 쌀)와 찬품으로 쓸 어물을 약간 마련해 가지고 왔습니다. 원컨대 형님은 우선 문서궤를 보시고 이 아우 노릇 못한 아우가 일으켜 세운 사업을 용서해 주십시오. 내일 날이 밝거든 이 보잘것없는 집과 쓸모없는 물건들을 전부 버리고 식구들만 데리고 저리로 가서 부가옹(富家翁)이 되시면 기쁘겠습니다."

형은 이 말을 듣고 성냄이 웃음으로 바뀌고 예전처럼 화락하여 등불을 켜고 마주 앉아 정회를 나누었다.

"집이 가난한데 재물을 모았으니 물론 가상한 일이나, 우리 같은 양반 가문에 흠이 아닐 수 없으니, 이를 어쩌면 좋으냐?" 그러면서 한편으로 위로하고 한편으로 마음 아파하기도 했다.

그 이튿날 교자를 세내고 말을 빌려서 낡고 지저분한 것들은 버리고 온전한 것과 세전하는 문부(文簿)만 수습해 아우가 앞서고 형이 뒤따라 일가가 이사를 했다. 집을 지키던 비복들은 날을 잡아 기다려서 성대히 음식을 마련하고 맞이했다.

그 형은 두 집의 꾸밈을 두루 둘러보고 그 규모의 웅대함을 극찬했다. 드디어 설비한 대로 각기 처소를 정하고 다시는 세상 근심이 없이 화식(火食)하는 신선이 됐다. 아우가 이에 형과 상의해서 빈객을 초청하여 잔치를 벌였다. 그런데 며칠 즐기고 잔치를 파할 즈음에 아우가 크게 탄식하는 것이었다.

"내가 만약 여기서 그친다면 한갓 한 모리꾼에 지나지 못할 것입니다. 이제부터는 가사를 돌보지 않고 사서삼경(四書三經)을 읽어 명경과(明經科)에 급제하여 허물을 씻으려는데 어떻겠습니까?

빈객과 여러 벗들이 고개를 저었다.

"이미 부하고 또 귀(貴)하기까지 하고자 하니 자네의 계획은 실로 어려울 듯싶네."

"어려운 일을 극복하지 않으면 어떻게 쉬운 일을 도모하겠는가?"

그는 드디어 일을 잘 보는 영리한 자를 택하여 큰집과 작은집의 마름을 삼아 제반 출납과 빈객을 영송하는 등의 모든 일들을 처리하도록 하고는, 경서를 싸들고 절로 들어가 제일 좋은 한적한 상방(上房)을 잡아 주야로 글읽기에 몰두했다. 5년 사이에 칠서(七書)를 통하여 외우고 뜻을 파악하는 데 막힘이 없었다. 4년마다 보이는 식년시(式年試)를 보아 33인에 방안(榜眼)으로 참여하여 이름이 홍패(紅牌)에 쓰이고 성은(聖恩)이 황봉(黃封 : 임금이 하사한 술)에 넘치고 어사화를 꽂게 되니 가문이 영화롭고 상서로운 빛이 났다. 그리고는 곧 6품으로 벼슬을 하여 사헌부(司憲府)·사간원(司諫院)을 거쳐 홍문관교리(弘文館校理)에 이르렀다.

세상에서 그를 조삼난이라 칭한다. 대개 사대부의 심지로서 부인과 함께 술장사를 한 것이 첫째 어려운 일이요, 오래 헤어졌던 형이 하룻밤 묵어가는데 밥값을 받아 낸 것이 둘째 어려운 일이요, 치부한 뒤 집안 살림을 돌보지 않고 독서를 하여 공명을 이룬 것이 세째 어려운 일이다. 그는 영조(英祖) 때 사람이었다. 자손이 지금도 부자로 살고 벼슬이 떨어지지 않는다고 한다.

이는 차산필담(此山筆談) 1권에 〈삼남금옥(三難金玉)〉이라는 제목으로 실려 있다. 여기서는 삼난(三難)이라고 줄었다.

충청도의 몰락양반의 둘째 아들인 조삼난(趙三難)이 가난을 이기고 성공한 이야기이다. 3난(三難)이란 신혼한 처와 함께 남모르게 전주 만마관(萬馬關, 전주서 남원 가는 길목에 있는 지명으로 上關의 이칭)에 내려가서 술장사를 시작한 것이 1난(難)이오, 오랫만에 찾아온 형에게 밥값 받는 것이 2난이요, 부자가 된 뒤에 다시 공부를 해서 급제한 것이 바로 그것이다.

27

이규보의 몽험기와 제신문(祭神文)

'시문(詩文)을 지을 때에는 옛사람의 격식을 따르지 않고 거침없이 종횡으로 치달려서 그 기세가 끝도 없이 크게 펼쳐졌으며, 당시 조정의 중요한 문서는 모두 그의 손에서 나왔다(고려사 이규보열전)'

《고려사》에 실린 이규보(李奎報·1168~1241)의 문장에 대한 평가다. 짤막하지만 시와 문장으로 한 시대를 풍미하고, 벼슬을 그만둔 후에도 외교 문서 작성을 도맡은 이에게 걸맞은 찬사라 할 만하다. 그러나 이규보가 살다 간 시기, 고려는 무신 정권과 대몽 항쟁으로 점철된 그야말로 내우외환이 겹친 상황이었다.

그의 인생 역시 거침없는 글처럼 순탄하지만은 않았다. 일찍부터 문재를 드러냈지만 과거에 몇 차례 낙방했다.

이규보는 처음에 인저라고 불렸다. 기유년(1189년) 사마시에 나가기 전 꿈을 꿨다. 꿈속에서 어떤 노인들이 모두 검은 베옷을 입고 마루에 모여 앉아 술을 마시는데, 옆 사람이 "이들은 28수(宿)다."라고 말했다. 공은 깜짝 놀라 황송한 마음으로 두 번 절하고 "내가 금년 과거 시험에 합격할 수 있겠습니까?"라고 물으니 한 사람이 옆에 있는 사람을 가리키면서 "저 규성이 알 것이다." 하므로 공은 즉시 그에게 물었으나, 그의 대답을 미처 듣기 전에 꿈에서 깨어 한스럽게 여겼다.

조금 후에 또 꿈을 꾸었는데, 그 노인이 찾아와 "자네는 꼭 장원(壯元)할 것이니 염려하지 말라. 이는 천기인 만큼 절대로 누설하지 말아야 한다."고 하였다. 그래서 규성에게 보답한다는 뜻의 이규보(李奎報)로 이름을 고치고, 과거시험에 나갔는데 과연 제일인으로 합격하였다. 〈동국이상국문집 연보 이함〉

이 이야기는 《고려사 열전》에도 나오고 있는 바, 이규보(1168년. 고려 의종 22년~1241년. 고종 28년)는 그의 나이 21세 때인 기유년에 이 꿈을 꾸게 된다.

이규보의 〈몽험기〉

"내가 일찍이 완산(현재의 전주)에 장서기의 벼슬로 있었다. 평소에 성황사에 가는 일이 없었는데, 하루는 꿈에 사당에 가서 당하에 절하였다. 법조에 같이 절하는 자가 있는 듯하였는데, 법왕이 사람을 시켜 말하기를, "그대는 섬돌에 오르라."하였다. 내가 청사에 올라서 재배하니, 법왕이 베로 된 모자에 검은빛의 옷을 입고 앉았다가 일어나 답배하는 것이다."

"내가 듣기에 요즈음 목관이 새로 12국사를 찍었다 하는데 그러한 일이 있는가?"라고 물었다. 그렇다고 대답하니 또 말하기를, "어찌 나에게는 주지 아니 하는가? 내게 여러 아들이 있는데 읽도록 하고 싶으니 책 몇 권을 보내줄 수 있는가"라고 물어 그렇게 하겠다고 답하였다. 또 왕이 "아전 중 우두머리인 아무개의 사람됨이 쓸 만하니 이를 잘 보호해 달라"고 말하므로 내가 그렇게 하겠다고 대답하였다.

내가 다시 "내 앞날의 화복관계는 어떠하겠사옵니까?" 하고 물었더니, 왕이 달리다가 축이 부러진 수레를 가리키며 "그대는 저 수레와 같은데 금년을 넘기지 못하고 이곳을 떠나게 될 것이다."고 하였다. 그러면서 혁대 두 개를 주며 "그대는 마땅히 귀히 될 터이니, 이것을 노자에 보태 써라."고 덧붙였다.

꿈을 깨고 나니, 전신에 땀이 흘러 축축하였다. 당시에 안렴사 낭장 노공이 목관을 시켜 새로 십이국사를 찍게 한 일이 있고, 아전 아무개가 마음에 맞지 않아 내몰고자 하였는데 이것을 말한 것이다. 다음날 아전에게 국사 두 권을 바치게 한 뒤, 그 사람의 죄는 묻지 않았다. 그 해에 과연 동료의 참소를 받고 파직을 당하고서야 수레 축이 부러진 의미를 깨달을 수 있었다.

그 뒤로 7년이나 흐르도록 벼슬을 받지 못해 곤란을 겪어 다시는 그 꿈을 믿지 않았다. 여러 요직을 거치며 벼슬이 3품에 오를 때까지도 깊이 믿지 않았으나, 오늘날 재상의 자리에 오른 연후에야 큰 믿음을 가지게 되었다.

꿈을 말하는 것은 괴이하고 허탄한 것 같다. 그러나 주관(周官)에는 6가지 꿈을 점치는 것이 있고, 또 오경이나 자(子)·사(史)에도 모두 꿈을 말한 것이 많다. 꿈이 진실로 징험이 있다면 이것을 말한들 무엇이 해롭겠는가. 아! 신도(神道)의 그윽한 감응도 역시 때로는 믿을 수 있으니, 어찌 다 허황하다고만 하겠는가. 갑오년 12월 모일에 쓴다." (이규보, 〈몽험기〉)

이규보의 꿈 체험을 담은 기록을 요약하여 살펴보았다. "꿈을 말하는 것은 괴이하고 허탄한 것 같다."고 말하고 있다. 하지만 중국의 예로 꿈을 이야기한 문헌이 많이 있음을 거론하면서, 진실한 징험인 경우 당연히 이야기하는 것이 옳다고 말하고 있다.

이규보는 실제로 그의 나이 32세 때인 1199년(신종 2년) 6월 전주목 사록에 보임되고 서기를 겸하게 되어 1년여를 있게 된다. 하지만 "금년을 넘기지 못하고 이곳을 떠나게 될 것이라"라는 꿈속의 계시적인 말처럼 33세 때인 1200년(신종 3년) 12월, 낭장의 모함으로 파직되어 경주에 가게 된다. 그후 38세인 1205년(희종 1년)에도, 심지어 '상최상국선서'를 지어 벼슬을 구하고자 하였으나 벼슬을 얻지 못하다가, 7년이 지나 그의 나이 40세 때인 1207년(희종 3년)에 최충헌이 지은 모정에서 이인로 등과 함께 기(記)를 짓게 되고, 이로 인해 12월 직한림원에 임명되는 일로 이루어진다.

23세에 급제한 후 주변의 추천과 자신의 구직 노력에도 불구하고 10년 동안 임용되지 못했다. 32세인 1199년 6월 비로소 전주목 사록으로 벼슬살이를 시작했다. 그러나 이듬해 12월 모함을 받아 파직당하고 개경으로 돌아왔다.

"나는 그 무렵 어느 날 밤에 꿈을 구게 되었는데 평소에 별반 가보지도 않았던 상황사에 이르러 당하에서 절을 하였더니 성황대왕의 사자라는 사람이 나타나서 '기실(이규보의 장서기 벼슬을 가리키는 말)께서 가까이 올라 오시랍시는 대왕님의 분부이십니다."고 전한다. 나는 층계를 올라가 대왕 앞에 엎드려 재배를 올렸다. 대왕은 베로 만든 두건을 쓰고 검정색 윗도리를 걸치고 앉아 있었다. 어디선지 술을 차려든 사람이 나타나 잔을 권함으로 총총한 기분으로 받아 마셨는데 얼마 후 대왕은 말을 걸어 왔다. "내가 듣건대 근자에 목관이 새로이 십이국사라는 책을 간행하였다 하는데 사실인가?" "네…. 그렇습니다." "그렇다면 어찌해서 내게도 좀 구해 줄 수 없겠는가. 나는 자식이 여럿이어서 그들에게 이를 읽게 하려니 몇 벌 있었으면 하네. 한 번 주선해서 구해 줄 수 없겠는가. 부탁좀 하세." "네…. 네…. 여부 있겠습니까." 나는 그저 고개를 조아리고 대답만 할 뿐이었다. 다시 대왕은 말하기를 "벼슬아치의 우두머리인 아무개는 무던한 사람이니 잘 감싸주게."라는 청탁까지 하는 것이었다. "아무리 청탁배제라 하지만 성황대왕님 말씀인데 여부가 있겠습니까." 나는 꿈속에서지만 하도 신기해서 "그럼 저의 운수는 앞으로 어떻겠는지 한번 듣고 싶습니다."고 물어보았다. 그랬더니 대왕은 길위에 급히 달리다가 바퀴심대가 부러져 주저앉은 수레를 가리키며 말했다. "귀관의 운수도 마치 저와 같은 걸세. 올해를 넘기지 못하고 이 고을을 물러나게 될 걸세…." 이렇게 대답하고 나더니 대왕은 손수 가죽띠 두 벌을 꺼내어 나에게 건네주며 다시 입을 열었다. "귀관은 반드시 귀인이 되어 높은 벼슬을 얻을 것이니 이 가죽띠를 선물고 주겠네…." 어느덧 꿈에서 깨고 났더니 온몸이 땀으로 흠뻑 젖어 있었다. 때마침 안렴사의 낭장으로 있는 노 아무개가 목관으로 하여금 〈십이국사〉를 간행케 했다는 사실을 알게 되었고 또 벼슬아치 한 사람을 나는 못마땅히 여기고 이를 배척하려던 참이었다. 이래서 대왕은 그렇게 말했던가 싶었다. 나는 그 벼슬아치를 불러 그의 손으로 책 두 벌을 구하여 성황사에 바치게 하고 그가 저지른 잘못은 너그러이 용서하여 불문에 붙였던 것이다. 나는 이 해에 과연 동료 벼슬아치의 모략을 받고 파면당하게 되었는데 비로소 성황대왕의 급히 달리다가 심대가 부러진 수레의 비유를 깨닫게 되었다."

그 후 7년동안 그는 아무런 보직도 얻지 못한채 낭인 신세가 되어 가난 속에 찌들면서도 '백운거사'라 자처하면서 오직 시문으로 울분을 달랬다. 이리하여 그는 '실의문학'의 바탕을 이룩했으나 성황대왕이 가죽띠를 내리며 영달할 것이라는 말도 믿을 수 없는 것이로구나 하며 그 한창 나이의 아까운 세월을 보냈던 것이다. 그러나 7년후부터는 다시 관직에 들어가 3품에 이르더니 마침내 정승자리에 올라서야 역시 성황대왕의 현몽이 헛된 게 아니었구나 느끼게 되었다는 것이다.

전주는 오래전부터 맛과 멋의 고장이라 알려져 왔으나, 실제로 이 지역의 음식문화를 보여주는 기록은 그리 많지 않다. 한국민속종합조사보고서: 향토음식편(문화공보부 문화재관리국, 1984), 전북음식(전라북도 농촌진흥원 생활개선과, 1996), 전라북도 향토 전통음식 조리법 표준화에 관한 연구(전북음식문화연구회, 1977), 전주 8미 및 장류발굴조사보고서(전주시, 2001) 및 전주지방의 전통음식조사연구(차명옥, 1977) 등을 통해 사라져 가는 전주음식의 조리법 등에 대한 채록 또는 기록이 있을 뿐 고문헌에 나타난 기록은 거의 찾아볼 수 없다. 다음에는 보여주는 전주의 음식문화를 엿볼 수 있는 기록은 전주시에서 용역 과제로 진행한 '전주음식스토리개발사업' 보고서(우리민속문화연구소, 2008)에 보고된 것으로 과거 전주의 음식 문화의 단편을 보여준다.

고려시대 이규보가 전주의 지방 관리로 내려와 성황제를 보고 그의 저서《동국이상국집》(1241)에 남긴 제신문(祭神文)에서 1200년대 초 고려시대 전주의 위상과 풍성한 식문화의 일면을 엿볼수 있다.

이규보는 1199(고려 신종 2년)에 전주목에 사록검장서기로 내려와 성황사의 제사를 빙자해 백성들로부터 재물을 뜯어 착복하는 못된 아전들의 부조리를 은근히 꼬집는 제신문을 남긴 것으로 유명하다.

제신문(祭神文) 전주(全州)에서 성황(城隍)에서 제사 지내는 치고문(致告文)인데 운(韻)이 없다.

'삼가 채소, 과일과 맑은 술의 제수로써 성황대왕의 영전에 제사지냅니다. 내가 이 고을에 부임하여 나물 끼니도 제대로 계속하지 못하는데, 어떤 사냥꾼이 사슴 한 마리를 잡아 와서 바치기에 내가 그 이유를 물었더니, 그가 "이 고을에는 예부터 매월 초하루에 저희들로 하여금 사슴 한 마리와 꿩 또는 토끼를 바쳐 제육(祭肉)에 충당하게 하고, 그런 뒤에 아리들이 공봉을 받아서 주찬을 갖춰 성황에 제사를 지내는 것이 곧 하나의 관례가 되어 왔습니다." 하기에, 내가 노하여 매질하면서 꾸짖기를 "네가 어찌 나에게 알려 허락도 받지 않고 이런 짓을 하느냐. 무릇 제 고을의 선물 꾸러미나 청탁 고기를 거절하지 않고, 산의 살찐 노루나 매끈한 토끼와 곰 발바닥, 코끼리 발바닥과 바다의 상어, 숭어, 메기, 잉어와 새벽 비둘기, 야생 고니 등 맛난 음식을 불러들여 수두룩 앞에 쌓인 자들이야 차마 그 진미를 홀로 다 먹을 수 없어서 대왕에게 바치는 것이 마땅하겠지만, 어찌 나물 끼니로 가난하게 지내는 나로서 달마다 생물을 죽여 귀신을 살찌게 하기 위해 내 자신의 죄를 더하겠는가. 그리고 귀신도 정직한 귀신이라면 나에게 이런 것을 바라지 않으리라." 하고는, 곧 아리들에게 훈계하여 이제부터는 다시 고기를 쓰지 않기로 하고 채소, 과일과 주찬 따위의 전설은 알아 하게끔 맡겼다오. "나의 약속이 이러하니, 대왕은 어떻게 생각할지는 모르겠으나, 바라건대 너그럽지 나를 완약하여 옛 관례를 따르지 않는다 하지 마시오"

위의 내용으로부터 성대한 성황제의 관례가 전주의 전통문화였다.

전주 성황제에 선물을 바치는 고을의 범위가 광역적이었고, 청탁 고기에 코끼리 발가락, 상어, 곰 발바닥 등 전라도 지방에서 나지 않는 동물의 고기들이 포함되어 있는 것으로 보아 외국 상인들도 물품을 바친 것으로 생각된다. 또한 고려시대부터 전주 사람들은 타 지역에 비하여 풍성한 음식을 차려 먹는 관행이 있었던 것으로 보인다.

우리나라는 삼한시대부터 토속신을 섬긴 기록이 있다. 백제 때도 역대 임금들이 천지신에게 제사하며 시조 묘당을 세웠고, 고구려에서는 음사(淫祀)가 많았고, 신라시대 역시 묘를 비롯하여 왕묘(王廟)를 세우고 명산 대천(大川)을 섬겼다. 고려시대에 이르러서는 선황신 제사가 추가되더니 조선시대부터는 민간신앙의 서낭댕이라고 하여 마을의 터를 지키는 소박한 신앙이 내려왔다.

사직단은 토(土), 곡(穀)의 신(神)을 섬기는 곳이며 국토의 안태와 오곡의 풍요를 빌었고 기우(祈雨), 방역을 위한 고사가 행해졌다.

이로 보면 성황당(城隍堂)은 시민생활 깊숙이 파고든 유일한 민간신앙이다.

전주의 성황사(城隍祀)는 고려 신종(神宗 2년) 때 전주목의 사록 겸(司錄兼) 장서기(掌書記)인 이규보(李奎報)가 기린봉 북록에 세우고 성지의 수호를 치제한 데서 비롯되어 조선조시대에 이르러는 민간신앙으로 무병장수(無病長壽) 입신영달(立身榮達) 먼 길 떠나는 길손의 무사를 비는 등 생활 속에 파고들었다.

전주에서는 이곳에 처음 성황사가 세워졌고, 성황당으로서는 가장 번창한 곳이라고 해서 서민들의 말로 서낭댕이라고 불렸으며, 현재 인후동에 자리하고 있다.

28

이사철, 피란길에 병든 아버지 위해 편육 준비

조선시대의 명재상하면 황희(黃喜)와 조선중기 오리 이원익(李元翼)을 떠올린다. 우리에게 잘 알려진 황희의 젊은 시절 누렁소와 검정소 이야기가 있다. 고려후기 공양왕 때 과거에 급제하였으나 고려가 망하고 조선이 건국되자 당시 현인들과 함께 두문동(杜門洞)에 들어가 농성할 때 태조 이성계의 간절한 부름을 받고 정치에 들어가 90세까지 최장수 재상으로 조선시대 최고의 청백리로 추앙받는 명재상이다.

벼슬 초기시절 잠시 암행어사로 함경도 지방을 돌 때의 이야기다. 그 지방 군수의 자잘못을 묻기 위해 소 두 마리로 쟁기질을 하는 노인을 만나는데 다짜고짜 묻기보다는 처음에 말을 부드럽게 붙이려고 노인을 불렀다.

"어르신! 두 마리 소중에 어떤 놈이 일을 더 잘합니까?"

그러자 노인은 하던 일을 멈추고 소를 세우며 밖으로 나왔다. 황희의 옷소매를 끌면서 정자나무 뒤로 돌아가 귀에 대고 작은 목소리로 말했다.

"누렁이는 일도 잘하고 고분고분 말도 잘 듣는데 검정 소는 힘은 좋으나 꾀가 많아 다루기가 매우 힘이 듭니다"

황희는 어이가 없는 표정을 지으며 노인에게 다시 묻는다.

"아니 어르신 그게 무슨 비밀이나 된다고 거기서 말씀하시면 될 것을 여기까지 오셔서 그것도 귀에 대고 말씀하십니까?"

그러자 농부 어르신의 대답은 이러했다.

"아무리 말 못하는 짐승일지라도 저를 미워하고 좋아하는 것은 다 안답니다. 내가 거기서 이야기했더라면 좋다고 한 놈은 괜찮겠지만 싫다고 한 놈은 얼마나 서운해 하겠습니까. 저놈들이 어찌 사람의 말을 알아들으랴 싶지만 나를 위해 힘껏 일하는데 그놈들의 기분을 상하게 하지 않으려는 것입니다."

"예 알겠습니다." 하고 지방군수에 대해서는 묻지도 못했다. 이때 황희는 노인의 사려 깊은 행동에 감동을 받아 사람을 직접 비교하는 일이 없었다.

우리는 언제부터 농업의 근간이던 소를 식욕의 대상으로 삼았을까? 농업을 근본으로 하던 조선시대에 소는 절대적으로 중요한 요소였다. 소 한 마리의 노동력을 사람이 대신하려면 적게는 다섯에서 많게는 십여 명까지 달라붙어야 했기 때문이다.

그러니 집안에 소가 몇 마리 있느냐에 따라 삶의 질이 달라졌다. 이토록 소가 중요한 요소이기에 나라에서는 국용 소를 길러 백성에게 이바지하려 했고, 백성 스스로도 소를 기르는 데 최선을 다했다.

소의 수가 곧 국력인 시대였다. 동시에 조선에서 소는 탐식의 대상이었다. 귀한 가축인 소를 수시로 잡아 잔치를 벌이고, 인구가 약 1,500만 명밖에 안 되는 17세기 후반에도 하루에 1,000여 마리씩 도살했다고 한다. 나라에서 수시로 우금령(牛禁令)을 내려 소 도살을 엄격히 단속했음에도 조선 사람들의 소고기 사랑은 그칠 줄 몰랐다.

소고기는 국왕부터 백성까지, 조선 사람들의 삶 속 어디에나 있었다. 임금이 되려는 자, 임금을 대리하는 자, 임금은 반드시 소고기를 먹었다. 소고기는 국왕 품격의 상징이기도 해서, 나라의 허락 없이 소고기를 먹는 자는 왕위 찬탈을 모의하는 반역자로 판단해 벌을 내리기도 했다.

명종(明宗)때 사람인 박세번(朴世蕃)은 왕이 즉위한 초기에 사직동에 사는 무인들과 작당하고 소를 잡았다가 "반역의 흔적이 있다."는 이유로 처단되었다. 조선 전기의 무신인 남이(南怡)는 병약한 몸을 보하기 위해 소고기를 먹다가 국상 중이라는 이유로 체포당했다. 당시 그의 집 부엌에는 소고기가 수십 근이 있었다고 한다.

또한 소고기는 조선시대 엘리트 집단인 성균관 유생들에게 빠질 수 없는 일상의 먹을거리였다. 성균관 유생들은 공부로 지친 몸과 마음을 소고기로 달랬다. 나라에서도 그들이 소고기를 마음껏 먹을 수 있도록 특별히 신경을 썼다. 서울 도성 내에 유일하게 소 도축을 허가한 장소가 바로 성균관이었던 것이다. 유생에게 제공하고 남은 소고기는 현방(懸房)이라는 소고기 판매시장을 통해 일반에게 판매됐다. 이렇게 판매된 소고기는 성균관 유생들을 경제적으로 뒷바라지하고, 국가기관을 운영하는 비용으로 사용됐다. 흔히 임금과 사대부들은 소고기를 배불리 먹었어도, 가난한 백성들은 쉽게 즐기지 못했으리라 생각한다. 하지만 오늘날의 상식과 다르게 역사는 백성들 역시 소고기 잔치를 열기 바빴다는 사실을 기록하고 있다.

《세종실록》(7년 1425)에 따르면
"귀신에게 제사하고, 또 손님을 대접하는 데 쓰거나 먹기 위해 끊임없이 소를 잡는데, 1년 동안 잡은 소가 수천 마리에 이르렀다."고

한다. 당시 사람들은 목숨만큼 귀하게 여기던 제사에 언제나 소고기를 올렸고, 설, 단오, 추석, 동지 등 명절마다 소를 잡아 소고기를 마음껏 즐겼다. 영조 51년(1775)에는 명절에 도축한 소만 해도 2만에서 3만 마리에 이른다는 기록이 남아 있다. 이처럼 소 도살이 줄지 않는 까닭은 당시에 항상 소고기 소비처가 있었고, 조선시대가 소고기를 먹고 접대하는 문화였기 때문이다.

정유재란 당시 전주에 살던 생원 이사철(李思哲)은 피란길에 병든 아버지를 위해 항상 수육을 준비해 두었다가 드시게 했다.

피난길에 소고기 수육을 마련하기는 지극히 어려운 일이었다. 그럼에도 '노인에게 고기를 먹게 한다.' 는 기본 도리를 위해 최선을 다했고, 그 노인에게 바치는 첫 번째 음식이 수육이었다.

"택지에 뽕나무를 심으면 쉰 살 된 노인이 비단옷을 입을 수 있고, 닭이나 돼지, 개와 같은 가축의 번식 시기를 놓치지 않게 하면 일흔 살 된 노인이 고기를 먹을 수 있으며, 농번기에 농민을 징용하지 않으면 100무의 밭으로 일가족 8명이 먹고살 수 있고, 교육을 철저히 실시하여 효제(孝悌, 부모와 형을 잘 섬김)를 가르치면 백발 노인이 짐을 지고 다니지 않을 것이니, 노인은 비단옷을 입고 고기를 먹으며, 백성들이 굶주리지 않고 추위에 떨지 않는 그런 정치를 행하여야 한다."

《맹자》'양혜왕 상 제3장'의 내용을 보면, 개와 같은 가축의 번식 시기를 놓치지 않게 하면 일흔 살 된 노인이 고기를 먹을 수 있다고 하지 않았나 전주 완산구 전주 객사4길 43-24(고사동)의 효자문식당으로 발길을 옮긴다. 40여 년 동안 한결같이 100% 국내산 한우만을 사용하고 있는 이 식당의 갈비탕 한 그릇에 꽁꽁 언 몸을 녹인다. 전주 효자문은 전주 시내에서 갈비탕을 판 지 50여 년 돼가는 곳이다. 뼈만 넣고 끓인 육수와 달리 갈빗살로 국물을 내고 인삼, 대추 등을 넣어 맑고 개운한 육수 맛을 내는 것이 비결. 석쇠에 구워 나오는 불갈비도 감칠맛이 그만이다. 보통 갈비탕은 맑고 뽀얀 국물인 반면 이곳의 갈비탕은 국물이 진한 갈색이면서도 걸쭉하다. 얇게 썬 편육이 들어있는 일반 갈비탕과는 달리 통갈비뼈가 그대로 들어가 있다. 이 집만의 비결인 특제 양념으로 2~3일 정도 숙성시킨 통갈비를 넣고 끓여내기에 고기 또한 심심하지 않고 양념이 잘 배어 있는 이 집은 갈비탕 외에도 불갈비, 갈비찜 등을 맛볼 수 있는 바 그 맛이 참으로 좋다.

 바로 앞 전주의 명물 '수원 백씨 효자문(일명 수원 백씨 효자비)'은 이들의 선조인 백규방, 백진석 부자와 백행량, 백응만 부자의 3대 효심을 그리고 있다. 백규방은 아버지가 병으로 신음하자 극진한 병간호로 천수를 누리게 해 '가선대부 호조참판'을, 그의 아들 백진석은 부친이 중병으로 신음하자 한겨울에 얼음을 깨어 잉어를 잡아다 복용케 함은 물론 3년 동안 시묘살이를 한 까닭에 '가의대부 중추부사 내부협판'을 각각 제수받은 효자다. 효자 백행량, 백응만 부자 역시 효심이 지극해 부모가 돌아가시자 시묘살이를 하는 등 충,효,열의 근본을 세운 인물들이다.

제 3 장

29

허산옥과 행원

전주와 서화

이규보는 1199년 전주목(全州牧) 사록(司錄) 겸 장서기(掌書記)로 부임했으며, 그후 변산 벌목 감독관으로 부안을 오가면서 '변산 노상' 등 많은 글을 남겼다. 1199년부터 2년 동안 전주막부 등 전북 곳곳을 방문한 가운데 〈남행월일기(南行月日記)〉란 산문을 지었다.

1199년 11월 지석(支石), 즉 고인돌을 보고 쓴 것으로, 현재 남아 있는 우리 문헌 중에서 가장 오래된 고인돌 기록이다. '지석'은 고인돌의 한자 표기다. 이규보는 이렇게 말했다.

> 변산은 나라 재목의 보고이다. 소를 가릴 만한 큰 나무와 찌를 듯한 나무줄기가 언제나 다하지 않았던 것이다. 그런 연유로 원나라가 일본 원정을 할 때도 변산의 나무들로 전함을 만들었다.

그는 처음 전주로 들어오면서 말 위에서

> 북당에서 눈물 흘리며 어버이를 작별하니/ 어머니를 모시고 관직 나간 고인처럼 부끄러운데/ 문득 완산의 푸른 빛 한 점을 보니/ 비로소 타향객인 줄 알겠네

라 읊었다. 그리고 전주 효자동을 지나다가 그곳의 무명의 효자비

때문에 효 자리가 되었다는 시도 썼다.

> 비석 세워 효자라 표했는데/ 일찍이 이름을 새기지도 않았네/ 어느 때 누구인지 알 수도 없으니/ 어떠한 효행인지 모르겠네

그는 전주에 대해 "인물이 번창하고 가옥이 즐비하며 백성의 성품이 질박하지 않고 선비는 행동이 신중하다."고 표현한바, 맞는 말인가.

전주 동문거리 막걸릿집인 길목집 벽면에 빼곡히 그림이 걸려있다. 월담 권영도, 청포 이철수, 남전 허산옥(1924~1993) 등의 작품이 보인다.

하지만 이를 알아채지 못한 사람들이 아주 많아 아쉽기만 하다. 지인과 막걸리 한 잔을 들면서 이들의 예술혼을 생각해 본다.

허산옥의 작품은 전주 '행원(杏園)'에서도 만날 수 있다. 전주의 대표적 요정으로 손꼽히던 행원이 2017년 한옥 카페로 재탄생했다.

완산구 풍남문 근처에 위치한 행원은 2017년 4월 초까지 운영하던 한정식 식당을 정리하고 전시회가 가능한 갤러리 카페와 실내공연 무대를 갖춘 문화공간으로 최근 탈바꿈했다.

'살구(오얏)나무가 있는 정원'이라는 뜻의 행원은 독특한 구조로 돼 있다. ㄷ자 건물 안쪽에 작은 연못과 정원을 갖췄으며, 모두 3공간으로 나뉬다. 복도를 통해 들어가면 전통 공연 공간이 있다.

각종 공연이 가능한 작은 무대로, 일반인이 판소리·국악 체험을 할 수 있다. 나머지 두 곳은 갤러리 카페로, 그림과 함께 조용히 차를 즐길 수 있다. 삼백예순다섯 날, 서예 등 작품 50여 점을 전시, 분위기를 한껏 살려내고 있다.

바로 이곳은 '전주미래유산 18 풍류객들의 모임터 행원(풍남문 3길 12, 전동 96-1)'으로, 허산옥의 여덟 폭 병풍과 화조도, 그리고 그녀에게 붓글씨를 가르쳐준 강암(剛菴) 송성용(宋成鏞, 1913~1999)의 〈풍죽(風竹)〉도 편안한 느낌을 가져다준다.

전주 미래유산이란 전주 사람들이 살아오면서 함께 만들어온 공통의 기억과 감성들로, 근·현대를 배경으로 하는 유·무형의 것들 중 미래세대에 전달할 만한 가치가 있는 것을 의미한다.

행원에는 판소리와 관련된 북과 장구, 꽹과리, 거문고와 가야금 등 우리 악기들이 있고, 이처럼 벽면에는 서화 작품들이 빼곡하게 걸려 있다.

'杏園(행원)'이란 목각 글씨는 서예가 하석(何石) 박원규(朴元圭, 1947~, 전북 김제 출생) 선생이 썼다.

1942년 전주 국악원이었던 '낙원권번' 건물을 전주의 마지막 기생으로 불리는 남전 허산옥이 인수해 문을 열었다고 한다. 당시 행원은 전주를 대표하는 요정(料亭)으로 불렸다. 보통 우리나라의 전통 한옥은 앞마당에 정원을 두는데, 이곳은 'ㄷ자' 건물 안쪽에 작은 연못과 정원을 갖춘 일본식 한옥의 독특한 구조로 되어 있다. 풍남문 인근에 위치해 있으며 서울의 '삼청각'처럼 지방 정치인과 고위 공직자, 유지들의 연회 장소로 활용되는 등 한때 밀실 정치의 상징으로 부각되기도 했다. 자연스럽게 전주의 대표 요정으로 자리 잡은 '행원'은 한편으로 예술가들로 북적이기도 했다. 허산옥은 전쟁의 혼란 속에서 당대의 내로라하는 예술인들을 불러들여 창작활동을 도왔다. 따라서 행원에는 예술인 식객들이 줄을 이었다. 1983년 무렵, 판소리 명인이며 전북도 무형문화재인 성준숙 명창으로 주인이 바뀌면서 전주를 대표하는 요정으로 명성을 이어온 행원은 2000년대 중반, 사라진 요정문화를 현대에 맞게 되살려 한정식 음식점으로 탈바꿈했다. 전통음악과 춤의 명맥을 잇게 한 요정 문화를 살려낸 한정식집 행원은 건전한 국악공연을 보며 식사를 할 수 있는 '전주의 풍류 명소'로 명성이 자자했다. 이름에 걸맞게 요정에서 한정식집으로 명맥을 이어온 행원은 개인적 이익을 추구하는 주술적 의미가 아니라 시대의 흐름에 따라 스마트한 변신을 통해 옛 번영과 명성을 되찾기 위해 소리 카페로 변신했다.

이는 '행원'의 안내문 전문이다.

안쪽 한편에는 10~20대 젊은이들이 좋아하는 취향으로 꾸몄다. 1928년에 지어진 것으로 알려진 행원은 1942년 전주의 마지막 기생으로 불리는 허산옥이 영업을 시작했다.

전주국악원이던 '낙원권번'을 인수해 영업을 시작한 것이다. 몇 차례 주인이 바뀌었고 1983년 무렵 판소리 명인이자 전북도 무형문화재 성준숙 씨가 주인이 됐다. 6년여 전엔 한 임차인이 운영을 맡기도 했으나 문을 닫았고 리모델링을 거쳐 한옥 카페로 거듭났다.

남쪽 방문 위에 걸려 있는 '풍패권번(豊沛券番)' 목각 편액은 하석 박원규 선생의 글씨다.

'풍패(豊沛)'는 한고조 유방의 고향으로 조선 태조 이성계의 고향인 전주를 의미한다. 전주 객사를 '풍패지관(豊沛之館)'으로 부른다.

판소리와 관련된 새로운 조직이 생겨난 것은 1920년대 무렵의 권번이었다. 즉, 일제시대에 기생들의 기적(妓籍)을 두었던 조합을 부르는 이름으로, 일본식 명칭인 '권번(券番)'이다. 권번은 가무를 가르쳐 기생을 양성하고, 또 기생들의 요정에 나가는 것을 지휘하는 등의 역할을 했다. 권번이 일제시대를 통틀어 중요한 판소리 교육기관 역할을 했던 것은 여자 소리꾼과 관련해서이다.

대체로 그 지방의 돈 많은 한량들이 사비를 모아 문을 열었고, 전국에서 소문난 국악인들을 초빙, 지도선생으로 임용했으며, 그들 자신이 운영위원이 되어 운영했다. 판소리는 역시 남성 위주의 음악이었기 때문에, 권번의 학습생들은 여자들이었지만 선생은 모두 남자들이었다. 권번이 중요시되는 이유가 바로 여기에 있다.

행원의 의미를 알고 있나
행원의 상량문에는 "행복은 천지인의 조화에 있음"을 적었다.

> 檀紀 四二七九年 三月 三日 辰時 立柱 同日 午時 上樑
> (단기 사이칠구년 삼월삼일 진시 입구 동일 오시 상량)

> 應天上之三光 備人間之五福 (응천상지삼광 비인간지오복)

이를 풀이하면, '단기 4279년(서기 1946년) 3월 3일 진시(7~9시)에 기둥을 세우고 같은 날 오시(11~13시)에 들보를 올리다. 하늘의 세 빛이 비추고 인간세상의 오복이 갖추어지기를 기원한다'.

옛날부터 사람이 살아가면서 바람직하다고 여겨지는 다섯 가지의 복을 오복(五福)이라고 한다.

《서경(書經)》의 오복(五福)을 알아보면, 첫번째는 수(壽)로서 천수(天壽)를 다 누리다가 가는 장수(長壽)의 복을, 두 번째는 부(富)로서 살아가는데 불편하지 않을 만큼의 풍요로운 부(富)의 복을, 세 번째는 강령(康寧)으로 몸과 마음이 건강하고 깨끗한 상태에서 편안하게 사는 복을 말한다.

네 번째는 유호덕(攸好德)으로 남에게 많은 것을 베풀고 돕는 선행과 덕을 쌓는 복을, 다섯 번째는 고종명(考終命)으로 일생을 건강하게 살다가 고통없이 평안하게 생을 마칠 수 있는 죽음의 복을 말한다.

사람들이 이처럼 큰 행복으로 여겼던 오복(五福)을 염원하기 위해 새 집을 지으면서 상량(上梁)을 할 때는 대들보 밑에다가 '하늘의 세 가지 빛에 응해 인간 세계엔 오복을 갖춘다.'는 뜻의 '응천상지삼광(應天上之三光) 비인간지오복(備人間之五福)'이라는 글귀를 써 넣었다.

'행원(杏園)'이란 이름은 두목(杜牧)의 시(詩)에서 따왔을까? 이는 '살구(오얏)나무가 있는 집'이란 뜻으로 일제강점기 때엔 전주를 대표하는 국악원이 있었던 자리다.

　　夜來微雨洗芳塵 (야래미우세방진)　간밤 내린 보슬비에 꽃 먼지 씻기고
　　公子華騮步始均 (공자화류보시균)　화려한 말을 탄 공자들의 발걸음이 잦네
　　莫怪杏園顦顇去 (막괴행원초췌거)　행원에 꽃이 초췌해졌어도 괴이하다고 말하지 말라
　　滿城多少搜花人 (만성다소수화인)　성 안에 많은 젊은이들이 꽃을 꽂았네

이는 두목(杜牧, 803~852, 중국 당나라 시인)의 행원(杏園)으로부터 비롯된다. '오얏'은 '자두'의 옛말인가? 그냥 잘못 쓰는 말인가? 오얏나무를 자두나무라고 할 때 오얏나무는 잘못된 표현인가? 아니면 지금은 사라진 옛말인가? 현재 널리 사용되는 '자두/자두나무'가 표준이다.

'표준어 규정' 제20항에 따르면, 사어(死語)가 되어 쓰이지 않게 된 단어는 고어로 처리하고, 현재 널리 사용되는 단어를 표준어로 삼도록 규정함에 따라, '오얏/오얏나무, 자도' 등은 버리고 '자두/자두나무'를 표준어로 삼았음을 보이고 있다.

'오얏'은 '李(오얏 리)' 등의 한자 훈에 남아 있으나, 고어의 화석화일 뿐 현대 국어에서는 쓰이지 않으므로 표준어로 삼지 않은 것 같다.

그렇다면 '살구(오얏)나무 동산'의 의미를 왜 담았을까. 혹여, 전주의 역사성과 전통성을 상징하는 것은 아닐까.

전주지도(全州地圖, 보물 제1586호, 서울대 규장각 소장)의 그림 속에 보이는 1872년 전주의 봄 풍경에 멀미가 날 지경이다. 이는 17세기에 마정(馬政)의 정책 수립을 위해 국가가 제작한 목장지도(牧場地圖)로, 진주성의 전경을 회화적으로 기록한 진주성도(晉州城)와 함께 지도에 회화적 요소를 더하여 예술성을 갖춘 회화식(繪畵式) 작품으로 평가되고 있다.

T자형의 전주 읍성 내 도로망이 특징적으로 묘사, 왕권을 상징하는 전주 객사의 성격을 뚜렷이 보여주고 있으며, 전주의 풍수적 특성도 매우 정확하게 묘사돼 있다. 기린봉에서부터 발원한 산줄기가 현재 덕진연못 앞까지 연결되어 있으며, 좌청룡 우백호의 지형이 지도상에 섬세하게 그려져 있다. 이 지도는 전주성 안팎으로 빼빽하게 들어선 민가, 감사(監司) 일행의 행차로 보이는 사람들의 모습, 그리고 경기전 주변의 수목과 새들, 만개한 오얏꽃까지 생생하게 묘사되는 등 화사한 봄날의 정취를 느끼게 하고 있다.

전주성 안에는 '관찰사의 청사'인 선화당(宣化堂)을 비롯한 감영 건물과 부윤이 집무하던 본관(本官), 객사, 경기전, 옥사 등의 건물이 그려져 있고, 성밖 우측 하단에는 전주향교, 한벽당 등 전라감영의 모습이 손에 잡힐 듯 아스라히 펼쳐지면서 울긋불긋한 오얏꽃의 향연은 끝이 없는바, 이는 전주 이씨를 상징한다. 또, 태조의 영정을 봉안하고 있는 진전(眞殿)인 경기전이 부각되어 있지만 아직 조경묘가 세워지지 않은 모습이다. 대신 그 자리에 나무가 우거지고 백로 떼가 앉아 있는 장면을 표현, 상서로움을 강조하고 있다. 이들은 바로 인근의 서서학동에서 날아와 '송수천년(松壽千年) 학수만년(鶴壽萬年)'의 신화를 일깨우고 있다. 하지만 십장생의 하나인 백로 떼 바로 밑 소나무는 지금은 볼 수 없다.

이성계가 왜구를 물리치고 친지를 모아 잔치를 벌인 오목대에선 한무리의 선비들이 봄놀이를 한껏 즐기고 있는 등 가옥과 건물들은 다소 엷은 먹선을 사용, 전주 풍경은 그야말로 무릉도원이 따로 없다. 지도 속 아래로 보이는 다리는 오룡교(남천교)가 분명하지만, 왼편에 보이는 다리는 어떤 것인지 추정이 불가능하다. 그 누구는 서천교라고 말하지만 시기가 맞지 않아 쉽게 단정 지을 수는 없을 듯하다.

강암 송성용과의 인연
행원, 전주한정식의 원조

행원은 개업한 이래 전주 대표 맛집으로, 명맥과 전통을 이어왔다. 이곳은 음식과 함께 예술인 양성을 위한 권번이 창설되어 운영되어 왔던 곳이라고 한다. 전주문화재단이 펴낸 《일제강점기 전통음악 지킴이- 국악의 본향 전주》(황미연 전북 문화재전문위원)에 따르면 매일신보 1940년 1월 3일자에는 전주 기생들의 근하신년 광고가 실렸다.

이전과는 달리, 자신의 외모와 이름을 소개하면서 연예인다운 면모를 보였다. 전주 권번은 교육 과정은 소리, 기악, 춤, 서화, 구연극, 예절교육, 일본어 등 교육과정이 이뤄지면서 문화예술의 번성기를 일군 계기가 됐다.

《조선미인보감》에는 신취옥, 장옥주, 송경주, 오산호주, 오채경, 김명옥 등 전주 출신의 기생으로 소개됐다.

《조선미인보감》에 나타난 전주 출신 기생

이름	나이	원적	현주소	기예	소속
신취옥	24	전주군	경성부 돈의동	양금, 우조, 남중잡가	한성권번
장옥주	18	전주군	경성부 청진동	남중이요, 승무	한남권번
송경주	19	전주군	경성부 관철동	남중이요, 시조	한남권번
오산호주	20	전주군	경기도 수원군	검무, 경성잡가 등	수원조합
오채경	15	전주군	경기도 수원군	승무, 서도잡가 등	수원조합
김명옥	21	전주군	경기도 인천부	입무, 남도잡가 등	인천조합

예컨대 1915년 전주의 예기조합, 1917년 전주 퇴기조합, 1923년 전주 권번이 등장한다.

> 전주 권번 오십여 명 중 일부분은 작년 가을부터 단연을 하는 동시에 비단 등을 도무지 사지 아니 하고 조선 물산을 쓰기로 실행하여 오던 바, 요사이에 이것을 철저히 실행하자 하여 서약서를 받아 실행 단체를 조직 중이라 하는데, 이에 발기된 자가 십이 명이요, 지금 취지서와 규칙서를 기초 중이더라.(매일신보 1917.7.15)

강암은 역사다

전북의 서맥은 송재 송일중(1632~1717), 창암 이삼만(1770~1847), 석정 이정직(1841~1916), 벽하 조주승(1854~1903), 유재 송기면(1882~

1959), 설송 최규상(1891~1956), 석전 황욱(1898~1993), 강암 송성용(1913~1999), 여산 권갑석(1924~2008) 등에 이르기까지 오래전부터 탄탄한 서단을 형성해 왔다. 이 때문에 전주시 강암서예관(송성용이 작품 등 기부 채납)이 자리하고 있으며, 세계서예 전북비엔날레가 열리고 있는지도 모른다.

"강암은 역사다." 1995년, 서예가 강암 송성용 회고전을 마련한 동아일보는 전시 타이틀을 그렇게 내걸었다. 강암은 서예 역사에서 뺄 수 없는 존재라는 찬사에 다름 아니다. 강암을 얘기하려면 간재(艮齋) 전우(田愚, 1841~1922)라는, 전주 한옥마을 출신의 유학자까지 거슬러 올라야 한다. 그는 고종에게 여러 차례 벼슬을 제수받았지만 끝내 나아가지 않았다고 한다. 그는 한일합방이 되자 옛 성현의 말과 함께 홀연히 서해로 떠나갔다. 이윽고 서해 여러 섬을 떠돌다가 계화도(界火島)에 정착했다. 그리고 그 섬 이름을 성인의 도학을 계승한다는 뜻으로 바꾸고(繼華島), 평생 학문에 힘쓰는 한편 제자들을 양성했다. 3,000여 명의 제자 가운데 대표적인 세 선비가 전주향교 근처에 모여들어 오늘날의 한옥마을을 일구었다.

금재(欽齋) 최병심(崔秉心, 1874~1957), 고재(顧齋) 이병은(李炳殷, 1877~1960), 유재(裕齋) 송기면(宋基冕, 1882~1956)으로 이들을 일러 '삼재(三齋)'라고 한다.

간재는 "금재는 나에 못지않은 학자이며, 그의 학문을 조선에서도 따를 사람이 몇 되지 않는다."고 칭찬을 아끼지 않았다.

일본 상인들이 중앙동에서 득세하자 그들 삼재와 제자들은 경기전과 향교가 자리한 교동과 자만동 일대, 이른바 오늘날의 한옥마을에 한옥 집을 짓고 저항하듯 모여 살았다.

유재 송기면은 이때 한옥마을에 와서 살지는 않았다. 고향인 김제 백산의 여뀌다리 마을로 돌아가 요교정사(蓼橋精舍)를 지어 후학들을 가르쳤다. 그의 아들만큼은 한옥마을 고재 이병은의 남안재로 보내 학문을 익히도록 주선했으니 바로 그가 강암 송성용이다.

강암은 스승의 셋째 딸과 결혼해 한옥마을 남천 천변에 집을 짓고 살았다. 1999년 작고할 때까지 흰 한복만 입었으며 상투를 틀고 망건을 쓴 채 꼿꼿한 자세로 글을 읽고 사군자를 치고 글씨를 쓴 유학자, 서도가였다. 그가 평생 보발과 한복을 고집한 건 부친인 유재의 가르침 때문이었다고 한다. 일제의 단발령에 대한 항거였다. '강암이 역사'가 될 수 있었던 첫 번째 이유는 그의 이러한 선비정신 때문이리라. 그의 글씨는 단아하고 예쁘다. 호남제일문(湖南第一門), 덕진공원의 연지문(蓮池門) 같은 현판들에서 그 정제된 서예의 맛을 조금이나마 엿볼 수 있다. 하지만 작품들을 제대로 감상하려면 강암서예관을 찾을 일이다. 그곳에 강암 서예의 진면목이 전시되고 있다. 교동의 남천교 바로 그 인근엔 전주시 강암서예관과 강암 송성용 선생이 살았던 '아석재(我石齋)'가 자리하고 있다.

중국 송나라의 주희가 지은 시 "琴書四十年 幾作山中客 一日茅棟成 居然我泉石"의 마지막 구에서 '아(我)'자와 '석(石)' 자 두 글자 따서 '아석재(我石齋)'로 작명했다.

이는 "물과 돌이 있는 데서 유연하게 살리라."라는 뜻을 담고 있다. 현재 아석재(我石齋)에는 '거연아천석(居然我泉石)'이라는 추사 김정희의 글씨와 '아석재(我石齋)'라는 소전 손재형 선생의 작품 등이 마루 위에 걸려 있다.

그는 이곳에서 청빈하고 조용한 예술 삶을 영위해 왔다. 강암은 어렸을 때부터 학문을 깊이 있게 공부한바, 서예의 바탕이 된다. 그가 만든 강암체는 글속에 담긴 깊은 뜻이 붓끝에 전달돼 마음에 새기는 글을 의미하리라. 그는 김제 출생 유학자 유재 송기면의 3남으로, 초기엔 구양순 미원장 동기창 등의 서체를 즐겨 쓰고, 이후 황산곡, 김정희 등의 서예 5체(전, 예, 해, 행, 초서)를 두루 섭렵, 강암 서체를 확립했다. 특히 구체신용(舊體新用)사상에 따라 고법(古法)에 충실하면서도 현대적 조형미를 갖춘 서예 세계를 구축한 가운데 자신의 삶과도 닮은 대나무 그림은 독보적 존재로 평가받고 있다.

그의 글씨는 전통적 서법을 현대적 차원으로 승화시킨 것으로 평가받고 있으며, 특히 전서, 예서 등 오체뿐 아니라 사군자, 문인화도 독보적 경지에 올랐다.

대한민국미술대전에서 문교부장관상을 수상하기도 한 그는 국전 초대작가, 심사위원, 대한민국미술대전 심사위원 등을 역임하고 연묵회를 창설 지도 및 연구발표회(연 30회)와 함께 8회의 개인전을 가졌으며, 유도회 전라북도본부 위원장, 예술의전당 자문위원, 한국유교학회 이사, 간재사상연구회장 등을 역임했다.

강암 송성용과 허산옥, 사제의 정을 잇다

강암은 국전에 출품하기 전부터 이미 글씨와 그림으로 일가를 이뤘다. 주변의 많은 사람으로부터 국전(대한민국 미술대전) 출품을 여러 차례 권유를 받기도 했다. 하지만 아버지 유재에게는 못 미치는 재주와 학문이라고 자신을 돌아다보면서 출품을 계속 사양했다. 그는 아버지가 세상을 뜬 후에야 자신의 작품을 세상에 내놓기 시작했다.

김제에 살고 있던 그를 전주로 이사 오게끔 한 사람이 남전(藍田)

허산옥(許山玉, 본명 許貴玉, 1924~1993)이다. 서화 능력이 뛰어난 그녀는 국전 초대작가와 전북미술대전 심사위원으로 활동했던 전북 최고의 여류작가다.

그러면서도 배포 큰 문화예술계의 메세나였다. 말하자면 40여 년 동안 전주 문화예술계의 대모(代母)였던 셈이다.

그는 김제 부량의 가난한 집에서 10남매 중 아홉째로 태어났다. 16살에 남원 권번에 들어가 기생이 되었고, 이곳에서 산옥(山玉)이란 예명을 받았다. 이후 예능활동은 전주에서 펼쳤다. 당시 권번은 가무와 시, 서화를 가르치는 종합예술학교였고 기생은 잘나가는 아이돌 가수요, 탤런트였다.

남원 권번에 들어가 기생이 되었지만 예능 활동은 주로 전주에서 했다. 당시 전주 권번의 교장은 유당 김희순이었고, 효산 이광렬, 설송 최규상 등 당대의 명필과 화가들이 교사로 활동을 했다.

허산옥은 '낙원(樂園)'의 건물 일부를 인수받아 행원을 개업하고 본격적인 화가의 길을 걸었다.

풍남문 골목 안에서 운영했던 행원은 전주 음식과 약주의 맥을 이은 제일의 전통 한국음식점임은 물론 풍류의 맥을 잇는 공간이었음을 보여주었다.

당시 낙원은 행원의 3배 정도로 규모가 큰 요정이었으며, 권번에서 익힌 춤과 북장단은 한국화와 서예로 넓혀졌다. 그래서 정치인과 재력가, 언론인, 관리 등의 발길이 끊이지 않았고, 국악을 곁들이는 만찬은 전국으로 알려졌다.

허산옥은 예술가이자 전통요릿집의 경영자로 그 시절 정치인과 예술인, 언론인들과 폭 넓게 교분을 나누면서 많은 일화를 남겼다.

이치백 무성서원 원장은 필자에게 1960년대 초 몰락한 정치인을 불러 술을 대접하며 당시 100만 원이 넘던 거액의 외상값을 탕감해주었다는 일화를 소개하면서 행원에서 번 돈으로 남몰래 많은 선행을 베풀었는가 하면 외국 유학 자금을 보태주기도 했다고 했다.

허산옥

체육발전연구원 이인철 원장도 "예술가들에게 잠자리와 술·밥을 풍족히 대접하고 이들이 그린 그림을 구입해줬다. 또 자신의 그림을 용채(用償)로 내놓은 경우도 빈번했다. 남몰래 선행도 베풀어 어려운 학생들에게 장학금도 많이 주었다."고 말했다.

당시 전국적으로 이름을 떨친 화가 치고 그의 밥을 먹지 않은 사람이 없다 할 정도로 이곳은 그들의 단골 명소였다. 한국전쟁 당시는 이 나라의 내로라하는 예술가들이 모였던 곳이었기 때문이다.

가람 이병기를 비롯한 문학계 인사들이 거쳐 갔던 곳이고, 박초월, 김소희, 임방울 등 당대 명창들로 그녀에게 신세를 졌다. 이 가운데 신석정, 송지영, 정비석 선생 등 문인들이 행원을 찾을 때엔 돈의 액수에 관계 없이 특별손님으로 배려했다고 한다.

당시 행원에서는 곧잘 진풍경이 벌어지곤 했다. 술을 마시고 흥이 나면 지필묵을 방바닥에 펼쳐 놓고 서화가들이 앞다투어 글씨와 그림 대결을 벌이곤 했기 때문이다. 서화가들에게 그림을 그리게 하고 글씨를 쓰게 하고 그것을 모두 사들인 사람이 바로 허산옥이다. 당시 다락엔 최고로 유명한 서화가들의 그림과 글씨가 차고도 넘친다는 말이 나돌 정도였다.

그녀는 가난한 예술가들을 후원하는 활동을 하면서도 그림과 글씨 공부를 게을리하지 않았다. 의재 허백련과 고암 이응노에게 산수화를, 강암 송성용으로부터는 서예를 각각 배웠다. 그녀는 앞서 말한 것처럼 송성용이 전주로 이사 오게 하는 역할을 했다.

그후에 아석재 마당에 그의 서실을 별도로 마련해 주었고, 그 서실에서 자신도 공부를 했다. 이같은 후원 역할에 그치지 않은 가운데 국전 초대작가와 심사위원를 역임했다. 안타깝게도 1993년 전북예술회관에서 개인전을 준비하다가 세상을 떠났다.

허산옥의 예술 세계를 들여다보다

전주는 문화와 예술의 중심지이다. 1950·60년대의 전주는 다른 지역에 비해 매우 월등한 문화적 발달을 이루었다. 이때부터 전주는 전국적인 문화예술의 도시로 명성을 얻고 있었다. 예술가와 후원자가 서로 교류하는 장이 존재했으며, 이 공간을 통해 예술의 창작과 유통, 소비가 활발하게 이루어졌다.

허산옥은 해방 이후 1980년대까지 전주가 예향으로서 맥을 잇도록 한 대표적 인물이다. 그녀가 보여준 문예활동은 근대기 문예사의 한 페이지를 뚜렷하게 장식하고 있으며, 특히 전통 예술의 계승과 발전에 기여한 공로는 매우 크다.

하지만 지금까지 허산옥이 당대 문예에 기여한 바에 대해서는 제대로 알려진 바가 없으며, 당시 활동하였던 문화인들과 이 지역 거주자들이 구술한 단편적인 언급에 그치고 있는 실정이다.

본래 이름은 허귀녀이다. 작품에 사용하는 호는 남전(藍田)이라 많이 기록됐으나, 정식 호는 행원(杏苑 또는 杏園)으로 더 알려졌다.(전북

여성백년사. 432쪽)

행원은 의재 허백련이 지어준 것으로 알려져 있다. 그에게서 받은 호로 가게 이름으로 걸고 정성으로 음식을 만들었다. 신선로와 잣죽이 유별나며, 조선게와 굴비로 맛있게 찬을 만들어 한상 가득히 내오던 이곳을 전주 한정식의 원조라고 부른다.

남원 권번에 들어가 한 남자를 만난다. 안타깝게도 반가 자제와의 사랑은 결코 허락되지 않았다. 권번에서 나온 허산옥은 최고급 요릿집 행원을 차려 많은 돈을 번다. 훗날, 미술인 가운데 변관식, 이상범, 김은호, 이용우, 조방원 등도 행원에 들러 많은 날을 묵고 갔다고 한다.

7차례의 개인전, 국전 입선 15차례, 특선 1차례라는 경력은 화가로서 열정적인 활동을 대변하고 있다.

허산옥은〈권선문(勸善文, 보물 제728호)〉을 남긴 설씨부인(1429~1508), 몽연 김진민(1912~1991), 우향 박래현(1920~1976) 등과 함께 전북을 빛낸 여류 미술 인물이다.

그녀는 다채로운 색조를 시도했던 채색화들은 대개로 람전(藍田)이라는 호를 사용했다. 이는 허백련이 지어준 초호(初號) '행원(杏園)'과 구별되어 새로운 화풍상의 전개를 의미한다.

문인화는 남도 특유의 여기적, 취미적 형태의 느낌이 강하며, 동시대적이라기보단 전통의 의고적(擬古的)인 행위로 보여진다.

1970년에 그린 화조 병풍은 호남 문인화풍의 구심점인 김희순, 허백련 작품에서의 유사성에서 출발하고 있다. 정형화된 4자 화제, 수묵에 기초한 담채를 통해 수묵화훼류에서 출발한 그녀의 작품 경향을 알 수 있다.

이 화조 병풍은 꽃으론 장미, 동백, 과실류론 감, 포도, 호리병박 등을 묘사, 표현의 범주가 넓어졌다. 또 파초, 소나무, 대나무와 같은 '군자적' 주제와는 분리되어 있다.

여타 나머지 화조 병풍들도 거의 8폭으로 구성된다. 표현된 식물에 따라 꽃이 피고 열매가 맺는 순서에 따라 계절별로 배치됐다.

종종, 대화하는 듯한 작은 새들이 등장한다. 은자들이 선호한 상서롭고 고귀한 조류들보단 기쁨과 건강, 해로를 기원하는 흔하고 작은, 평범한 작은 새들을 선호했다.

허산옥의 작품은 이처럼 오랫동안 수련한 수묵사군자, 탄탄한 기본기의 서예 실력을 기반으로, 문인화의 전통 아래 새로운 접목을 주저하지 않았다. 무엇보다도 거침없고 과감한 채색으로 그 가치에 귀를 기울이고 이를 발전시켰던 모습을 살펴볼 수 있다.

대표적인 작품으로 장미 중에서도 흑장미를 더 잘 그렸고, 사군자에 탁월한 능력을 발휘했던 것으로 알려진다.

老來靑帝亦風流(노래청제역풍류) 늦게 온 봄의 신은 풍류가 아직 있고
年少花王正黑頭(연소화왕정흑두) 나이 어린 모란은 머리가 새까맣네.
最憶東風舊遊路(최억동풍구유로) 동쪽 바람 노닐던 옛길을 생각하니
殘紅亂紫不勝愁(잔홍란자불승수) 흩어진 붉은 꽃에 수심을 못 이기네

이 같은 내용의 〈화조도〉도 빼놓을 수 없다.

모란을 그린 작품이 보인다. 그녀의 그림은 대담한 구도와 채색을 사용하면서 매우 시적으로 표현했다. 담묵과 농묵이 조화를 이루게 꽃을 표현했고 이에 채색은 더욱 화려하다. 여백이 많은 화면에 단정하게 내려쓴 제화시로 화면에 전체적으로 조화를 이룬다.

대표작으로 〈매화도〉, 〈장미〉 등이 전한다.

그렇다. 작가의 테마는 "꽃 피고 새 날고"가 많다. 모란, 소나무, 매화 등 각종 꽃과 학, 텃새, 닭을 비롯한 새를 중심으로 한 화조도를 펼쳐보이지 않았나. '일필휘지(一筆揮之)'로 그려 낸 문인화에 함축된 사상과 철학은 깊어가는 4계절의 정취와 수묵의 향기로 듬뿍 묻어난다.

색채가 아주 화려하기보다는 부드럽고, 수묵을 바탕으로 문인화다운 필선을 보이면서 맑은 담채풍의 시원스런 느낌을 주는, 특성을 고스란히 작품 속에 노출시켰다.

오랜 숙련에서 익힌 필선이 보이고 담묵에 의해 처리된 먹색의 어울림이 뛰어나다. 즉, 서체의 필획에서 보여지는 세차고 강한 선(線)이 먹의 농담을 잘 표현하면서도 각 소재마다 뼈대와 구조를 잘 소화해 내고 있다.

그래서 작품은 전체적으로 선적인 회화에 기초한다고 말할 수 있으며, 작가의 문인화가 돋보이는 것은 다름 아닌 고전과 동시에 현대감각을 반영하고 있기 때문이다. 특히 얽매이지 않은 자유로운 조형 의지로 새로운 세계를 일구어낸 가운데 누구보다도 사의(寫意)를 중요시 여기는 화가로 우뚝 서 있다.

울긋불긋한 꽃도 아름답지만 새하얗고 단아한 빛을 내는 〈목련도〉는 깊은 멋이 배어나며, 이른 봄 피어난 목련 사이에 나란히 몸을 감추고 사랑을 속삭이는 참새는 더욱 멋스러움을 더하고 있다.

'화조도'는 꽃과 새가 보기 좋게 어우러진 모습을 담은 그림으로, 민화 중 큰 부분을 차지했던 테마다. 대부분 암수 한 쌍이 의좋게 노니는 모습을 담음으로써 부부 금슬과 부부 화합을 간절히 바랐던 그 마음을 엿볼 수 있는 만큼 전통의 바탕에서 새로운 그만의 작품 세계를 구축하고 있음을 볼 수 있다. 무엇보다도 근대적 감각이 두드러진 발랄하고 화사한 채색화들이다. 화가 정직성은 그녀의 그림이 "너무나도 잘 그리지만 난 잘 그린다면서 잘난 체하지 않는 그림이다. 매화가 아름다운 그림이라는 말을 이해할 수 있게 해준다."고 평가하고 있다.

또 미술사가 김소연은 "거리낌 없는 붓질의 흐드러진 꽃들", "거침없고 과감한 채색"으로 허산옥의 그림을 묘사하기도 했다.

다음은 서예평론가 정충락이 월간 서예 2010년 10월호에 〈풍류 여성 부채바람 일어나고〉에 소개된 허산옥의 예술 세계다.

> 자신의 고향을 남다르게 사랑하고 선비들이 즐기는 서화에 마음을 다 바쳤다 해도 잘못이 없을 정도의 '여성풍류객'인 남전 허산옥여사의 부채 작품을 선발했다. 운동선수들은 자신들의 등장이 반갑지만 풍류객들의 붓놀이는 역시 전통이 멋지다. 그러한 의미에서 남전 여사의 경우는 보통의 경우를 생각할 수 없을 정도의 전통적인 명사다. 그녀가 현역으로 활동하던 시대는 이른바 국전시대였다. 그 시대에는 지금 말할 수 없는 전통의 문인화가 주류를 이루고 있을 때였고, 그 어려운 국전의 관문을 수십 차례에 걸쳐 입선과 특선을 했다는 것은 그의 작품에서 풍기는 전통의 힘이 멋진 작품을 이루고 있었기 때문이다.

고 했다. 또 아래와 같은 내용이 관심을 갖게 한다.

'남전 여사는 무척 겸손한 마음가짐을 지니고 있었다고 한다. 막연하게 그림을 그리는 것이 아니고 이른바 선비들의 붓놀이에서 가장 멋지다고 하는 사군자를 중심으로 화업에 열중했다고 하니 그가 목표한 바는 짐작이 어렵지 않다. 말하자면 선비들의 인간적인 생활의 멋을 그녀는 찾아냈던 것이었다. 직역을 하면 쪽밭이 되는 남전(藍田)이라는 아호는 의재 허백련 선생이 지어주셨다 하니, 이의 배경에는 무언가 남에게 보여줄 수 있는 입장에서 행동하라는 가르침이 내포되어 있는 듯하다. 경향간을 통해 펼쳐진 개인전도 여러 차례 있었다 한다. 대표적인 전시회를 펼친 곳은 서울을 비롯, 대전, 전주, 군산 등이었다는 기록이 남아 있다. 유별나게 전주를 사랑한 남전 여사는 그러한 의미에서 묵향과 풍류를 함께 사랑하고 실천하는 전통의 호남인이다.

이같은 분위기는 우리 근·현대미술사에서 좀처럼 찾아볼 수 없기 때문에 더욱 소중하다고 할 수 있다. 다시 말해 허산옥의 〈화조화〉는 우리 근대미술의 독특하고 매력적인 성취다. 금빛 햇살이 어찌나 유혹하는지 자연의 향기 따라, 이름 모를 들꽃 향기 따라 촉촉히 상념에 젖어본다. 어느샌가, 지붕 같은 하늘채에는 흰구름이 윤무하고 침실 같은 대지와 출렁이는 저 하늘 밑엔 푸른 산과 꼬막 등 같은 사람의 집, 아름다운 우리네 산하가 천년의 세월을 아는지 모르는지 무심하게 흐르고 있다. 시나브로 야생화들이 무리지어 앞다투어 쑥쑥 커 가면서 해맑은 웃음을 짓는다. 한국의 자연은 그렇게 봄의 싱그러움, 여름의 푸름, 가을의 넉넉함, 겨울의 순결한 눈꽃을 통해 계절마다 각기 다른 아름다움을 발산하고 있다.

허산옥이 낫으로 가늘고 긴 낭창낭창한 왕죽을 한움큼 베어 왔다. 합죽선에 돌 하나 올리고, 별 하나 얹고, 바람 하나 얹고, 시 한 편 얹고, 그 위에 인고의 땀방울을 떨어뜨려 소망의 돌탑 하나를 촘촘하게 쌓았다. 하늘이 우리 선조들이 눈물을 너무 흘려서 파란색인지도 모른다는 생각에 더 진중하게 작업에 임했다.

작가의 손을 거치면 어느새, 기억 속 풍경 위에 자유로운 터치들이 부챗살 너머 다양한 모습으로 되살아난다. 수묵채색으로 작업되어지는 작품들은 먹의 농담과 번짐, 그리고 붓 터치 등을 자유자재로 구사한 까닭에 느낌이 편안하다. 반복적인 수묵의 집적을 통해 진행되는 눅진한 적묵(積墨)의 깊이는 물론이거니와 무게를 지니고 있는 실경 작업, 분방한 필묵의 경쾌한 속도감이 두드러지는 작업 등 다채로운 표현의 미학을 살려 잘 담아내고 있다.

산수 풍경은 투명하리만치 맑고 담백한 맛을 자아낸다. 무엇보다도 담담한 이미지를 통해 시선을 아주 깊은 곳까지 끌고 들어간다. 작가는 자연의 형태 속에서 물질적인 실체만을 보는 것이 아닌, 자연의 섭리를 보며 그 섭리를 가능케 하는 정신을 파악하려 하고 있다.

허산옥은 종종, 한국의 정원을 거닐면서 쾌랑쾌랑한 선비들의 목소리를 듣는다. 소쇄원에서는 맑고 깨끗한 기운을, 윤증고택 정원에서는 누마루에 앉아 산중 정취에 젖어들곤 한다.

명옥헌 정원은 배롱나무꽃 사이로 무릉도원이 그윽이 펼쳐진다. 월궁 용궁 선계가 모두 펼쳐진 광한루에서는 지구촌사람들의 무병장수를 빈다. 수면 위에 비친 그림자가 눈이 시리도록 아름다운 경복궁 경회루와 아미산에서는 술 잔에 시 한 수 읊고픈 심정이 든다.

끝없이 맑고 구김살없는 동해의 의상대, 연못 속에 아롱거리는 달을 감상케 한 선교장 등을 통해서는 자유롭고 유유자적한 삶을 갈망했다. 남원 광한루에서는 토끼 한 마리를 건물에 새겨놓고 월궁에 닿고 싶어했던 옛사람들의 욕망을 감히 저도 꿈꾸곤 했다. 그래서 작품 속엔 '천원지방(天圓地方)'이라고 하는바, 우주관이 투영돼 있다.

'천원지방'이란 '하늘은 둥글고 땅은 네모나다.'라는 뜻이지만, 이 말 속에는 음양, 천지, 건곤, 상하, 동정이라는 우주 만물의 존재와 운행의 이치가 함축되어 있다.

이와 함께 '선(禪)'을 통해 그의 이유 없이 바쁘게만 현대를 살아가는 우리들에게 화두를 던져주기도 한다. 속도, 소비, 자본, 통신 등을 키워드로 한 현대 사회는 따라잡기 어려울 만큼 빠르게 변하고 있는 등 앞으로도 이같은 현상은 가속화될 터이다.

시안이 흐를수록 여백, 고요, 느림, 성찰 등을 잃게 할 뿐만 아니라 가벼움, 얄팍함, 경쟁, 외로움, 아픔 등을 확산시키는 원인이 되며 점점 더 트라우마에 점점 빠져들게 하고 있다. 때문에 오늘처럼 비가 오는 날이면 허산옥의 작품을 통해 향기 나는 사람의 냄새를 기억할 수 있다.

그 냄새는 웃음이 묻어난다는 소리의 파동, 그것은 흐린 날을 한 방에 지배해버릴 수 있는 은은한 먹의 향, 그것은 비 뿌리는 구름 사이로 뻗치는 햇살의 구김살 없는 빛. 떡을 하거나 부침개를 부친 날 돌담 위로 오갔던 소쿠리는 작품의 일부가 됐다. 때론 청계수조(淸溪垂釣), 낚싯대를 드리우며 향기 나는 하루를 만들기도 하니, 이 모두가 허산옥이 추구한 소재에 다름 아니다.

> 산길처럼 들길처럼 걸어가라 하네.
> 햇살처럼 윤슬처럼 지나가라 하네.
> 구름처럼 바람처럼 살다 가라 하네.
> 강물처럼 별빛처럼 흘러가라 하네.

남전 허산옥 일대기 만화로 제작

남전 허산옥 일대기가 2010년 만화로 만들어졌다. 한국콘텐츠진흥원이 추진한 '지역문화콘텐츠 발굴사업'에 전주정보영상진흥원과 만화가 조원행 씨가 '전주 권번 출신 남전 허산옥'을 제안, 국비 5천만 원을 지원받았다. 이에 따라 남전 허산옥을 주제로 한 만화는 총 20회(1회당 30~60컷)에 걸쳐 2010년 4월까지 제작 완료됐다.

'어게인'을 타이틀로 한 뮤지컬 영화는 감독지망생인 연주의 도전과 꿈을 그린다. 허산옥의 삶이 담긴 공간과 전주8경을 무대로 음식과 노래가 한데 어울린 감동적인 힐링뮤지컬로 제작될 예정이다.

영화 제작엔 문화체육관광부와 한국콘텐츠진흥원의 지원금(2018년 지역특화콘텐츠 개발지원사업) 4억 7,500만 원이 투입된다. 여주인공인 연주 역에는 인디영화계의 퀸으로 떠오른 샛별 김예은(1989년생)이, 허산옥 역에는 아이돌 가수 출신 김소이가 캐스팅됐다.

제작 프로젝트는 감독 조창열이 연출을 맡고, 영화제작사인 ㈜하늬바람(대표 김주한)이 개발에 참여한다. 영화와 함께 '권번 기생 허산옥 소재 뮤지컬 웹무비(20분 5부작)'도 동시에 제작될 예정이다.

30
동락원 장독대

걷는 맛과 체험의 즐거움이 있는 전주 한옥마을에는 현재 700여 채의 전통가옥이 옹기종기 모여 있다. 햇살이 시시각각 기와집 담장을 넘어 대청마루에 부드러운 선을 그린다. 한 입 가득 감을 베어 문 아이들의 웃음은 돌담길 사이에 맴돈다. 가을엔 꽃담 너머로 오색 단풍나무가 황홀한 자태를 뽐낼 때, 마당의 장독대 위로 노란 은행잎이 살포시 내려앉는다.

한옥의 아름다움을 살펴보는 재미 쏠쏠하고, 조용함과 단아함 속에 젖어보는 동락원에서의 명상 시간은 오매불망 잊을 수 없다.

밤하늘에서 쏟아지는 별과 은하수를 보면서 지난 시절을 반추하는 데 동락원은 더없이 좋다.

은행나무 길의 '동락원(同樂園)'은 주인이 아들의 중학교 입학 기념으로 지었다고 전해진다. 처음에는 가정집이었으나 규모가 커 관리가 힘들어지자 한국은행, 전주기전대 등으로 주인이 바뀌었으며, 당시 한국은행 전주지점장이 가지를 쳐준 한 그루의 단풍나무는 학 모양을 하며 지금도 건재하고 있다. 한국은행 관사로 그러다가 현재 전주기전대 생활관으로 쓰이고 있는 동락원은 근사한 장독대와 단풍나무가 멋지다.

김대중 대통령 내외와 이명박 전 대통령의 영부인 김윤옥 여사, 그리고 최불암 등을 비롯한 많은 사람들이 묵고 갔다는 흔적들이 곳곳에 남아 있다. 애시당초 이 집은 삼례의 만석꾼 구암 유영창 씨가 1935년에 지은 80칸짜리의 기와집으로, 당시 돈으로 1만 5백 엔이 들어갔다. 한국은행 관사로 쓰이기 이전 1945년 전북대학교 학장을 지낸 유성근 교수의 아버지가 아들의 북중학교 입학 기념으로 지금의 대문을 만들어 입학하는 날, 그 문을 열도록 선물했다고 한다.

1949년 쌀 73섬(80kg 1백 46가마)에 한국은행으로 넘어간 뒤 지점장 사택으로 이용해 왔지만 덩치만 고래등 같기 살기에는 불편했다. 이같은 사실을 알게 된 조희천 총장이 김완주 당시 전주시장과 한국은행 총재를 설득해 2002년 매입을 해 고친 후 지금의 모습을 갖추게 된다. 이 과정에서 1차 공매에 인수대상자가 되지 못해 발을 동동 굴렀지만 이 집을 구매하고자 한 사람이 포기하면서 계약금은 국고로 환수되자 드디어 소기의 목적을 이루게 됐다.

축구 월드컵 대회가 열리는 2002년엔 사실상 거의 헐값이었다고 한다. 처음에는 가정집이었으나 규모가 커 관리가 힘들어지자 한국은행, 기전여대 등으로 주인이 바뀌었으며, 당시 한국은행 전주지점장이 가지를 쳐준 한 그루의 단풍나무는 학 모양을 하며 지금도 건재하고 있다.

'동락원(同樂園)'은 '모두가 함께 어우러져 즐기는 뜨락'이다.

일찍이 '맹자'는 '양혜왕장'의 '여민락장'을 통해 함께하는 즐거움, 즉 '여민동락'을 핵심 키워드로 제시한다. 진정한 즐거움이란 여럿이 함께 즐거워하는 것이며, 이를 주나라 문왕에 비유해 이야기한다.

그러나 혼자만의 즐거움 즉, '독락'을 추구한 하나라의 폭군 걸왕 반면 살기 좋은 세상이 아닌 난세에는 '독선'을 해야 한다. 현재는 전주기전대학교 생활관으로 쓰이고 있는 동락원의 근사한 장독대와 단풍나무가 멋지다.

김대중 대통령 내외와 이명박 전 대통령의 영부인 김윤옥 여사, 그리고 최불암 등을 비롯한 많은 사람들이 묵고 갔다는 흔적들이 곳곳에 남아 있다. 이곳은 학생들의 실습교육장으로도, 일반인들을 위한 체험관, 한복체험, 전주 전통비빔밥체험, 인절미떡메체험, 소리체험(우리민요, 판소리, 시조), 한지공예체험 등 무엇부터 시작할지 고민이 크다. 동락원은 전주기전대학교 부설 전통문화생활관으로 미국 남장로교선교회가 전주에 들어와 학원선교를 구체화시킨 전킨(W.M.C.Junkin) 선교사의 기념관이다. 그가 활동하던 1895년 당시 전주의 옛모습을 재현한 2004년 문을 열었다. 전체 대관은 승독당, 승화당, 청유제, 마당 등 동락원 전체를 대여하는 것으로 모든 체험관을 이용하기 때문에 30명 이상의 단체에 적합하다.

승독당(안채)은 중국의 유명 시조 가운데 "그대와 더불어 나눈 한 시간의 이야기가 10년 동안 책을 읽은 것보다 낫네."라는 말이 있듯이 알찬 대화를 나누고 좋은 세미나와 학술회를 할 수 있는 곳이다.

청유재는 '맑게 머무는 집'이라는 뜻으로 내 집이 아닌 객사에서 자는 잠자리에서 더욱 옛 선비의 청아한 마음을 느끼고 배우면서 하룻밤을 맑게 잘 수 있는 공간이다.

동락원의 심볼은 뜰 원(園)자를 형상화하여 동락원의 전체적인 이미지를 상징하고 있다. 바탕을 이루는 이 5가지 색은 자연과의 조화를 추구하는 것이며 문화 전반에 걸쳐 뿌리 깊이 자리하고 있음은 누구도 부정할 수 없는 사실이다.

동락원의 장독대

어렸을 적, 음력 정초 뱀날이 오면 '비암방애'(뱀방아)를 써 붙였다. 한지를 가로 2cm 정도 세로 7~8cm쯤 되게 오린 후, 붓으로 '이삼만'이라고 세로 글씨를 써서 새벽 동트기 전 여기 저기 집 안 기둥, 측간, 그리고 장독대까지 20여 장이 넘게 붙이고 다녔다. 이 비암방애는 땅에서 가깝게 반드시 글씨를 거꾸로 해서 붙여야 했던바, 이 구동성으로 뱀이 땅바닥을 기어가다 이것을 보고 질겁을 하게끔 해 도망가게 하기 위함이라고 말했다.

창암 이삼만(李三晚, 1770~1847)은 한옥마을의 자만동(현 전주시 교동) 등에서 활동한 서예가로 작품 가운데 '산광수색(山光水色)'은 산은 높고 물은 맑아야 함을 의미한다.

이 글귀는 작가 특유의 '행운유수체(行雲流水體, 구름처럼 흘러가고 물처럼 흐르는 자연스런 글씨체)'의 조형미를 너무 가장 잘 보여주는 걸작으로, 꼼꼼이 쳐다보면 뱀 네 마리가 꿈틀거리고 있다는 사실을 발견된다.

'산(山)'자는 뱀이 똬리를 틀고 경계하는 모습이며, '광(光)'자는 개구리와 벌레를 낚아채는 듯한 현상이 아주 뚜렷하다.

'수(水)'자는 살모사가 목을 추켜들고 갈비뼈를 빳빳하게 펼친 채 상대를 노려 보는 듯한 형상인가 하면, '색(色)자'는 뱀이 승천하는 이무기 같은 느낌이다. 그는 뱀에 물려 죽은 아버지를 생각하면서 서럽고 사납던 날을 오랫동안 보냈다. 오죽하면 지금도 뱀날에 '이삼만'이란 이름을 종이에 써서 거꾸로 붙이고 있겠는가.

전주는 물, 햇볕, 공기 세가지 조건을 모두 갖춘 천혜의 환경에 위치하며 전통의 장맛이 느껴지는 구수한 된장찌개와 봄부터 가을에 걸쳐 채취해둔 각종 나물과 직접 담근 다양한 장아찌를 맛볼 수 있다. 이 모두가 발효의 세월을 온몸으로 보듬고 있는 장독대 때문이다.

한옥마을의 학인당, 초정, 동락원, 소리 풍경, 아세헌, 양사재, '초정(草庭)이 있는 집', 그리고 교동 115-4번지는 동네에서 '은행나무와 장독대가 아름다운 집(오순애 가옥)'으로 불리며, 전주전통문화연수원의 장현식가옥 등을 찾아가면 장독대를 만날 수 있다.

동락원의 장독대는 수라상 음식 조리에 쓰인 '숙황장'(熟黃醬, 조선시대 임금님이 잡수던 수라상의 음식 조리에 쓰이던 간장)을 제조하면서 400여 년 집안 비법 온전히 계승한 김병룡 전 전주전통장개발연구소장의 혼과 장인 정신이 깃들어 있다. 너른 마당에 마련된 장독대에는 풍만한 어깨를 서로 겯고 선 장독들이 크고 작은 항아리들이 보란 듯이 열 지어 있다. 이들 항아리에서 친근감이 느껴지는 이유는 무엇보다도 잔재주를 부리지 않는 꾸밈없는 문양 때문이다.

이곳 항아리의 대표적인 장식 기법은 수화문이다. 손가락만을 이용, 무늬를 나타내는 기법을 뜻합니다. 처음에는 유약의 두께를 감정하려고 시작되었다가 차츰 다양한 문양이 됐다. 용수철 무늬, 파도 무늬, 지그재그 무늬, 빗살 무늬 같은 문양은 힘찬 터치와 대담한

선의 변화가 돋보이며 활달한 느낌과 추상적인 아름다움을 지녔어라. 또 꽃과 나무, 새, 매듭, 산 구름 등이 손 가는 대로 자유분방하게 그려져 있다. 그 문양은 아주 담담하면서도 소박하다.

그는 된장, 고추장도 남원 김종옥 씨의 인월요 항아리에 담았었다. 국내 유명한 도자요를 모두 다녀본 결과, 그 제품이 가장 적합한 것으로 판단됐기 때문이다.

> 조선시대 임금님들의 음식 맛을 내기 위해 쓰이던 간장, 그 생산지가 전북인 것이 자랑스러운, 희귀성과 역사·가치 등 종합적인 면에서 세계적 명품으로 마땅한 숙황장이 청와대에는 안 들어가냐.

고 묻자

"아직 모르시는지…."

라며 말을 아꼈던 그가 최근에 작고했다는 말을 조희천 전주기전대학교 총장으로부터 들었다. 동락원이 갖는 진정한 의미를 생각하면서 저 멀리 보이는 오목대의 하늘을 바라보고 있다.

예수병원 건너편의 선교사 묘역(왼편에서 두 번째)에 잠든 전킨선교사를 생각하면서 십자성호를 긋는 오늘에서는.

동락원의 뒤란을 스치는 겨울 바람에 댓잎 서걱거릴 때, 이윽고 손님들 방에 불이 하나둘씩 꺼진다. 깨진 기와를 박아 넣은 꽃담과 낮은 굴뚝, 문고리, 사랑채와 안채 사이에 지은 헛담, 문고리, 창에 흙먼지가 뿌옇게 내려앉는다. 하룻밤 한 치 두 치의 꼼꼼한 계산으로는 이룰 수 없는 생의 심연으로 가득하다. 까만 밤 하얗게 사위어 가면서 깊고 푸른 꿈 영글어간다.

31

전주 '예(藝)'다방과 삼양다방

1982년 전북예술회관 당시부터 문을 열었던 1층의 '예(藝)다방'이 새로운 모습으로 변신을 꾀하고 있다. 만 33년 만의 리모델링 공사가 머지않아 시작될 예정으로, 공식적으론 문화예술인들의 사랑방 '예다방'이 없어진 셈이다.

2016년 12월 30일자로 중앙다방('예다방'의 전신)이 경원동 전북예술회관 바로 옆 30미터 지점 우리은행 후문 옆 백년옥 2층으로 이전했다.

필자는 바로 이곳에서 조병희, 권영도, 탁광, 하반영, 진학종, 이기반, 전영래, 최명희 씨 등 작고한 문화예술인들과 김남곤, 송영상, 서재균, 김득남, 안도 씨 등 문화예술인들을 만난 기억이 아직도 새롭기만 하다.

다방이 많지 않았던 과거에는 전주의 미원탑처럼 '예다방'하면 많은 사람들의 약속 장소로 각광을 받았다.

전라예술제를 앞두고 각종 회의가 이곳에서 열렸으며, 전북미술대전의 출품을 앞둔 예비 작가들이 쌍화차 한 잔을 마시면서 초조하게 결과를 기다린 곳이기도 하다.

작고한 탁광 선생은 생김새부터 하시는 말씀 족족 영화쟁이 끼가 줄줄 흐르는 분이셨다. 예다방에 베이스캠프를 쳤던 시절, 탁월한 기억력과 현란한 입담으로 주위를 이 장면 저 장면 스크린 없는 영화 속으로 몰고 갔다. 지금도 가끔 예다방에 들르면 한 귀퉁이에 앉아서 이 지역 영화의 역사와 비평을 펼치시는 것 같았다.

예다방은 월담 권영도 · 사진작가 이석홍 선생 등 원로 예술가들의 사랑방이었다.

수십 년째 드나드는 예다방의 단골도 많이 바뀌었다.

"올해 여든여덟이네. 작촌(조병희)이 계셨을 때는 그나마 기댈 데가 있었는데, 이제 내가 최연장이야. 향토 원로작가 서화전도 그만둬야 할까 봐. 몇이나 남았어야지, 세월 참 빠르지-."

2003년 88세였던 월담은 새해를 맞고 보니 더욱 고적해졌다는 새 전북신문의 기록이 보인다.

서양화가 이성재 씨는 "전북미술대전 등 각종 행사를 앞두고 반드시 거쳐가는 문화예술인들의 사랑방이 사라지게 돼 아쉽다."고 말했다. 전북도는 이곳에 휴게실 또는 커피숍 등 편의 시설로 바꿀 계획을 갖고 있다.

최근까지 한국소리문화의전당 분관으로 돼 있다가, 운영 주최가 전북도로 바뀌었다.

30년 경력의 마담이 진단하는 옛날식 다방의 쇠퇴 원인은 만남의 장소가 다양해지고 음식점에서 커피를 무상을 제공하기 때문이리라.

그나마 남아준 다방들은 무료해진 장년층이 젊은것들 눈치 보지 않고 차 한 잔이라도 편히 마실 수 있는 고마운 공간이다. 옛날식 다방은 세태에 밀려 사라지고 우리는 낭만을 잃어간다.

전주극장 주변에 고향다방, 왕궁다방, 우인다방이 있었다. 제일 많이 모인 곳이 우인다방이었다. 당시 무대에 오르거나 다방에 죽치고 앉아 있던 연예인들의 면면을 보면 변기종, 김승호, 이예춘, 허장강, 김진규, 주선태, 황해, 박노식, 전택이, 노경희, 도금봉, 김희갑, 현인, 김정구 등이다.' (전주문화재단, 전주 근대생활조명 100년 제2권《전주의 8·15 해방과 6·25전쟁》)

영화배우 도금봉(1930~2009, 본명 정옥순)이 자신의 죽음을 알리지 말아달라는 유언과 함께 세상을 떠나면서 새삼 전주와의 인연이 화제가 되고 있다.

1957년 영화 〈황진이〉로 데뷔한 도금봉은 인천에서 태어났지만 6·25를 전후로 전주에서 악극단 배우로 활동하는 등 데뷔 전까지 전주에 머물렀던 것으로 알려졌다.

1950년대를 전후로 많은 연예인들이 6·25를 피해 전주로 내려와 악극단을 꾸렸는데, 도금봉은 희극배우 이원철이 단장으로 있던 '청춘부대'에서 아역과 성인 중간역을 맡았다는 것. 도금봉과 이원철은 부부 사이로, 후에 도금봉은 유명한 배우가 됐으며 이원철은 영화제작자가 됐다.

도금봉과 관련해서는 '다방 레지설' 등 갖가지 소문이 떠돌았다. 그러나《전주의 8·15 해방과 6·25전쟁》을 집필한 장명수 전 전주문화재단 이사장은 "도금봉은 옛 왕궁다방 옆 골목에서 방을 얻어 살았는데, 극단 일이 없을 때에는 다방에 나와 앉아 있었고 사람을 만나면 친절하고 애교덩어리였다."며 "이 때문인지 다방 레지 출신으로 스타가 됐다는 말이 생겨난 것 같다."고 전했다.

도금봉은 쌍둥이를 낳아 길렀으며 한강이 수복된 후 서울로 올라

갔다. 원로 서양화가인 하반영 선생도 "6·25때 피난 온 연예인들이 고생을 했는데, 도금봉은 연극에 나가 조금의 개런티를 받아서 연명했다."며 "이들 부부가 서울로 올라갈 때에는 우리들이 모두 도왔다."고 구술한 바 있다.

도금봉은 영화계에 입문한 후 1960~70년대 카리스마 넘치는 연기파 조연으로 이름을 날렸다. 1974년 〈토지〉로 '제12회 대종상' 여우조연상을 수상했으며, 1997년 박찬욱 감독의 영화 〈삼인조〉에 '전당포 노파'로 출연한 것이 마지막 작품이었다.

《전북영화이면사》의 저자 탁광은 일제강점기 전주 다방에 길하다옥(吉賀茶屋)이 유명했다고 전한다. 본격적으로 이색적인 기록은 한국전쟁 당시 전주에 피난 온 문화예술인이 예전 전주백화점 뒷골목에 있던 다방에 머물면서, 활동했던 기록들이 남아 있다.

국내 최고령 삼양다방, 다시 모습 드러내다

국내 최고령 다방인 전주 삼양다방이 2014년 7월 4일 오후 1시 다시 문을 열었다. 다방이 있던 원래 자리에 새로 지어진 지인빌딩 1층에는 삼양다방이, 지하에는 전주영화소품창고가 각각 둥지를 틀게 된 것.

1952년 개업한 삼양다방은 진주 흑백다방(1954년 개업), 서울 학림다방(1956년 개업)과 함께 국내 다방의 역사를 이끌어 왔다.

그러나 동문에 자리한 삼양다방은 변화하는 세월 속에서 경영난을 겪고 있었고, 건물이 새로운 주인에게 넘어가면서 지난해 6월말 영업을 중단하게 될 처지가 됐다.

자칫 사라질 위기에 놓였던 추억의 문화사랑방인 삼양다방은 새

건물주의 후원과 지역 문화예술인들의 노력으로 옛 모습을 살려 복원됐다.

이를 위해 지난해 삼양다방을 살리기 위해 계절회, 근현대 전문가, 동문예술거리협의회, 도시재창조포럼 등의 관계자가 모여 한 차례 집담회를 개최하고, 삼양다방운영위원회(위원장 이수영, 위원 권대환 정진욱 홍석찬 김준우 곽승호)가 결성, 본격적인 복원과 운영에 대한 논의가 진행됐다.

이들은 삼양다방이 가지고 있는 역사적 의미와 상징성을 시민들과 관광객에게 널리 알리고, 문화예술도시 전주의 추억을 되살리는 데 복원의 의미를 두고 있다.

또한 다방이 가지고 있는 역사속의 생활적 가치를 살리고 젊은 세대들과의 소통의 문화를 만들어가는 문화주도 도시재생의 거점으로, 과거와 현재를 잇는 창조적 거점으로 삼양다방의 복원에 대한 가치를 삼았고, 민간 자본과 지역 시민단체와의 협업으로 전주의 역사문화를 기반으로 한 새로운 도시재생의 모델을 지향하는 데 한 뜻을 모았다.

전주의 웬만한 여염집치고 서화 한두 폭이 걸리지 않은 집이 없으며, 하다못해 허름한 대폿집이나 변두리 다방에도 서화가 걸려 있을 정도로 누가 뭐래도 문화예술의 도시다.

고려시대의 문장가인 이규보는

"기와집이 즐비하여 옛 도읍의 풍도가 있고 사람 들이 수레로 물건을 나르며 의관을 정제하고 다녀 가히 본받을 만하다."고 전주를 기록했다.

지난 1952년에 문을 연 전주의 삼양다방. 경원동 홍지서림 사거리에 옹색한 모습으로 자리잡고 있으면서도 처음 개업 이후 자리를 옮긴 적이 없는 우리나라에서 가장 오래된 다방으로 꼽힌다.

얼마 전까지 아침 8시 30분이면 매일같이 문을 열고 주전자에 물을 끓이고 뜨거운 물에 찻잔을 데웠다.

그리고 구독하는 신문 4가지를 테이블에 올려 놓았다. 오전 9시쯤이면 첫 손님이 왔다.

사진작가 김학수 등 매일 오는 손님들이다. 주로 노인들의 사랑방 역할을 하다 보니 세상 돌아가는 이야기와 옛날 이야기를 듣다 보면 자신도 옛날로 돌아간 기분이라며 6시가 넘으면 손님이 없어 일찍 문을 닫았다.

예전에 삼양다방 옆에는 고풍스런 한옥 기와집이 한 채 있었는데, 이병기 변호사로 카이젤 수염을 기르고 스틱을 짚고 거리에 나서면 그 풍채에서 풍기는 전주 선비의 모습을 모르는 사람이 없을 정도로 유명한 인물이었다. 그가 옛날 삼양다방의 단골손님으로 차를 마시면서 많은 이야기를 해주었다고 전한다.

옛날에는 이곳에서 클래식 음악을 틀어주고 서화가들이 모여서 미술전이나 서예전을 자주 열었던 문화공간으로 많은 문화예술인들은 기억하고 있다.

새롭게 개업한 삼양다방은 근대와 현대의 만남으로 운영되고 있다. 현대식 건물에 근대식 다방의 모습을 갖추어 일명 '다방커피'를 중심으로 쌍화탕, 오미자화채, 미숫가루 등을 주 메뉴로 판매하고 있다.

또, 최근까지 삼양다방을 운영해 왔던 이춘자 사장의 도움을 받아 구 삼양다방의 집기류, 전시품 등을 활용, 인테리어를 할 수 있었다.

삼양다방과 함께 들어서는 '전주영화소품창고'는 영화도시 전주의 이미지를 잘 보여주는 공간이다. 이곳에서는 무료영화상영과 〈역린〉, 〈그림자 살인〉, 〈7번방의 선물〉, 〈조선미녀 삼총사〉 등 전라북도에서 촬영, 제작된 영화소품을 관람 및 체험이 가능하게 됐다.

그동안 삼양다방은 6·25사변 이후에는 피난민으로 내려온 연예인들과 전주시내 언론인들의 사교공간으로 성업했었고, 1950년대 후반 '싸롱 세라노' 등의 음악 애호가들의 모임 장소였다.

1960~1970년대에는 모던한 서양식 문화의 공간으로 젊은이들의 데이트 장소로 빠지지 않을 정도의 사랑을 받았었다.

그 후 급변하는 세월 속에서도 어르신들의 사랑방으로 꾸준히 사랑을 받아오면서, 2005년 원로문화예술인들의 모임인 '계절회'의 전시회로 전국적으로 더욱 알려지게 됐다.

이수영 운영위원장은 "지난 세월 전주의 영화 및 문화예술인들의 사랑방, 근·현대 추억을 안고 있던 삼양다방이 이제 일상 속의 문화공간으로 다시 태어난다."며 "다방 운영을 통해 발생된 수익 모두를 지역 문화예술 활동과 공익 사업에 전액 재투자할 계획이다."고 말했다. 언젠가, 쌍화차를 주문하니 잣이며 호두, 대추를 듬뿍 넣은 차가 나왔다.

마시기 전, 사진을 찍자 주인이 "옛날에는 거기에 달걀노른자를 넣어 마셨다."며 달걀을 깨 넣어주었다.

이전에 저의 집 전화번호와 한 자리만 바뀌어 수시로 전화가 왔던 지난일을 회상하면서 눈이 펑펑 오는 날, 다시 한 번 삼양다방을 찾아가기로 마음먹었다.

지금은 사라졌지만 고향, 왕궁, 우인다방 등이 있었으며, 다방마다 특징이 있다. 다음은 김창주(전주문화재단 팀장)가 연구해 발표한 글을 소개한다.

고향다방

고향다방은 전주 사람들이 아직 다방이 뭔지도 모를 때 서울에서 피난 내려온 여자 분이 도청과장도 하고 국회의원도 하던 집안의 여자하고 합자해서 시작을 했다. 증언한 고귀순 할머니는 아담다방 창업자인데, "기자니 뭐니 왁작왁작허니까, 그 근방에 두 간디 더 생긴 것이 왕궁다방과 우인다방이다."라고 증언한다.

왕궁다방

왕궁다방은 부잣집 할머니가 하셨는데, "고향다방이 잘되니까, 내 집 놀리느니 나도 맨든다고, 어디서 마담을 일류로 빼갖고 와서 고향다방 손님을 다 뺏어가다시피 했어." 고귀순 할머니가 미군부대에서 나온 커피를 대주던 장사를 하셨는데, 물건이 바작으로 들어갔다고 한다.

바작은 짐을 싣기 위하여 지게에 얹는 소쿠리 모양의 물건인데, 그때는 물건을 나를 때 수레가 없고, 바작꾼들이 있었다. 이 왕궁다방 할머니는 아주 억센 분이었다. 하반영 선생님도 "싸낙배기 할머니가 하던 다방이 왕궁다방이었고, 그 다방 골목에 피난 내려온 영화배우 도금봉 씨가 사셨는데, 전주에서 쌍둥이를 낳으셔서, 쌍둥이 엄마라고 불렀다."고 한다.

우인다방

"우인다방은 주로 극단배우들이 많이 댕겼어. 서울서 극단이 한 번씩 오면 전주 시내가 들썩들썩했지. 인기가 굉장했어. 전주극장에서 공연을 하면 사람이 미어터졌지. 그 배우들이 우인다방에 댕겼는디, 우인다방의 예쁜 마담이 거그서 장사를 했거든. 현인(가수, 신라의 달밤), 김정구(가수, 눈물 젖은 두만강) 이런 사람들이 왔었는데…. 오죽해야 현인 그 사람이 거기 주인이라고까지 헐 정도로 오면 노상 거기 다방에 있었어"(고귀순 증언, 2008년)

이 분들 말고도 당시 우인다방에는 변기종, 김승호, 이예춘, 허장강, 김진규, 주선태, 황해, 박노식, 전택이, 노경희, 도금봉, 김희갑 등 당시 유명 연예인들이 출입했다. 피난에 내려와서 군이나 경찰의 선무공작대에 종사하거나 유랑 악극단을 만들어서, 수복되어 통행이 가능한 곳에서 반공을 연극하고 노래했다. 연극 제목은 〈네가 빨치산이냐?〉 등이었다.

삼양다방

고향, 왕궁, 우인다방이 같은 장소에 있었다면 조금 떨어진 곳에 삼양다방이 있었다. 1950~60년대에는 바닥이 판자였다. 의자에 앉으면 삐거덕 삐거덕 소리가 났고. "살롱 세리너"라는 동호회가 1960년대 초까지 이곳에서 활동했다. 음악 감상 동호회로, 당시 다방의 마담이 굉장한 인테리였다고 전한다. 또 사진전, 그림 전시회도 많이 열렸고, 삼양다방 위층에는 전주문화방송이 있었다.

아담다방

아담다방을 창업한 고귀순 할머니 증언이 참 재미있다. 원래 부잣집 며느리로 시집을 가셨는데, 해방 후에 토지개혁이 있었다. 이때 많은 지주들이 몰락하는데, 할머니가 남부시장에서 가게를 얻어서 어물장사를 시작하자, 당시 "삼남일보"에 양반집 며느리가 장사를 한다고 톱기사가 나왔다. 그러다가 할머니 표현대로 하면 깡통을 팔기 시작한다.

깡통은 미군 PX에서 나오던 물자를 말하는데, 처음에는 하나 둘씩 파시다가 나중에는 전라북도 상권을 잡는다. 커피에다 타먹는 카네이션, 이건 프림인데, 상표 이름이다. 커피, 홍차, 코코아, 설탕 같은 것을 트럭으로 사서, 남창당 한약방 자리에서 도매상을 열고, 전주 웨딩거리에 집을 하나 사서 다방을 창업해 세를 내준 게 아담다방의 시작이다.

당시 아담다방은 고급다방이어서, 판검사, 고관들이 많이 왔다. 점심 후나 저녁때는 자리가 다 찼고 도지사도 오고 그랬다. 할머니 말씀이 솔직하고 재미있다. "근데 도지사 같은 거 오면 안 돼. 지사가 와서 차 팔아주는 거 아니잖아. 어쩌다 오는디, 지사가 그 집이 댕기네 허면 밑에 과장이네 조무래기들이 안 와. 그렇게 지사가 오면 우리집에 오면 오지 말라고 했어" 여기서 황의창 씨 등 미술가와 예술인들이 전시를 많이 했다.

32

전주 오목대 쌍샘과 학인당 땅샘

 당신의 예쁜 얼굴을 보려거든 우물로 가고, 우리네 본디 모습 보려거든 천년 전주에 닿을 일이다.
 상수리나무 빽빽한 오목대에서 찰방찰방 엎질러지는 초록바람을 몇 바가지씩이나 끼얹은 한옥마을은 경기전 뒷길이며 은행나무길, 향교길과 토담길, 쌍샘길 할 것 없이 골목골목마다 진초록이 남실남실 고여 있다. 골목길을 넓히느라 잃어버린 샘터를 '쌍샘길(오목대길 5-19 일대)'이라 추억하던 사람들은 다시 곁길을 넓히며 소방도로를 내느라 듬직한 한옥의 마당을 지우고 있다. 최근 한두 해 사이 한옥마을 지원이 많았지만 주민들의 집집에까지는 미치지 못했나 보다. 오래전에는 교동이나 풍남동 주민뿐만 아니라 노송동, 멀게는 인후동에서도 쌍샘으로 물을 길러 왔다고 한다. 처음에는 바가지로 떠서 쓰는 샘이었다가, 두레박으로 물을 퍼올리게 됐다.
 지금으로부터 5~6년 전까지만 해도 두 개의 우물 중 하나는 남아있었지만 도로가 생기면서 그마저도 없어졌다. 쌍샘은 현재 흔적이 남아있는 자리에 한 개가 있었고, 나머지는 그 위로 약 8m 위에 위치하고 있다. 지금도 쌍샘 주변에 살고 있는 집에는 물지게며 두레박이며 물을 담아 두었던 커다란 물통이 남아있다.
 쌍샘 주변은 미나리꽝과 호박밭이 있었으며, 밤에는 길이 얼고 낮에는 녹아 장화의 절반이 빠질 정도로 질펀해서 동네 사람들이 연탄재를 깨서 땅을 다져야 겨우 다닐 수 있었다고 한다. 가장 맛있다는 서리태 콩나물에 들어갔던 녹두포(교동 일대)의 샘물은 수질이 우수했을 뿐만 아니라 지하수이기 때문에 수온이 사계절 거의 일정하게 유지되어 콩나물 재배에 적합하기도 했다고 한다.

전주시는 2022년까지 추정사업비 약 17억을 들여 주민들의 기억이 담긴 쌍샘을 복원하고, 주변에는 소규모 공연을 위한 광장을 조성할 계획이다. 쌍샘이 복원되면, 우물을 통해 만남과 소통이 이뤄졌던 옛 생활풍습을 재현하는 등 다양한 전통문화콘텐츠를 선보일 수 있어 한옥마을에 새로운 역사 문화 자원으로 자리매김할 것으로 기대된다. 나아가, 가장 한국적인 관광지이자 세계적인 관광지인 전주한옥마을의 정체성 확립에도 도움이 되고 관광객들의 동선도 확대돼 전주가 글로벌 문화관광도시로 도약할 수 있을 것으로 전망된다. 이와 함께 시는 관련 스토리텔링을 개발하는 등 관광과 접목한 역사 문화 콘텐츠를 발굴하는 데도 힘쓸 계획이다.

한옥마을 남쪽에 자리한 학인당(전북 민속문화재 제8호)은 유일한 한옥 문화재로, 2개의 우물이 지금도 남아있다. 종가로 전하여 내려오는 유구한 역사와 넓은 마당, 연못이 있는 정원, 독특한 땅샘은 학인당에서만 느낄 수 있는 매력일 것 같다. 하나는 땅샘으로 250여 년이 넘었다. 지금도 사용하고 있는 우물은 1908년 건립 당시엔 만들어졌다고 안주인 서화순 여사가 말했다. 땅샘은 정원의 돌계단 16칸을 내려가게 만들었으며, 한여름에도 일정한 온도가 유지돼 열무김치이며, 수박 등을 보관하는 냉장고다. 계단의 길이는 420cm며, 입구에 대리석이 깔려 있다. 작은 연못에서 금붕어가 이곳을 다녀간

김구 주석처럼 유유히 헤엄치고 있다.

　학인당 안채가 앉혀지기 전에 원래 그 자리에 초가집이 있었다고 한다. 땅샘은 바로 그 초가집 앞에 있던 우물이었다. 그 우물을 메우려고 했으나 집안의 우물을 메우면 자손이 끊긴다고 하여 샘을 살려 놓았다. 이곳은 청수정(옛 지명)이 있었을 만큼 물이 맑은데다가 마당의 땅샘을 살리기 위해 정원을 만들었다고 한다. 용혈이 있는 명당으로 용소가 바로 땅샘이며, 용의 꼬리와 용의 머리가 집안 곳곳마다 자리하고 있다고. 우물 속에 파아란 바람이 분다. 학인당 정원 한가운데 근사한 박우물 하나. 샘을 둘러싸고 높직이 쌓아올린 아름드리 돌에는 푸릇한 이끼가 곱게 덮였다. 황금빛 도는 갈색 돌계단을 밟아 내려가면 홀연 계곡에 들어선 듯한 서늘함과 아늑함 속에 옹달샘이 들앉아 있다. 땅밑으로 내려가 있다고 해서 땅샘이란 이름을 갖고 있다.

　어느 시인의 시구처럼 우물 속에는 달이 밝고 구름이 흐르고 하늘이 펼치고 파아란 바람이 불고 가을이 있다.

　어린 시절 비가 오면 마당에서 혼자 놀며 빗물 고인 땅에 부러 발자국들을 찍던, 발자국을 비잉 돌려 꽃잎을 만들던 기억이 있다.

　전주의 특징을 한 번에 느낄 수 있는 곳이 있는바, 한옥마을에 자리잡고 있는 '다문(茶門)'이 바로 그곳이다. 1939년에 지은 이 한옥의 마당 한쪽에는 그 내력마냥 깊은 우물이 있다.

　'다문'에 처음 온 사람들이라면 "어라~." 신기해하며 모여들었다가 "어, 진짜 물이 있네." 다시 한번 가슴 두근거리며 우물 안으로 깊숙이 고개 처박고 들여다보게 되는, 또 그래서 한두 번쯤 두레박질을 하며 아이 같은 웃음을 터뜨리게 되는 그런 우물로, 집을 건립할 당시에 지은 것으로 보인다. 다문의 서쪽에는 오래된 우물이 있다. 깊이가 560cm에 이르며 지금은 식수로 사용하지 않지만 손님들이 와서 손을 씻고 설거지를 하는 용도로 사용하고 있다고 박 대표의 아내 오 여사가 말했다.

기묘년인 1939년에 이 집을 건립한 만큼 우물이 그 때 만들어지지 않았을까. 그런데 이게 웬 횡재인가. 이 집엔 두꺼비 세 마리가 살고 있다. 우물이 나오는 석상에 아주 큰 두꺼비는 집에 이사올 때부터 있었으며, 문 밖 입구의 물이 빠져나가는 곳의 새끼 두 마리는 20여 년 전에 지인이 선물했다고 한다. 그래서 이 집에 오면 많은 복을 받아가지 않을까 싶다. 반가워요, 다문의 복두꺼비.

어정(御井)은 임금의 음식을 만들거나 임금이 마실 물을 기르는 우물을 말한다. 그리고 종묘(역대 여러 임금의 위패를 모시는 왕실의 사당), 사직단(임금이 백성을 위해 토신인 사와 곡신인 직에게 제사 지내던 제단) 등에서 임금이 참여하는 제례(제사)에 사용하는 우물도 어정이라고 한다.

태조 이성계의 영정을 모셨던 경주의 집경전, 평양의 영숭전, 전주의 경기전의 우물도 어정이라고 한다. 깨끗하고 성스럽게 취급해야 하므로 주위에 담을 두르고 문을 설치해 두기도 했으며, 《여지승람》을 보면 "성안에는 우물이 223개가 있었는데 이것이 그중 첫째가는 우물이다."고 소개된다.

전주시는 2004년 4월 20일 경기전 서쪽 부속 건물인 어정을 비롯, 수복청(守僕廳), 수문장청(守門將廳), 마청(馬廳), 동재(東齋), 서재(西齋), 제기고(祭器庫), 전시청(典祀廳), 용실(龍室), 조과청(造菓廳) 등 제사 관련 9개의 유물을 복원했다. 경기전 조경묘의 어정을 생각하면 고종황제의 딸 황녀 이문용(1900~1987) 여사가 생각난다. 그녀는 말년에 이곳에서 기거를 하였다고 하며, 10년 동안 어정을 사용했다.

1975년 5월 20일에 수직사 건물에 이사를 온 후, 그해 11월 20일 75회 생일을 맞아 그녀를 돕기 위한 바자회가 열렸다.

1987년 3월 28일 오후 5시 30분에 88세를 일기로 생을 마감한 그녀는 도래샘을 꿈꾸지는 않았을까.

승광재 옆 전주 최부잣집은 예전엔 작은 빨래는 작두샘에서 하고, 큰 빨래는 식모 할머니가 전주천에 가서 삶아 빨았다고 한다. 교동 '우물 좋은 인생 부동산'은 1960~1970년대 어려운 시절, 우물에서 물을 길어 콩나물을 팔았다고 전하는바, 깊고 물이 맑았기 때문에 가능한 일이 아니었을까. 전주공예품전시관 맞은편 골목의 소리풍경에서 작두샘을 볼 수 있다. 이곳의 샘은 120년이 됐다고 하며, 주둥이를 등위에 대고 작두질을 할 수 있지만 물은 나오지 않는다.

한옥 마을의 우물을 하나둘씩 복원할 수 있도록 지원해 방문객들로 하여금 낭만을 선사하면 안될는지. 과거엔 더운 여름밤에는 마당에 돗자리나 멍석을 깔고 모퉁이에 쑥으로 모깃불을 피워 모기를 쫓으며 재미있는 이야기를 하는 가운데 더위를 잊고 지냈다. 어릴 적 돗자리에 누워 밤하늘의 수많은 별을 바라보며 어머니께서 들려주시던 옛날이야기를 듣고 부채바람을 맞으면서 잠이 들던 때가 그리워진다.

너무 더운 날에는 저녁을 먹은 뒤 마을 앞을 흐르는 개울에서 멱을 감거나 우물가에서 '등목'을 해서 몸을 식힌 후 잠자리에 들었는데, 등은 한기를 잘 느끼는 곳이라 웃통을 벗은 채 찬물을 끼얹으면 그 시원함은 말로 표현하기 힘든다.

등목! 생각만 해도 몸이 시원해지지 않나?

33
전주 옴팡집

　전주의 음식점 '옴팡집'을 들어본 적이 있는가.
　1963년 10월 9일자 경향신문엔 "없어진 명물 옴팡집"이란 기사도 보인다. 경원동 한 모퉁이에 쓸쓸하게 남겨진 이숙자(李淑子)라고 하는 68세의 노인은 전주비빔밥의 특색을 표고자장과 고기 국물로 밥을 비비는 묘(妙味)와 함께 이 고장의 별미인 나물을 얹는 것이라고 했다. 옴팡집이 처마가 낮아 역대 도백(道伯, 도지사)들도 절을 하며 식당에 들어왔다고 회고했다. 표고자장은 버섯과 쇠고기를 장조림한 간장을 말한다.
　전주비빔밥은 옛날에 장작불에 지은 밥에 남원 운봉에서 나는 목기 함지박에 탐스럽게 비볐으며, 조선간장과 집에서 담근 고추장을 사용했다. 옴팡집에서는 7년 이상 묵은 간장을 썼다고 한다. 옴팡 찌그러진 듯한 작은 초가집을 손님들이 '옴팡집'으로 붙인 이름 붙였으며, 경원동 동문거리에 자리하고 있었다고 한다. 다시 말해 간판의 이름이 아닌 셈이다.
　이병훈 시인은 〈옴팡집〉이란 시를 지었다.

　　지금은 그때 그 자리가 아니지만 전주에는 곳곳에 夕汀의 집이 있습
　　니다 남노송동 북노송동 경원동 중앙동 골목으로 휘어져 들어간 옴팡집

조곰 기웃한 전주의 옛집 주막은 해 기울 때쯤 법석거렸습니다 서서 마시는 것이 예사이나 夕汀의 자리는 따로 마련해 있었습니다 주모는 그저 좋아 夕汀의 자리를 맴돌았습니다. 夕汀은 중심이었습니다 泰山木이었습니다.

완산초등학교 서편 마을은 좁고 긴 골목들이 미로처럼 얽혀있다. 송영상 씨는 언젠가 필자에게 한일관 이전엔 완산동 원각사 골목에 오 씨가 문을 연 오 씨 집으로 통한 콩나물국밥집이 유명했다고 했다. 오 씨 집 이후엔 완산교 머리에 도래파와 김제파가 있었다. 도래파는 한옥이었으며, 김제파는 한식 2층집으로 전주천을 끼고 유명했다고 한다. '한일관'은 남부시장 골목에서 해방 전부터 영업을 시작했으며, 국물은 북어와 멸치 등으로 고아냈다. 한때 양키골목으로 유명한 남부시장 옆 민생병원 자리로 옮겨 앉을 당시엔 복쟁이가 유명했다. 그후 수도여관 골목으로 옮길 때 옥호를 바꾸고 콩나물국밥을 해장국으로 내놓았다. 그후 다시 이전 개업을 할 당시, 점심때엔 해장국을 팔지 않고 일정량을 판매하고 나면 문을 닫는다는 소문이 나 심지어는 꼭두새벽에 나온 사람들이 있었다.

역대 대통령이 전주 행사에 오게 되면 한일관에 들러 식사를 할 정도로 전주 음식의 뿌리라고 할 만큼 자부심 또한 컸다. 전주 음식을 테마로 한 스토리를 찾아 문화관광상품으로 만들 수는 없을까.

다음은 김창주 씨가 발표한 〈비빔밥의 문화원형〉이란 글의 일부다.

관화(觀花)시절
1921년 4월 "관화시절의 단속, 꽃 때가 되어 사람의 왕래도 차차 많아짐에 따라 경찰관도 많이 출동하여 통행 등을 단속하고, 구호반을 설치하여 부상한 사람이 있을 때 속히 구호하며, 맥주·사이다 등 음료 및 음식 값을 엄중히 단속한다는데, 물가를 다음과 같이 정하였다. 맥주 한 병 칠십오 전, 사이다 한 병 삼십 전, 일본식비빔밥 일인분 오십 전, 점심 상등 일 원 보통 칠십 전"이란 신문기사를 볼 수 있다. 이에 비해 1930년 우리 비빔밥의 가격은 10~15전 내외였다. 1931년 5월 윤백남이란 사람이 전주 대정여관에 하루를 묵고 말로만 듣던 전주비빔밥을 먹는다. 그의 평은 "무엇이 좋아서 전주비빔밥, 전주비빔밥 하는지 그 이유를 알지 못하겠다."라며 솔직한 소감을 기록했는데, 당시에도 전주비빔밥은 꽤 유명했던 모양이다. 그는 며칠 후 상주에 도착하는데, 서울과 흡사한 비빔밥을 먹을 수 있었다며, 상주 음식에 홀렸다고 단가를 한 가락 지어 기록했다.

도시 비빔밥과 시골 비빔밥

1937년 11월 안경이란 사람이 묘사한 종로 W백화점으로 비빔밥을 사 먹으러 간 풍경이다. "백화점 내로 들어가니 스팀의 훈훈한 감촉이 필자의 몸과 마음을 녹여주었다. 엘리베이터가 내려오기를 대 긴 장리에 대기하고들 서 있다. 오층입니다. 양화부, 완구부, 식당이 있습니다. 엘리베이터 걸의 꾀꼬리와도 같은 말소리가 끝나자 (중략) 정오가 지난 때라 식당 안은 사람들로 와글와글, 비빔밥 한 그릇을 주문하고, 비빔밥을 태(怠)템포로 파스하기 시작했다(천천히 먹었다는 말.)" 이어지는 이야기는 시골에서 온 영감님의 눈은 경이와 불안을 느낀 채 급속도로 회전했다는 식의 묘사, 쇼팽의 〈소야곡〉과 〈방아타령〉 중 어떤 음반을 구매할지 고민하는 신혼부부의 모습, 백화점에서 물건 값을 깎아달라는 시골 사람들의 모습 등을 우스꽝스럽게 그리고 있지만, 그다지 유쾌하지 않다. 1938년 10월에는 "기산영수의 향기 탄 함평소주에 비빔밥"이라는 신문기사를 볼 수 있다. 비빔밥 한 그릇에 십오 전, 여기에 소주 두 잔이란 소개를 볼 수 있는데, 함평소주의 근원이 기산영수의 수향(水香)이 아닐 수 없다고 기록하고 있다. 1939년 5월에는 익산 황등 건덕정에서 궁도대회가 개최되는데, 황등을 요교제(황등호)와 비빔밥이 유명하다고 소개한다.

비빔밥은 물가의 기준

1954년 4월에는 "현실 무시하는 사정위 물가폭등을 조장"한다는 기사를 볼 수 있다. "서울시 물가사정위원회에서 백반 한 상에 근 쌀 한 말 값이라는 터무니없는 음식물 가격을 사정하여 내무부에 인가 신청을 하였다."며, "현실을 무시한 사정을 한"것에 비난을 하고 있다. 이어서 책정한 음식 가격을 한정식 450환, 냉면 150환, 비빔밥 150환, 설렁탕 150환, 떡국 150환, 만두국 150환, 대구탕 150환, 커피 50환, 홍차 50환이라고 공개했다.

비빔밥의 스토리텔링

1958년 11월 동아일보의 〈팔도강산 발 가는 대로 붓 가는 대로〉라는 기획기사를 보면, "전주에 들를 기회가 있는 사람이면 누구나 유명한 전주비빔밥 한 그릇 먹어본다."라며 전주의 근대 건축물 속에 위치한 초가집인 옴팡집을 소개한다. 마담 이 여사가 손수 간을 맞추며, 반드시 주문을 받고 나서야 음식을 만들어 백반을 먹으려면 한 시간 반 내지 두 시간을 기다려야 한다는데, 성계젓, 고록젓, 전

어밤젓이 특미고, 타지방에서는 못 보는 고들빼기김치 등은 누구의 구미도 당길 만하다며, 적극 추천하고 있다. 1963년 10월 〈없어진 명물 옴팡집〉이란 기사를 보면, 경원동 한 모퉁이에 쓸쓸하게 남겨진 "이숙자 라고 하는 68세의 노인은 전주비빔밥의 특색을 표고자장(버섯과 쇠고기를 장조림한 간장)과 고기국물로 밥을 비비는 묘와 함께 이 고장의 별미인 나물을 얹는 것"이라며, 옴팡집이 처마가 낮아 도백들도 절을 하며 식당에 들어왔다고 회고했다.

도지사도 절을 하며 식당에 들어와 먹었다던 전주비빔밥의 스토리텔링은 동학농민혁명으로 이어진다. 1969년 5월 경향신문의 기획기사 〈역사와의 대화—녹두장군 전봉준〉편을 보면, "용머리 고개에서 만난 한 고로는 그때 동학군 군사들이 한번 움직이려면 밥 해대기가 얼마나 큰일이었는지, 군사들에게 일일이 반찬을 갖춰 먹일 수가 없던 탓으로 그냥 밥을 비벼서 지게에 져 날랐던 데서 오늘날 전주비빔밥이 전통이 됐습니다."라고 기록하고 있다.

비빔밥의 산업화

1970년에는 신세계백화점이 〈팔도강산특산물 민속전〉을 개최하는데, 전주의 비빔밥 업소가 참여해 상당한 성과를 거둔다. 이듬해에도 신세계백화점이 구내식당에서 전주비빔밥을 판매하자, 고객 유치에 효과를 본다. 이에 서울 시내 백화점 모객작전이 새로운 양상을 보이기 시작한다. 이와 함께 토산물 개발과 수출이란 칼럼도 눈에 띈다. 고속도로 개통과 함께 전주와 서울이 1일생활권이 되었다는 기사와 전주의 관광객이 부쩍 늘었다는 기사, 전주시내 다방, 음식점, 토산물 가게 등은 경기가 좋지만, 관광객이 당일 집으로 돌아가기 때문에 숙박업소는 한산하여 일부 업자는 울상이고, 전주 여성의 옷차림도 서울과 마찬가지가 되었는데, 기성복이 들어오면서 양복점, 양화점이 문을 닫고 있다고 기사도 보인다. 당시 전주톨게이트에는 하루 평균 500여 대의 차량이 오갔다. 전주-서울간 고속버스 요금은 850원, 운행시간은 3시간 10분이 소요되었다.

  1975년 2월 동아일보의 기획기사 〈공업화 바람에 탈바꿈하는 고도 전주〉편을 보면, 전주식 비빔밥이 사라져 가고 있다는 비판과 얼치기 콩나물국만 남아 예전 그 맛은 아니라고 평하고 있다. 1976년 9월 경향신문의 칼럼에는 전주비빔밥의 조리법이 등장하는데, "밥은 양지머리를 푹 고은 육수로 짓는다."고 기록하고 있다. 양미경 박사의 연구(2013)에 따르면 이 조리법은 당시 전주의 유명 식당 주인이 농담으로 한 말이 기록되어 전주비빔밥의 원형처럼 재구성된 것으로 밝혀졌다. 비빔밥 가격에도 국가가 개입했으며, 전주만 비빔밥이 유명했던 것도 아니다. 타 지역과 달리 전주비빔밥이 유명세를 가질 수 있었던 계기가 존재했고, 그에 따른 이야기들이 있었다. 문화의 원형을 발굴하는 과정은 시대의 담론에 따라 재구성된 것이다. 문화의 원형이란 존재할 수 없는 허구에 불과하다.

34
●
예수병원 설립자 마티 잉골드의 젓가락질

예수병원이 개원 120년을 기념해 2019년 10월 24일에 예수병원 설립자《마티 잉골드 일기》를 번역 출판했다.

《마티 잉골드 일기》는 120년 전에 미국 남장로교 선교부에서 대한민국 전주에 파송한 의사 마티 잉골드의 일기를 번역한 책이다.

한강 이남 최초 의사인 마티 잉골드(Dr. Mattie, B. Ingold, 1867~1962)의 일기, 진료기록, 주일학교 기록, 기고문 등 전체 8부, 400페이지 분량이다.

이 책에서 처음 소개되는 당시 잉골드가 체험한 진기한 기록, 흥미로운 수많은 에피소드와 사진으로 구성됐다. 이 책에는 의료와 봉사의 사명에 따라 미국의 모든 안락한 삶을 버리고 고난과 희생을 선택해 1897년 한국 땅에 와 참혹한 민중의 삶과 함께한 벽안의 처녀 의사의 삶이 오롯이 담겨 있다.

《마티 잉골드 일기》는 지구촌 가

장 가난한 나라에 찾아와 박애를 실천한 행동하는 청년 지성이 28년 젊음을 바쳐 이룬 사랑의 서사시이자 그녀의 95년 전 생애로 완성한 진가의 사랑이다.

한편 호남, 전주 사람들의 절박한 상황 가운데 혁명적 변화를 넉넉하게 받아들인 따뜻한 심성도 엿볼 수 있다. 한강 이남 최초의 의사인 마티 잉골드는 1892년에 미국 남장로교 선교사로 임명을 받은 후 1897년에 우리나라에 와 1898년 11월 3일에 전주 서문 밖에 진료소를 세우고 여성과 어린이를 위한 진료를 시작했으며 예수병원은 2018년 개원 120주년을 맞았다.

마티 잉골드는 30세 처녀의 몸으로 1897년 9월 14일 홀로 한국에 도착해 1년 후에 전주성 서문 밖 은송리에 예수병원의 모태가 된 초가 진료소를 세우고 가난한 환자를 사랑의 손길로 돌보기 시작했다.

잉골드는 28년간 의료선교사, 전도사, 근대적 교사, 문서선교 등 일인다역을 감당해 근대 의료사, 개신교 선교사뿐만 아니라 우리나라 근대 역사에서 중요한 위치를 차지하고 있다. 잉골드는 1925년, 58세에 28년간의 한국의 모든 사역을 마치고 미국으로 귀국했고 1962년, 95세 일기로 별세할 때까지 한국의 의료와 기독교 선교에 지속적인 관심을 기울였다.

"나에게 무엇이 닥칠 것인가에 대해 나는 두려워하지 않았다. 나는 하나님의 보호하심 아래에 있다. 내가 거저 받았으니 거저 줄 수 있게 하소서."(1897년 7월 18일 《마티 잉골드의 일기》 중)

호남 의료선교의 중심에는 늘 전주예수병원이 있었다. 예수병원은 119년 전인 1898년 미국 남장로교 선교사로 한국을 찾은 마티 잉골드 여사가 설립했다.

노스캐롤라이나 볼티모어 여자의과대학을 수석으로 졸업한 마티 잉골드는 항상 '낮은 곳'에 임했다.

1892년 선교사로 임명된 그는 1897년 전주성 서문 밖에 도착해 1898년 11월 예수병원을 설립한 뒤 여성과 어린이를 상대로 진료를 시작했다.

잉골드가 전주 성문 밖에 초가 한 채를 사들여 진료한 게 예수병원의 뿌리다.

예수병원은 국내 근대식 병원으로는 세브란스의 전신인 광혜원(1885)에 이어 두 번째로 역사에 기록됐다.

그는 말을 타고 왕진을 다니며 28년간 불우이웃과 환자를 사랑으로 섬기며 불꽃 같은 삶을 살았다. 전주 중화산동 일대는 닥터 마티 잉골드와 '7인의 선발대(The Band of Seven Pioneers)'가 흘린 피와 땀으로 이루어진 곳이다. 예수병원의 창립자 잉골드는 1867년 5월 31일 미국 노스캐롤라이나주 르노아에서 출생했다. 그 후 윈트롭(Winthrop) 대학을 졸업하고 의료선교사가 되기를 결심한 다음, 1896년 볼티모어 여자의과대학을 수석으로 졸업했다.

1896년에 간행된 이 학교의 제14회 편람에 의하면, 마티 잉골드는 최종 시험에서 최고점을 받았다. 그녀는 의학 이론과 실기에서 두드러진 실력을 발휘해, 마침내 졸업식장에서 두 개의 금메달 독차지라는 전무후무한 기록을 세웠다. 잉골드는 서른 살이 되던 해인 1897년 9월 15일 제물포에 도착했다.

이때 루이스 테이트(Lewis B.Tate) 목사의 영접을 받고, 그해 11월 전주에 도착했다. 그리고 1년 뒤인 1898년 11월 3일 화산동 언덕의 초가집에 진료소를 열고 의료 활동을 시작했다. 서양의학을 통한 근대적인 치료가 전주지역에서 처음으로 시행된 것이다. "내가 거저 받았으니, 거저 줄 수 있게 하옵소서!"라는 잉골드의 순교정신이 깃든 예수병원의 출발이었다.

잉골드의 일기 가운데 1989년 5월 2일의 기록을 보면 전주의 잔치에 초대돼 젓가락 쓰기에 성공했음이 단연 눈길을 끈다.

> 얼마 전에 우리 일원 중 한 명의 집에서 열리는 잔치에 선교부의 숙녀들을 초대했다. 그 잔치는 어느 76세 어르신의 생일이었는데 얼마 전 내가 당신에게 말했던 세례를 받은 그 여인, 바로 이씨 부인이다.
> 우리는 9시 30분 그녀의 집에 도착했다. 한국인들은 보통 9시나 10시에 아침 식사를 한다. 보통 부엌에는 식탁이 없어 마루가 식탁으로 사용됐고 미리 준비된 음식들은 작은 놋그릇이나 토기마다 최대한 눌러 담았다. 거의 모든 음식에 고춧가루가 빠짐없이 들어갔다. 한국인들은 고춧가루가 넉넉히 들어가지 않은 음식은 맛이 없다고 여긴다.

이윽고 접시들이 무릎 높이의 작은 식탁 위에 놓이자 커다란 무쇠솥에서 조리된 쌀밥이 놓였다. 사람마다 음식을 한 그릇 가득 담아 놋수저로 먹었다. 한국 친구들은 정중하게 젓가락으로 모든 것을 집어 먹는다.

이씨 부인이 청한 기도 후 우리는 젓가락을 사용해 무슨 음식이 있는지 살폈다. 젓가락을 사용하기 위해 온 정신을 쏟은 내 노력은 친구들에게 유쾌하게 했고 큰 웃음을 주었다.

결국 친구는 젓가락 대신 사용할 뾰족한 막대기를 가져다 주었지만 젓가락을 능숙하게 다룰 수 있다는 것을 보여주기 위해 사용하지 않았다.

음식들을 집으려는 노력은 다행히 성공했지만 입맛이 한국식 음식에 충분히 적응하지 못했다고 솔직히 시인했다.

밥 주변에는 최소 열 가지의 다른 음식이 있었다.

> 순무튀김, 작은 해조류, 순무김치는 충분히 먹을 만했다. 기름에 튀긴 다양한 종류의 맛있는 다진 말고기와 말로 표현할 수 없는 맛의 말린 생선, 젤리 같은 '묵'과 삶은 콩나물이 있었다. 소금이나 버터, 그레이비소스 없이 밥을 먹는 것에 익숙하지 않았지만 나는 많이 남기지 않도록 노력했다. 한국 음식에 적응하지 못한 그에게 음식 나누기는 절실하게 필요한 것이었다. 전에 알지 못했던 이 관습을 배우게 되어 너무 기뻤다.

전주는 예나 지금이나 콩나물이 상에 올랐던 것 같다. 묵의 경우 청포묵인가 황포묵인가 확인이 안 된다.

잉골드는 이때 이후로 현지 음식(특히 고춧가루처럼, 절대 달가워할 수 없는 두려운 음식도 있지만)을 몇 차례 경험하면서 젓가락을 훨씬 더 능숙하게 다룰 수 있게 됐다.

가장 최근 경험은 불과 며칠 전의 일로 자신을 초대한 사람은 그 집에 도착하기 전에 너무 배가 고플까 걱정했지만 이전의 경험에 비추어 출발하기 전에 미리 식사를 마쳤기에 힘들지 않았다고 했다.

이때 전주 사람들은 흰 무명천, 밝은 볏집 색의 옷이나 명주옷을 입었다. 젊은 여인들은 다양한 색상의 상의를 입고 때로는 고급스러운 파란색 치마를 입었다.

나이 든 여인들은 허리까지 오는 훨씬 더 긴 저고리를 입었다. 흰 버선으로 외출용 복장을 완성시켰다. 여기서는 머리 위로 녹색 겉옷을 덮지 않았다.

비오는 날에는 나막신을 신었고 보통 날씨에는 가죽신이나 짚신,

끈이 있는 미투리를 신었다.

물론 집에 들어갈 때마다 벗기 쉽도록 모두 낮게 만들었다. 가죽신을 보통 흰색으로 배 모양이었으며, 가장 좋아 보였다.

짚신은 구성이 떨어지지만 한 켤레에 3-4센트 정도로 저렴했다. 오는 여름에 한 켤레에 10센트 정도하는 미투리를 신어볼 생각이지만 그다지 편할 것 같지는 않다고 느낌을 밝혔다.

잉골드는 1962년, 전주 서문교회를 세운 남편 테이트 목사 옆에 묻혔다. 묘비에는 "28년 동안 한국에서 선교사로 봉사했다."고 기록됐다.

35

경기전 어정(御井)과 제례 음식

전주시는 2004년 4월 20일 경기전 서쪽 부속 건물인 어정을 비롯, 수복청(守僕廳), 수문장청(守門將廳), 마청(馬廳), 동재(東齋), 서재(西齋), 제기고(祭器庫), 전시청(典祀廳), 용실, 조과청(造菓廳), 용실 등 제사 관련 9개의 유물을 복원했다.

이곳엔 어정(御井)이 하나 있다. 임금의 음식을 만들거나 임금이 마실 물을 기르는 우물을 말한다.

그리고 종묘(역대 여러 임금의 위패를 모시는 왕실의 사당), 사직단(임금이 백성을 위하여 토신인 사와 곡신인 직에게 제사 지내던 제단) 등에서 임금이 참여하는 제례에 사용하는 우물도 어정이라고 한다. 태조 이성계의 영정을 모셨던 경주의 집경전, 평양의 영숭전, 전주의 경기전의 우물도 어정이라고 한다. 깨끗하고 성스럽게 취급해야 하므로 주위에 담을 두르고 문을 설치해 두기도 했으며, 《여지승람》을 보면 "성 안에는 우물이 223개가 있었는데 이것이 그중 첫째가는 우물이다."고 소개됐다.

경기전 조경묘에 또 하나의 어정이 있다. 이곳의 어정을 생각하면 고종황제의 딸 황녀 이문용(1900~1987) 여사가 생각난다.

그녀는 말년에 이곳에서 기거를 하며, 10년 동안 어정을 사용했다.

1975년 5월 20일에 수직사 건물에 이사를 온 후, 그해 11월 20일 75회 생일을 맞아 그녀를 돕기 위한 바자회가 열렸다.

1987년 3월 28일 오후 5시 30분에 88세를 일기로 생을 마감한 그녀는 도래샘을 꿈꾸지는 않았을까.

경기전(慶基殿)은 1410년에 전주에 세워진 태조진전(太祖眞殿)으로서 태조의 영정을 봉안한 곳이다. 태조진전은 창업군주의 덕을 칭송하고 추모하는 공간으로서 함흥, 경주, 평양, 전주, 개성 등 5개 처에 세워졌다.

태종~세종 연간의 태조진전의 건립과 국가의례 정비과정에서 진전 의례는 정비됐다.

진전 의례는 성종대 국조오례의 체제로 그대로 수용됐고, 국가제사로서 정제(正祭)와 '왕실 조상 제사'로서 속제(俗祭)로 구분되어 편입되었다.

이러한 구분과 의례의 변천은 각 제사의 제기의 사용 및 의례절차, 그리고 제례음식에서도 격을 달리한다. 진전의례는 종묘의례와 같이 엄숙하고 절도있게 행하는 국가제사라기보다는 왕실의 조상제사의 성격이 강했다. 또한 고기를 줄이고 다식 위주로 제례음식을 올리는 것을 볼 때 불교적 색채도 짙었다.

2016년 한국농업사학회에 등재된 김철배박사(임실군청 학예연구사)의 논문 〈태조진전 의례 정비와 경기전 제례 음식을 토대〉로 경기전의 진설 음식을 소개한다.

경기전 제물 진설

진전의 제물 진설 규례는 1447년(세종 29) 11월에 마련된다.

의정부에서 예조의 첩정에 의거하여 여러 산릉과 진전의 대소 제품(祭品)을 고쳐 다시 상정했다. 즉, 건원릉을 비롯하여 현덕빈 묘소에 대한 여섯 별제와 고유제, 이환안제, 기신제, 삭망제 제물의 진설, 진전의 제사 및 고유제, 이환안제의 제물의 진설 규례가 마련됐다.

이에 따르면 경기전을 비롯한 진전 제사는 여섯 번의 별제(別祭)와 선고유이환안제(先告由移還安祭)로 구분하고 있다.

여섯 별제의 진설시 제탁과 면협탁을 붙여 진설한다.

제탁에는 네 줄로 제수(祭需)를 진설했다.

첫째 줄에는 중박계(中朴桂) 4좌, 둘째 줄에는 산자(散子) 5좌, 셋째 줄에는 다식(茶食) 5좌, 넷째 줄에는 실과(實果) 6좌를 진설한다. 협탁에는 3줄로 진설한다.

첫째 줄에는 떡 6좌, 둘째 줄에는 탕(湯) 6좌, 셋째 줄에는 잔(盞) 3개를 진설한다.

그리고 고유제 및 이환안제에서는 제탁에 4줄로 제수를 진설한다.

첫째 줄에는 소박계(小朴桂) 4좌, 둘째 줄에는 산자 5좌, 셋째 줄에는 다식 5좌, 넷째 줄에는 실과 6좌를 진설한다. 협탁의 첫째, 둘째 줄에는 탕을 각각 3좌씩 진설하고, 셋째 줄에는 잔이 셋이다.

진전의 여섯 별제의 진설에 비해 고유제, 이환안제의 진설에는 화초가 없으며, 중 박계 대신에 소박계로 진설하며 떡을 올리지 않는다. 따라서 탕 6좌를 두 줄로 나누어 진설한 것이다. 경기전을 비롯한 태조 진전 제사는 길례(吉禮), 속제(俗祭)로, 속절, 즉 정조(正朝), 한식(寒食), 단오(端午), 추석(秋夕), 동지(冬至), 납일(臘日)에 여섯 번 제사를 지냈다. 제사 당일 축시전 오각(丑時前 五刻), 즉 3경(三更, 23시~01

시) 3점(點)에 전사는 감실을 열고 어진을 공손히 손질하고 나서 축문판, 향로와 향합, 초를 나란히 설치하며, 제기와 찬수(饌需), 단지에 제수를 진설한 후, 모두 보자기로 덮어 놓는다. 제수는 속절제사를 바탕으로 탕(湯) 6좌, 떡(餠) 6좌, 실과(實果) 6좌, 다식(茶食) 5좌, 산자(散子) 5좌, 중박계(中朴桂) 4좌를 진설한다.

구체적인 모습은 국조오례의서례 진전제사의 〈진설도〉에 제시되어 있다.

경기전 제물의 종류와 양

경기전 제사시 제물의 종류와 양은 '경기전의'의 '제물등록(祭物謄錄)'에서 33종의 제물을 확인할 수 있다.

제수를 마련하기 위한 30종의 제물과 닥종이(楮主紙), 단자지(單子紙), 저상지(楮常紙) 등 3종의 종이류를 포함하고 있다.

제물은 경기전 제수를 만드는 데 필요한 재료들이다. 제수는 중박(中朴桂), 산자(散子), 다식, 떡, 과일 등이다.

중박계는 '중베끼'라고도 부르는 유밀과의 일종이다.

찹쌀가루를 꿀과 술을 넣어 함께 반죽해 끈기가 생길 때까지 쳐서 갸름하게 썰어 말린 후, 기름에 튀기고, 이것에 깨, 잣가루, 콩가루 같은 고물을 묻혀 먹는 과자이다.

산자(散子)는 상말을 물에 섞어 반죽하고 치대 말리고, 기름에 튀겨 내서 흑당을 바르고, 여기에 말린 찹쌀을 기름에서 불어낸 건반(乾飯)을 입힌다.

산자는 우리 조상들의 무수한 노력과 인내, 지혜가 어우러져 만들어진 대표적인 과자라고 할 수 있다.

경기전 제사시 소용되는 6가지의 떡 중에서 자박병(自朴餅)은 호리병 형태로 찹쌀가루에 물을 넣어 반죽해 꿀을 넣은 콩가루를 넣어 단자를 만든 다음 기름에 부쳐 만든다.

경단병(敬團餅)은 찹쌀가루를 반죽하여 물 속에서 익힌 후, 꿀을 넣은 콩가루와 잣가루를 고물로 사용하며 구슬처럼 만든다.

상화병(霜花餅)은 찹쌀가루에 술을 넣어 반죽한 다음, 속에 꿀로 반죽한 콩가루를 넣고 이단(餌團)을 만들어 증기에 찌는데, 고물로 잣가루를 쓰고 구슬처럼 만든다.

당고병(唐糕餅)은 찹쌀가루에 술과 물을 넣어 반죽해 익혀 절병과 같이 원형으로 잘라 만든다.

절병(切餅)은 흰 쌀가루에 물로 반죽하여 수증기로 쪄낸 후, 동그란 형태로 잘라서 만든다.

유병(油餅)은 찹쌀가루에 물을 넣어 잘 반죽하여 네모로 잘라 기름에 부쳐 만든다.

면(麵)은 녹두(菉豆) 가루로 면을 만드는데 간수, 후추로 탕을 만들고 표고, 죽순, 잣으로 맛을 낸다.

세면(細麵)은 메밀(木麥) 가루로, 영희전, 각 능원묘궁(陵園廟宮)에서 같이 사용한다.

탕(湯)에 대해서는 《경기전의》에서 별도로 규정하고 있지 않다.

《태상지》에 따르면 잡탕(雜湯)은 두부를 사각으로 잘라 넣고, 여기에 간수(艮水), 간장(艮醬), 표고, 죽순, 다시마[鳥海藻], 후추[胡椒], 녹말가루, 잣, 참기름을 끓인 탕을 말한다.

전증탕(煎蒸湯)은 두부[豆泡]를 깍두기처럼 사각을 잘라 기름에 졸여 간수, 간장, 참기름, 후추를 넣어 만든 탕을 말한다.

전증에 후춧가루를 넣고 끓이면 백증탕(白蒸湯)이 된다. 백증탕은 왕릉 절사 및 고유제와 원묘의 기신제에 올렸다.

실과(實果)는 《경기전의》의 〈제물등록〉에서 보이는 것처럼 대추, 밤, 개암, 곶감, 비자, 잣 등의 6색 실과이다.

대추와 밤은 제사에서 빠질 수 없는 것으로 "대추는 찌고 밤은 가린다."고 했다. 이는 신이 벌레를 싫어하기 때문이라고 하며, 벌레가 먹은 것을 의심하여 쪼갤 수는 없으니 반드시 깨끗한 것을 써야 한다.

대추는 꽃 하나에 암수가 함께 있으며, 또 꽃 하나에 반드시 열매 하나를 맺고 떨어지며, 늦게 꽃 피어 빨리 열매 맺는 것이라고 해서 자손의 번창을 바라는 의미가 담겨져 있을 뿐만 아니라 대추씨는 통씨여서 절개를, 아울러 순수 혈통을 의미한다.

밤은 율황, 황율 혹은 생율이라고도 한다. 말린 밤을 율황이라고 하고 통밤을 그대로 사용하거나 약간 쪘다가 말려서 속만 취해 사용하기도 했다. 씨밤은 심으면 뿌리를 내리고 성숙한 나무로 자라더라도 수명이 다할 때까지 생밤으로 썩지 않고 달려 있다고 해서 후손은 조상의 뿌리를 잊지 말하는 뜻이다.

진자(榛子)는 개암나무 열매다. 제수로 사용하는 것은 공경(恭敬)을 고함이다. 흔히 깨금이라고도 하며, 열매는 도토리 모양과 비슷하다.

곶감의 감나무는 씨를 심으면 고염나무로 성장하기 때문에 반드시 접을 붙여야만 제대로 된 감을 얻을 수 있다.

그러므로 인간은 태어나 가르침을 본받고 배워야 비로소 인간의 도리를 할 수 있는 것과 같이 감나무는 접을 붙일 때 몸을 도려내는 아픔이 따르며, 이를 잘 견디어 낼 때 좋은 감이 된다. 이 때문에 곶감을 올린다.

제주(祭酒)는 향온(香醞)이라 하며, 제향 20여 일 전에 본부(전주부)에서 먼저 술빚을 제주미(祭酒米)와 누룩을 밀봉해 보낸다.

전관(殿官)이 어정(御井) 앞에 앉아 수복(守僕) 등을 시켜 우물물을 길어 제주미를 여러 번 씻은 후 술밥을 짓고, 이것을 누룩과 버무려 주방(酒房)에서 술을 담근다.

제주를 담는 방법은 《태상지》보다 자세하게 나오고 있다.

구제(舊制), 원공(元貢), 중미(中米) 102석(정사년에 35석을 더하여 찰쌀(粘米)와 누룩, 소맥 또한 추가하여 내렸다.) 매 말(斗)에서 술이 1병 반이 나온다. 매번 술을 빚는다. 쓰는 쌀 23말로 우선 7말로써 여러 번 씻어서 가루를 만들고 쪄서 익혀 누룩가루와 합하여 고르게 치대서 항아리에 넣는다. 술이 농도가 진해지는 것을 기다렸다가 이내 쌀 16말을 찐밥을 서로 섞는데 물은 넣지 않는다. 다만 누룩가루를 고루 첨가해 저장한 항아리에 넣고 창고에 두어 하루가 지나 발효한 후에는 목조에 비단 주머니에 담아서 압박을 가해 청주를 얻는다. 술을 만드는 것은 본래 찹쌀과 섞어 가루를 만들면 맛이 더욱 달다. 찹쌀(粘米) 울금주(鬱金酒)는 당서미(唐黍米)로 가루를 만들고 누룩과 섞어 푸른색이 되면 울금을 넣고 중탕하면 색이 황색이 되고 맛은 한약재를 넣어 끓인 약용주와 같다.[煮酒] 청주 한 병에 황밀과 후추 각 2전씩을 넣고 큰 동이에 담아서 큰솥에 물을 넣고 동이를 띄우고 천으로 묶어서 가라앉지 않게 하고 꿀이 잘 녹아서 찌기가 다 없어질 때까지 달인다. 얼음을 사용해 식힌다. 오월삭에 처음으로 자주(煮酒)를 사용 하고 8월에 사당에 청주를 올린 다음에 청주를 쓴다.

경기전 제주가 쌀과 누룩으로 숙성시켜서 만든 것이라면 막걸리와 청주의 어디쯤 될 것이다. 여기에 꿀과 호초, 그리고 울금을 넣어 달이면 울금주(鬱金酒)가 된다. 울금주는 1771년에 세워진 조경묘(肇慶廟)에서 사용한 제주(祭酒)였다. 카레의 원료가 되는 울금은 약재로도 쓰이고, 향신료 등으로 쓰이던 것이었다.

조선시대 전라도 전주의 토산품 중에 하나가 울금이었다. 호남읍지 전주편(1872)에 따르면, 울금(鬱金)을 비롯한 석류, 종이, 생강, 벌꿀, 위어(葦魚), 칠(漆), 자기(磁器) 등이 바로 전주의 토산품이었다.

경기전 제주에 꿀, 후추, 울금을 넣고 끓여 울금주가 되는 것은 마치 막걸리에 약재를 넣어 끓여 마셨던 전주의 '모주'를 연상하게 하기도 한다.

울금주가 그 맛과 향이 뛰어나 귀신을 불러온다고 해 울금주에 대한 오해가 있을 것 같다.

이에 울금주에 대한 당나라 시인 이태백의 시 〈객중장(客中作)〉을 소개한다.

蘭陵美酒鬱金香　난릉의 명주 울금(鬱金)은 향기가 뛰어나니
玉碗盛來琥珀光　옥잔에 가득히 따른 술빛은 빛나는 호박색이다
但使主人能醉客　오로지 주인은 나그네를 취하게만 하니
不知何處是他鄕　울금주 한 잔하면 어디가 타향인지 알지 못하네!

《국조오례의서례》진설도와《경기전의》진설도를 비교하면 제수의 차이가 보인다.

첫째 줄의 탕 6좌가 탕 2좌로 축소되면서 면(麵) 1좌가 추가된다.

이는 영희전 제례가 경기전 의례에 영향을 준 것 같다.

실과는 대추, 밤, 개암, 곶감, 비자, 잣의 6종류이다.

산자 5좌는 홍산자와 백산자로, 다식 5좌 또한 황다(黃茶), 백다(白茶)로 각각 마련했다.

제물은 예부터 4장관(四長官) 즉 전주부윤, 남원부사, 나주목사, 광주목사가 순차로 돌아가면서 마련했다.

1780년부터는 전주부가 마련하는 것으로 바뀌었다.

이와 같이 변경된 이유에 대해서는 김육(金堉)이 〈호남 대동법(大同法)의 규례를 올리는 차자(箚子)〉에서 거론한 경기전 제향의 제물 준비에서 단초를 얻을 수 있다.

즉 경기전에서 여섯 번 지내는 제향의 제물을 1년에 6개 고을에서 공진하게 할 경우, 54개 고을이 9년에 한 번 준비하게 되고, 각 읍에서 공진(貢進)하는 규식과 내용이 차이가 발생했다.

이 때문에 어쩔 수 없이 방납(防納)하게 됐다.

하지만 문제는 방납할 때 할당된 16석 외에 돈 150냥이나 쌀 20석을 더 바치게 되는 폐단이 발생했다.

따라서 김육은 경기전 제향의 제물을 4장관 대신에 전주와 임실 두 곳에서 담당하는 것이 좋을 것 같다는 의견을 제시했다.

태조 진전 의례는 크게 태조의 생시(生時), 사후(死後) 의례의 변화를 확인할 수 있으며, 일정 기간 종묘에서와 마찬가지로 사시대향으로 지내다가 1415년이 되어서야 비로소 유명일에 별제로 지내기 시작한다. 태종~세종년간의 태조 진전의 건립과 국가의례 정비과정에서 만들어진 진전의례는 성종대 '국조오례의' 체제로 그대로 수용됐고, 진전의례는 왕실 조상 제사로서 속제(俗祭)로 구분됐다. 바로 이

같은 의례의 구분으로 의례의 절차가 확정되고 사용되는 제기, 제례음식의 격도 규정됐다.

경기전은 오롯이 태조 어진을 봉안하고 있는 유일한 태조 진전이다.

중양대제, 중양절 대제, 경기전 대제, 경기전 대향 등 다양한 명칭으로 제례를 설행하고 있지만 여전히 '국조오례의'의 '속절향진전의'를 바탕으로 하고 있다.

진전의례는, 종묘의례와 같이 엄숙하고 절도있게 행하는 국가제사라기 보단 "오로지 생시(生時)를 본떠 용의(容儀)가 완연하고 정회(情懷)가 기뻐"하는 것으로, 지내는 왕실의 조상 제사의 성격이 강했다.

고기를 줄이고 다식 위주로 제례 음식을 마련하는 것으로 보아 불교적 영향이 남아있는 것으로 생각된다.

36
●
전주 아리랑고개 (불탄뫼)

전주는 오늘도 유전(流轉)의 유전을 거듭하고 있다.

현재의 전북도청 소재지인 전주는 견훤이 이곳에 도읍을 정하고 후백제라 하였으며, 조선조 때는 관향으로 전라감영이 소재했던 땅이다. 1949년 시로 개칭되어 전국 10대 도시 안에 포함됐으나 역대 정권들의 지역차별 정책 등으로 인해 13대 도시로 밀려나 있다가 2004년 63만의 인구로 지정시(준 광역시)로 지정되기도 했다.

그렇다면 마땅히 널리 불리는 〈전주아리랑〉 노래가 있을 법한데 없는 점이 오히려 이상하다. 더군다나 '전주 아리랑고개'길 역시 기억의 저편으로 사려져가고 있어 아쉽다.

> 아리아리랑 아리아리랑 아라랑이 났네으으 아리랑 응 어어 응 아르랑이 났네 김제 만경 아리랑이 굵은 목소리들에 실려 산골을 울리기 시작했다.

조정래의 《아리랑》의 무대인 김제시 죽산면 내촌면. 김제에서 부안쪽으로 10여 분 포장된 길을 달리다가 죽산면 신흥마을에서 좌회전하면 조그만 야산 아래 모습을 드러낸다.

소설 《아리랑》의 주요 등장인물인 지식인 송수익을 포함, 지삼출

감골댁네 손판석·박건식 등이 대대로 뿌리를 내리고 살던 지역이다.

이쪽 세계와 저쪽 세계를 가르는 경계로 이별과 만남, 희망과 상심, 영광과 좌절이 교차하는 한(恨)을 실어보냈던 전라도 아리랑.

청운의 꿈을 품고 과거 보러 가기 위해 넘던 아리랑고개에서부터 장사치들이 대목을 바라며 등짐 지고 넘던 아리랑고개하며, 사랑하는 사람을 따라 두려움과 흥분에 떨며 넘던 아리랑고개에 이르기까지 참으로 사연도 많다. 그런데 전주에도 아리랑고개가 있을까. 전주의 기린봉에서 가재미 골짜기를 따라 가보면 도당산에 이른다.

도당산은 지금의 전주역 쪽으로 한 줄기를 뻗어내리고, 다른 한 줄기는 서쪽으로 틀어 매봉산으로 향한다. 가재미에서 도당산 그리고 도당산에서 매봉산 쪽으로 뻗은 각진 산줄기에 들어앉은 동네가 바로 안골이다. 안골은 서낭댕이를 넘어 소양, 진안 방향으로 가는 길과 전주부성의 북문을 나와 진밭들을 지나 명주골, 아리랑고개(불탄뫼)를 지나 고산과 봉동으로 가는 길 사이에 마을을 형성하고 있다. 말 그대로 골짜기 안에 들어앉은 마을이다. 전주승마장(전라북도승마협회) 입구에서 시작되어 기린원 앞까지 이어지는 것이 바로 전주 아리랑고개다. 원래 아리랑고개는 아리랑 1고개, 2고개로 구분, 명주골에서 봉동과 고산으로 나가는 길목에 자리하고 있다.

전주 아리랑고개는 고개의 굽이굽이가 크게 두 굽이로 나뉘어진다는 데서 유래됐다. 그 굽이가 이리 휘고 저리 휘어 하며 두 굽이로 나뉘어졌기 때문이다.

아리랑고개(불탄뫼)는 "방죽안(텃골 남쪽에 있는 마을)에서 덕진동으로 가는 고개로, 첫째 전에 산불이 났다고 함, 둘째, 35사단의 군인들이 아리랑고개라 부르기 시작했다."고 한글학회 발간의 《지명총람》에 쓰여 있다. 방죽을 빙둘러서 마치 방죽 안에 있는 마을 같다 하여 붙여진 방죽안(일본식 이름 제내리, 堤內里) 인근에 있는 아리랑고개. 전국의 아리랑고개 부근마다 거의 '방죽안'이란 지명이 자리하고 있는 것처럼 이곳 역시 예외가 아니다. 지금 호성동의 굴다리(길이 교차하는 곳에, 아래쪽 길을 굴처럼 만든 곳) 앞 아리랑 고개에 서있다. 필시 옛날 사람들은 봇짐을 메고 고산장(4, 9일), 봉동장(5, 10일)을 오갔을 것이고, 관혼상제에 필요한 물건을 사기 위해 전주 남부시장을 걸었을 것이다. 채소며 곡식이 든 봇다리를 들추며 장터에서 흥정을 하면서 꼬깃꼬깃한 지폐 몇 장을 쥐고 세상을 모두 얻은 것인 양 흐뭇한 미소를 지었을 것이다. 그러나 오늘날에는 아리랑고개에 불이 난 후에는 불탄뫼라고 하였으며, 날망(언덕 위)에 주막이 있어 길손들을 맞이했다는 아주 먼 옛 얘기가 있을 뿐이다. 지금, 전주 아리랑고개 부근은 선진국형 새 주소 사업에 의거, 아리랑고개 1길에서 4길로 나뉘었다. 아리랑고개 1길은 호성신협 건너편 기린중학교 뒷길(우아동 3가 746-36번지부터 734-10번지), 아리랑고개2길은 SK주유소 옆길(우아동 3가 447-63번지부터 743-148번지), 아리랑고개3길은 융성연립 옆길(우아동 3가 732-5번지부터 747-97번지), 아리랑고개4길은 해금장여관 뒷길(우아동 3가 733-7번지부터 727-1번지)까지로 각각 구분되어 불리고 있다. 그래서 크게 아쉬운 것은, 평생 외지 한 번 나가기 힘들었던 사람들의 애환이 서려있어 사연들이 넓고도 깊을 터이지만 이곳 전주에는 〈정선아리랑〉 같은 아리랑 노래가 전하지 않고 있다는 사실. 그럼에도 불구, 1954년엔 한미합동제작 영화 〈아리랑(감독 이강천)〉이 전주에서 만들어졌으며, 1968년엔 전주 아리랑여성농악단이 창단됨은 물론 2002년에는 전주세계소리축제에서 〈전라도 소리 아리랑〉

이 발표됐다. 새해 아침, 전주 아리랑고개를 넘으면서 이왕이면 전주사람들마다 수동형의 '아리랑 고개로 나를 넘겨주게.'보다는 능동형의 '아리랑고개로 넘어간다.'고 읊조릴 수 있기를, 또 하나 지난 을유년(乙酉年)인 1945년, 닭이 어둠을 내쫓듯 일제의 억압에서 해방돼 새로운 희망을 일궈냈던 그 기쁨으로 충만한 삶을 누리기를 염원했다. 굴다리 위의 전라선 기차가 경적 소리를 내며 지나가자 스산한 겨울 공기가 온몸으로 퍼진다.

나그네는 아리랑고개에 한을 실어보내고 한 마리 새가 되어 저 먼 하늘 위를 비상하면서 희망아리랑을 나지막하게 불러본다.

1. 전북의 타 지역 아리랑고개

군산 아리랑고개－선양동에서 창성동으로 가는 고개
완주 아리랑고개－운주면 완창리 운주와 양촌을 잇는 697번 도로
익산 아리랑고개(다듬이재, 다다미재)－금마면(신용리)과 낭산면을 잇는 고개

2. 호성동의 옛 지명 유래

가동, 감정골, 고당리, 구성보, 농은리, 다경리, 대악보, 도촌, 동산리, 동살매, 만수동, 만수리, 방죽안, 배미실, 배암골, 범바우, 봉바우, 봉암, 불탄뫼, 사거리, 사두곡, 사리, 사주리, 삼말, 상남뜸, 상중리, 새보, 새터, 서당골, 서주리, 소양천, 송전리, 송천, 숨멀, 신동리, 신동산, 신봉리. 신성, 신정리, 신주리, 신중리, 신흥리, 아리랑고개, 오매, 오산리, 용주리, 용흥리, 우와리. 이리(배미실), 자래바우, 자보, 재내리, 정주리, 제내리, 중보, 중어리, 중오리, 초당, 초촉면, 초포공동묘지, 초포면, 텃골, 한사월, 행나무뜸, 행주리. 호암, 화암리, 화정리, 회포면(가나다 순)

37
비사벌 초사

전주 '비사벌 초사'에서 주인의 정성이 깃든 쌍화차 한 잔을 음미한다. 반쯤 공개된 대문 위로 잘 가꾸어진 정원이 보인다. 그래서 들어가 보았더니 고즈넉한 분위기가 무엇보다도 좋았다. 어느새, 창밖으로 눈길이 돌아간다.

전북지방병무청 위 남노송동 원불교 교당 맞은편에 자리한 이곳은 신석정 시인(1907~1974년)이 부안에서 전주로 이사, 20여 년 동안 산 곳이다. 시인의 체취가 묻은 고택과 정원으로 '비사벌'과 초가집의 '초사'를 합쳐 '비사벌 초사(比斯伐 艸舍)'라 했다. '비사벌 초사(전주시 전주미래유산 14)'는 지난해 10월 15일 '차(茶)체험관'을 문을 열었다. 팔작지붕을 한 본채가 남향으로 서있고, 서쪽에 맞배지붕을 한 문간채가 있으며, 마당엔 다양한 수종의 조경수들이 자라고 있다. 이윽고 시인이 심었다는 '태산목(泰山木)'을 만났다. 김남곤 시인으로부터 여러 번 들었던 바로 그 나무다. 목련에 비해 꽃이나 잎이 크기 때문에 태산목이라 불린다. 시인의 사위 최승범 전북대 명예교수로부터 '비사벌 초사' 이야기를 듣고 이곳을 찾은 것이다.

'비사벌 초사'는 시인이 1952년부터 1974년까지 가꾸고 살았던 기거했던 한옥이다. 시인은 '청구원 시대'를 접고 전주에서 활동하게 된다. 이때가 이른바 '비사벌 초사'시대이다.

비사벌초사는 시인이 손수 심고 가꾼 각종 화초와 나무들 때문에 마치 식물원을 방불케 한다. 유족이 살고 있지 않은 현재에도 시인이 가꿔왔던 정원은 보존이 잘되어 있다. 시인은 〈비사벌 초사 일기〉를 썼을 정도로 이 집을 사랑했다. 그는 시를 향한 열정으로 집을 채웠고, 시인의 시를 닮은 '비사벌 초사'에서 세상을 떠났다.

시인은 이곳에서 시집 《빙하》, 《산의 서곡》, 《대바람 소리》를 집필했다. 또 유고 수필집 《난초잎에 어둠이 내리면》과 유고 시집 《내 노래하고 싶은 것은》 바로 이곳에서 쓰여졌다.

> 본채 안방과 윗방에서 신석정 시인이 시를 쓰셨다고 합니다. 하지만 이곳에 있던 모든 자료들은 부안 석정문학관으로 옮겨졌다고 합니다. 본채 뒤쪽 지붕에 뚫려 있는 공간은 시인께서 말년에 의자에 기대어 앉아 하염없이 하늘을 바라았다고 전합니다. 정원엔 호랑가시나무, 히말라야시다, 동백나무, 모과나무, 목련나무 등 매우 다양한 수종이 자라고 있습니다. 정원에 놓여 있는 돌 탁자는 시인이 아름다운 이 정원에서 계절이 바뀔 때면 이 돌 탁자를 술상 삼아 문인들과 술잔을 기울였다고 합니다.

김남용 선생이 시인의 가옥과 정원을 원형 그대로 유지하면서 정성스레 가꾸고 있다. 다음달 태산목이 꽃이 활짝 필 무렵, 시낭송회 등 문학 행사를 개최할 수는 없는 것인가. 시인은 와병 중에도 "내가 죽거든 무덤 앞에 태산목(泰山木)을 심어 달라."고 유언을 남겼다. 왜 이같은 말을 했을까.

38
전주 미원탑

　1970년대 술집의 대중화와 소주, 막걸리의 음주 확산이 색주가와 다른 공간에 해장국집이 들어서는 계기가 됐다. 동문거리 콩나물국밥집의 조성이 그 본보기다.
　70년대 전주시청과 시의회, 금융기관 등 국가공공기관이 미원탑 사거리에 집중되어 있었다. 밤늦게까지 술을 마신 공무원들이 아침 일찍 동문거리의 콩나물국밥집에서 '속풀이해장국'으로 콩나물국밥을 먹는 관행이 생겨났다. 그것도 근현대화 과정에서 태동한 신문화라 할 수 있다.
　구 전주시청, 미원탑 사거리 길 건너에 백도극장(후에 아카데미극장으로 변경) 뒷골목에 콩나물국밥집이 성업했다. 이곳은 전주시청 중심의 관공서 공무원들이 아침 일찍부터 자주 찾은 해장국집 거리였다.
　희석식 소주의 영향인지 속풀이해장국이 콩나물국밥 외에 시래기국밥과 선지국밥, 순댓국밥 등으로 다양해져 갔다.
　70년대 동문거리 콩나물국밥집이 성업했던 전통은 동문사거리 근처 왱이콩나물국밥집을 중심으로 그 전통을 승계하고 있다. 팔달로는 전주를 상징하는 길이다. 기린로와 관통로가 없던 60년대부터 전주의 주 간선로로서 근대 역사를 함께했다.

전주천에서부터 풍남문과 미원탑 사거리, 전주역전 오거리, 서중학교 앞 로터리, 터미널 사거리, 전북대학교 앞, 덕진역 광장, 팔복동 공단까지 팔달로는 전주 시내를 꿰뚫는 교통의 중추였다. 이곳의 미원탑은 전주사람이면 누구나 다 기억하는 전주의 명물이요, 랜드마크 같은 탑이었다.

하지만 전주시 구시청 앞 사거리에 있었다던 전주 미원탑은 언제 어떤일로 없어지게 되었는지 이를 잘 아는 사람들은 드물다. 60~70년대는 친구나, 연인과의 만남의 장소로 미원탑 앞이 인기였다. 지금은 시내 곳곳이 만남의 장소로 손색이 없는 곳이 많지만 당시만 해도 시청앞 미원탑은 젊은 연인들의 만남의 장소로 인기 순위 1위였을 것이다.

약속 장소로 "몇 시에 미원탑 앞에서 만나" 이 말 한마디면 만남이 어긋나는 일이 거의 없었다. 미원탑은 1967년 4월 23일부터 1979년 6월 26일까지 존재하면서 친구나 연인과의 만남의 장소로 인기 절정을 달렸다. 지금은 흔하디 흔한 네온사인 불빛이 시내 어디를 가도 휘황찬란하지만 당시만 해도 오색 찬란한 네온사인은 미원탑이 전부였다.

시골 사람들은 미원탑 네온사인을 보고 넋을 다 잃을 정도였다니, 지금 생각하면 참 우스운 일이다.

350만 원을 들여 만든 미원탑은 60년대 정읍 출신 임대홍 미원그룹 회장이 전주시청(현 중소기업은행)사거리에 교통 신호등과 조미료인 미원을 선전하는 광고 기능을 겸한 광고탑을 설치했으며, 당시만 하더라도 교통 신호등이 시설된 곳이 별로 없었고 또한 미원탑을 선전하기 위한 장식을 많이 하여 미관이 괜찮았다고 생각된다.

이유야 어떻든 위치가 시청 바로 정문 앞이었기 때문에 전주시민은 물론 도내 타 시·군 도민들도 특별한 약속 장소가 없을 때에는 의례 미원탑으로 약속 장소를 정하여 만났던 기억들이 있다.

특히 젊은 연인들 사이에 인기 만점이었다. 그리고 당시 조미료는 우리나라에 큰 두 업체가 치열한 경쟁을 하고 있었는데. 전북의 미원과 미풍이란 제품이 있었다.

그러한 미원탑을 철거하게 된 배경은 1980년(제61회 전국체전, 9월 27일~10월 13일) 가을에 전주에서 전국 체전이 열리게 되었고, 또한 탑의 높이가 고정된 상태에서 차량의 차체가 커짐으로 인하여 화물차량 등의 통과가 어려워졌기 때문이었다.

당시 인접한 충경로가 개설되어 그곳에 교통신호등이 설치되어 차도 4차선인 팔달로와 우체국 방향의 2차선 도로에서의 교통 신호등은 필요하지 않다는 당시 유관기관의 판단이 있었다.

또한 설치 연한이 상당기간이 지난 무거운 철 구조물이었기 때문에 붕괴의 위험성이 많아 큰 피해를 미리 막아 통행인을 보호하는 측면 그리고 미원이라는 특정 업체의 광고물을 공공성을 띤 도로상에 설치한 것은 공익에 맞지 않다는 의견이 집약되어 철거하게 되었던 것으로 보인다.

1980년대 들어 교통에 방해된다며 철거되는 운명을 맞았지만, 향토기업 '미원'(현 대상그룹)에 쏟은 지역민들의 애정은 각별했다. 2011년 전주시가 기업우대 분위기 확산을 위해 주요 기업들을 대상으로 '미원탑식(式)', '1사 1랜드마크' 운동을 타진한 적이 있었다.

전주시는 기업을 상대로 참여의사를 타진해 '미원탑' 같은 광고탑을 비롯해 상징물, 벤치, 소공원 등 기업이 원하는 형식으로 랜드마크 사업을 지원키로 했다. 기업 우대 분위기를 확산시키고, 범시민 차원의 기업사랑 운동 차원에서 이같은 구상을 한 것이다. 하지만 말뿐이다가 2018년 4월 16일 전주시가 전통문화유산과에서 미원탑 복원 업무협의를 가졌다.

  그 화려한 네온의 불빛이 꺼진 지도 40여 년이 되어간다. 당시만 해도 가장 번화했었던 골목이 이제 불꺼진 거리가 되어 한산하기 그지 없는 텅 빈 거리가 되었지만, 지금의 5, 60대들은, 차가운 늦은 겨울 밤, 금방이라도 얼어붙을 것만 같은 오색 네온불 밑에서 연인을 기다리던 그 낭만을 잊지 못할 것이다. 당시 나도 네온불 밑에서 바람 맞은 일이 있었으니까.

  오늘따라 추억의 미원탑 네온사인이 그리워진다. 나를 바람 맞힌 그 여인이 그리워진다. 풍남문가 있을 때면 찾아갔던 미원탑 거리에는 많은 사람으로 인산인해를 이뤘다. 나의 형과 나의 누나와 함께 했던 전주 미원탑 거리, 옛 추억이 더욱 그리운 것은 왜일까.

39

전주 떡전거리와 고속버스터미널

36년 만에 복합문화공간으로 단장을 마친 전주고속버스터미널이 지난 2016년 7월 8일 개관식을 갖고 변화된 모습으로 승객을 맞이하고 있다.

고속버스터미널은 금호터미널이 150억 원을 투자, 기존 고속터미널의 본관동과 주유동·별관동을 완전 철거하고 가리내로 방향으로 건축 면적 3,617㎡과 연면적 7,233㎡에 지하 1층, 지상 3층 규모로 신축했다. 지상 1층은 이용객 전용 주차장과 대합실, 매표실, 일반 음식점 등이 들어섰으며, 지상 2층은 복합 문화마당과 편의점, 소매점 등이 있으며, 지상 3층은 서점이 들어섰다.

숲정이를 지나면 배고픈 나그네에게 반가운 곳이 등장한다. 일종의 휴게소와도 같은 떡전거리다. 유동 인구가 많은 이 자리는 계속해서 발전했고, 현재는 고속버스터미널이 들어서 있다.

떡전거리는 소설 속에도 등장하는데, 바로 《춘향전》 속의 이몽룡이 장원급제하여 암행어사를 제수받고 전라감영으로 잠입할 당시 선택한 행로가 바로 이곳이다.

전주천과 건산천이 만나는 지점인 고속버스터미널에서 종합경기장에 이르는 지점은 많은 떡장수들이 떡판을 벌인다 해서 '떡전거리'라 불렸다. 이곳은 전주를 통과점으로 잡고 한양을 오르거나 전라도로 내려오는 나그네들이 반드시 거쳐가는 길목이었다. 과거 전주에서 서울로 통하는 유일한 다리는 전주시 팔복동에 소재한 추천교로 나무로 만들어 홍수 때마다 유실되어 한양길에 오른 나그네들이 많은 불편을 겪기도 했다.

지난 1970년대 현대식 철근 콘크리트로 건축된후 용산다리-덕진교로 불리며 바로 옆의 철교와 함께 전주 발전의 동맥 역할을 담당했다. 다리 노후에 따른 붕괴 우려가 높아 신축작업에 착수, 올초 웅장한 모습을 드러낸 전주대교로 교체됐다.

전주고속버스터미널은 30년 넘게 외지인들이 전주를 찾는 관문으로 이용됐지만 시설 노후화로 이용객들에게 불편을 초래하고 도시 이미지에 악영향을 끼친다는 지적을 받아왔다. 이번 고속버스터미널 신축으로 연간 220만 명에서 330만 여명의 이용객을 수용할 수 있을 것으로 기대하고 있다.

실제로 현 터미널 위치가 한옥마을을 찾는 연간 500만 명 이상의 관광객들에게 지리적 접근성과 대중교통 이용에 큰 불편이 없는데다가 인근 전북대학교 학생과 전북대병원 이용객에게 적정지로 평가되고 있다. 이에 따라 현대화 사업을 통해 전주의 관문으로써 손색 없는 공간으로 만들어져 관심이 모아지고 있는가 하면 전주시민들의 오랜 숙원이 해결될 수 있게 됐다는 점에서 의미가 남다르다.

바로 이같은 고속버스터미널이 복합문화공간을 갖춘 종합터미널로 거듭남에 따라 시민과 방문객들의 이용만족도 향상으로 1,000만 관광객 유치는 물론 법원·검찰 부지 등 원도심을 활성화시키는 매개체가 될 것으로 기대된다. 좌판을 벌였던 그 옛날의 사람들이 오늘날의 달라진 모습을 본다면 뭐라고 할까.

40

치맥과 연계(軟鷄)

전주지역만의 독특한 음주문화를 접목해 관광마케팅 축제로 자리 잡은 '2018 전주가맥축제'가 8월 9일부터 3일동안 화려한 막을 올렸다.

전주가맥축제추진위원회가 주최·주관하고 하이트진로와 전북경제통상진흥원이 참여한 가운데 지속 가능한 '도민주도형' 축제로 한층 업그레이드했다. 행사장에 조성되는 맥주 연못엔 얼음만 70톤이 소요됐다. 이른바 '치킨에 맥주 한 잔'을 하는 '치맥'이 더욱더 생각나는 오늘이다.

신라를 세운 박혁거세는 알에서 태어났다. 신라의 별칭은 계림국(鷄林國)이다. 가락국을 세운 수로왕도 알에서 태어났고 고구려 동명왕도 마찬가지. 어머니 유화부인이 알을 낳았고 그 알에서 태어난 만큼 난생(卵生)이다.

《일성록》 정조 24년(1800년) 5월의 기록을 보면 여러 종류의 닭이 등장한다. "생계(生鷄) 세 종류는, 여러 해 자란 진계(陳鷄)와 부화한 지 얼마 되지 않은 연계(軟鷄), 진계도 연계도 아닌 활계(活鷄)"라는 내용이 바로 그것이다.

모두가 알다시피 가장 흔한 요리법은 '백숙(白熟)'이다. 조선조의

'연계증(軟鷄蒸)'이 바로 그것이다. 닭고기를 부드럽게 쪄낸 것이다.

《음식디미방》에 '연계증'은 '연계백숙(軟鷄白熟)' 혹은 물로 쪘다고 수증계(水蒸鷄)라고도 했다.

《본초강목》에 영계(英鷄)가 있지만 어린 닭이 아니다. '영계'는 '석영(石英)을 먹여 기른 닭'이이라고 말한다. 우리가 잘못 알고 있는 어린 닭을 푹 곤 것이 '영계'라고 생각하지만 이 같은 닭은 없다. 그래서 영계백숙이란 말은 보이지 않는다.

조선조 전순의가 쓴 《산가요록'(山家要錄)》에는 닭고기 구이법이 나온다. 전순의는 조선 초기 세종, 문종, 세조의 세 임금을 모신 의관이다.

> 살찐 닭 한 쌍을 24~25개로 잘라서 먼저 노구솥 속에 기름을 넣고 달군 뒤에 솥 안에 있는 고기를 빨리 뒤집는다. 청장과 참기름을 붓고 가루즙을 넣어 익힌 후 식초를 넣어 먹는다.

《산가요록》에는 "손을 빠르게 움직여 뒤집어 볶는다"고 했다. 튀기는 것이 아니라 기름에 지졌다는 뜻이다. 《산가요록》의 나오는 포계는 '기름에 지진 닭고기 구이' 요리쯤 된다.

올해로 4회째를 맞이한 전주가맥축제는 가맥 콘서트, 가맥지기 플래시몹, 가맥 클럽파티, 지역 아티스트들의 공연 등이 흥겹게 펼쳐졌다. 가맥축제라는 이름에 걸맞게 지역 가맥업소들도 대거 참여했다.

1병당 300원씩 적립해 축제가 종료된 후에 전북도를 통해 소외계층을 위해 지정, 기탁했다.

단순 소비성·일회성 축제가 아닌 지역만의 독특한 문화를 그려내는 전국 축제로 거듭날 수 있도록 앞으로도 준비에 만전을 기하기를 바란다.

41
●
전주 가맥

 맥주 한 잔이 자주 떠오르는 무거운 여름날이 계속되고 있다. 맥주 한 모금에 느껴지는 시원함과 상쾌함에 세상만사가 행복하게 느껴지는 기분은 무더운 날씨가 아니면 느끼기 힘들다. 지친 하루를 마치고 집에 돌아와 샤워 후 마시는 맥주 한 잔은 또 어떤가.

 '가맥'은 '가게에서 파는 맥주'의 줄임말로, 소형 상점의 빈 공간에 탁자를 몇 개 놓고 북어포나 오징어 등 간단한 안주에 맥주를 파는 곳이다. 특히 전주 가맥문화는 1980년대 완산구 경원동 일대 작은 가게들이 탁자와 의자 몇 개를 놓고 맥주를 팔기 시작하면서 태동한 것으로 알려졌다. 다른 도시에서도 이런 가맥을 찾아볼 수 있으나 전주만큼 활성화하지는 않았다. 이는 예전에 이웃들이 동네 어귀의 평상이나 그늘에 앉아서 담소하거나 음식을 나눠 먹던 풍습에서 유래한 것으로 보인다.

 전주 가맥집은 300곳 이상이 영업 중으로 알려졌고, 맥주 한 병에 2500~3,000원을 받는다. 특히 가맥집의 원조 격인 경원동 ㅈ슈퍼는 안주로 나오는 갑오징어로 술꾼들에게 인기가 높다.

 전주시는 계속되는 폭염으로 전통시장을 이용하는 시민의 발길이 줄어들고 있어 특별한 행사 개최를 통해 전통시장 이용 활성화에 나서고 있다.

　전주 모래내시장 문화관광형시장 육성사업단은 모래내시장길에서 치맥가맥 페스티벌을 개최하고 있다.

　문화관광형시장 육성사업의 일환으로, 모래내시장의 생닭으로 튀겨 식어도 맛있는 치킨과 전주의 명물, 가게맥주를 모티브로 기획된 행사다. 치킨과 신선한 맥주 외에도 모래내시장 상인들의 회의를 걸쳐 선정된 먹거리 등이 판매되며 찾아가는 음악회, 7080 록콘서트, 뽕짝가요제, 댄스경연대회 등 다양한 부대행사도 진행되는 게 특징이다.

　또, 지역의 독특한 음식문화로 자리한 가맥을 널리 홍보하고 한옥마을을 찾는 관광객에게 볼거리와 즐길 거리를 제공하기 위해 지역기업과 소상공인 등이 참여하는 2017 가맥축제가 지난 10일부터 12일까지 개최됐다.

　물론 지금도 매년 개최된다. 가맥축제는 단순하게 수익을 창출하기 위한 축제가 아니라, 전북만의 독특한 가맥문화를 널리 알려 우리 지역을 찾는 관광객에게 먹거리와 볼거리를 제공, 다시 찾고 싶은 전북을 만들기 위한 관광마케팅 축제다.

　따라서 먹고 마시는 형태에서 그치는 것이 아닌, 한 단계 더 나아가 축제 수익금 기부를 통한 나눔문화 확산, 지역경제 활성화와 함께 소상공인, 향토기업 모두가 동반 성장할 수 있는 토대를 만들기 위해 지속적으로 노력해야 한다.

　시원하게 갈증을 풀어주는 '맥주' 한 잔의 유혹이 강렬하다. 여기에 한밤의 열대야를 짜릿 시원하게 물리치고 싶다면 지금 당신은 전주 가맥집으로 오시라.

42

대사습놀이 전국대회와 동지

　당시 전주부 통인청 대사습장에 참여해 춘향가 첫비두 '이도령이 광한루 구경차로 나갈 때 방자 분부 듣고 나구 안장 짓는다. 나구 안장 지을적에 나구등에 솔질 쐴쌀하는 대목'에 이르러서 '나구등에 솔질 쐴쌀'하는 대목을 도수(度數)가 넘도록 몇 번이나 중복하고 아랫말이 막혔다. 좌중은 '저 혹독한 솔질에 그 나구는 필경 죽고 말 테이니 차마 볼 수가 없다' 하고 이내 퇴장시켰다. 그리되어서는 그 후로 정(丁)은 일시 낙명(落名)이 되어 수년 간 소리를 중지하고 근신하였다는 것이 명창으로도 혹 실수가 있다는 것을 전하는 유명한 이야기이다.

　전주대사습(大私習)놀이에 대한 기록은 1940년에 조선일보사에서 발간한 정노식의 《조선창극사(朝鮮唱劇史)》에 나온다. 유공열조를 보면 "30세 경에 전주대사습장에서 기량을 발휘하여 비로소 명성을 얻게 됐다."고 기록돼 있다. 이는 정창업 명창과 관련, 대사습에 참가해 벌어졌던 재미있는 일화다.

　대사습놀이는 과거에도 "등용문"의 성격이 강했다. 등용문이란 요즘 풍속인 경연대회가 아닌, 세상에 이름을 떨치는 명성에 관한 것이다. 다음으론, 대회의 주체가 전주부(全州府) 통인청(通引廳)이라는 점이다. 하급관리인 통인들에 의해 주도된 행사였다. 마지막으로 알 수 있는 것은 위의 인용글 중에서 "좌중은(----) 퇴장시켰다."는 내용으로 미루어 볼 때, 소리에 대한 수준이 높으면서도 적극적이었다는 점이다. 일테면 전주는 귀명창 천지였던 것이다.

'전주대사습'은 조선후기에 전주부성의 통인들이 동짓날 밤에 이름난 광대들을 초청, 판소리를 듣고 노는 잔치에서 유래한다. 전라도 일대를 관장하는 관찰사의 집무실이 있는 곳이 전라감영이고, 지금의 도청 자리에 있던 선화당이 그곳이다.

그리고 전주부성을 관할하던 전주부윤의 집무실을 동헌이라고 하며, 위치는 풍남문과 전주 객사를 잇는 도로에서 전북예술회관 뒤편 부근이다. 당시엔 전주동헌과 전라감영의 통인들이 훌륭한 광대를 찾아 각지로 수소문하는가 하면, 수십 리 밖에 사는 이들도 불원천리(不遠千里)하고 초청했다. 그 뿐만 아니라 솜씨있는 음식집을 지정해 숙식케 했다고 하니 그 대우가 어떠했는지를 짐작할 만하다.

고로(古老)들이 증언한 바에 의하면 과거 대사습은 동짓날 통인놀이였던 것 같다. 하지만 지금은 단옷날 무렵에 대회를 개최하고 있다. 동짓날 밤에 통인청 앞마당에 호엽등과 숯불을 밝혀놓고 팥죽제 지낸 음식을 먹어가며 소리판을 벌렸던 전주만의 동지풍속이 오늘날 국악계 최고의 등용문으로 부활한 셈이다.

오늘 아침, 동지를 맞아 팥죽 한 그릇을 먹은 후 판소리를 공연하는 곳으로 발길을 돌려 전북의 소리에 흠뻑 빠져들고 싶다,

43

이강주를 만들고 있는 조정형씨

"어사또 행장을 차리는데 모양 보소. 술 사람을 속이려고 모자 없는 헌 파립에 벌이줄 총총 매어 초사갓끈 달아 쓰고 당만 남은 헌 망건에 갓풀관자 노끈당줄 달아 쓰고 의뭉하게 헌 도복에 무명실 띠를 흉중에 둘러 매고 살만 남은 헌 부채에 솔방울 선추달아 일광을 가리고 내려올 제 통새암, 삼례 숙소하고 한내, 주엽쟁이, 가리내, 싱금정 구경하고 숨정이, 공북루 서문을 얼른 지나 남문에 올라 사방을 둘러보니 소강남여기로다. 기린토월(麒麟吐月)이며 한벽청연(寒碧淸煙), 남고모종(南固暮鐘), 건지망월(乾止望月), 다가사후(多佳射侯), 덕진채련(德眞採蓮), 비비락안(飛飛落雁), 위봉폭포(威鳳瀑布), 완산팔경을 다 구경하고 차차로 암행(暗行)하여 내려올 제 각읍 수령들이 어사 났단 말을 듣고 민정(民情)을 가다듬고 전공사(前公事)를 염려할 제 하인인들 편하리요."(열녀춘향수절가)

정확한 고증 문헌, 작자는 미상이나 부로들의 인용담에 따르면 지금부터 약 1백40년에서 2백 년 전의 작사로 믿어지며 전주 8경 또는 10경으로 전해오고 있다. '다가사후'는 다가천변 물이랑을 끼고 한 무리 백설 같은 입하화는 호접인 양 날리는데 삼현육각 선율에 기녀들의 연연한 춤가락은 옥색바람에 버들가지 쓸리듯 반공중에 묻혔었다. 무관, 한량들이 호연지기를 겨루는 오시관중의 초점인 과녁판을 겨누고 쏘아대는 일대 장관의 풍정을 집약하여 부각시켰음을 말한다.

지난해 겨울은 참으로 쓸쓸했다. 다가공원의 가람시비 앞에 서니 유독 생각나는 사람이 하나 있었다. 작촌 조병희(趙炳喜, 1910~2002) 선생. 그가 시조시인이 된 것은 외삼촌인 가람 이병기 선생과의 특별한 관계가 인연에서 비롯된다. 1978년 구름재 박병순 씨의 권유로 《시조문학》을 통해 등단한 그는 《새벽녘 까치소리(1989년)》, 《작촌한시집(2000년)》, 《해거름에 타는 불꽃(2002)》 등을 펴냈다.

그는 작고하기 며칠 전, 나그네에게 하는 말 "종근 씨, 대옹(큰늙은이)라면 눈과 귀가 어두워야 하는데 아직도 그렇지 못하다."며 "함부로 술 마시고 떠들지 말라는 하는 것 같아 오히려 두렵다."고.

작촌 조병희 선생의 셋째 아들 조정형 씨는 전주에서 이강주를 만들고 있다. 기품있는 도자기 모양의 병에 담겨있는 은은한 향기의 민속주를 고운 빛깔의 잔에 담아 내놓으면 흐뭇해하지 않을 주객(酒客)은 아마도 없을 것이다. 전주한정식에 오르는 콩나물겨자잡채와 대합구이, 육회, 들깨즙탕, 탕평채, 토하젓, 진석화젓 등과 함께하는 이강주 한 잔의 맛이란.

민속주는 포도주처럼 색깔과 맛, 향을 함께 음미하는 술이다. 가장 맛있을 때는 섭씨 8도 정도. 담백한 맛을 즐기려면 더 차게, 짙은 맛과 향을 즐기려면 덜 차게 마시는 것이 좋다. 온도 변화가 없도록 얼음을 채워두고 마시면 더 좋다. 민속주는 대체로 맑고 황금색을 띠는 술이 많다. 엷은 호박빛에서 짙은 담갈색까지 농도가 다양하며 색이 엷을수록 담백하고, 진할수록 맛도 진하고 오래된 술이다. 숙성할수록 좋은 술도 있지만 곡물을 사용한 발효주는 만든 지 1백 일을 넘지 않는 것이 좋다고 한다.

민속주에는 크게 두 가지 향이 있는데 하나는 누룩의 독특한 구수한 향이고, 또 하나는 과실향이다. 과즙을 사용하지 않아도 잘 발효된 술은 사과향이나 수박향 등 과실향을 낸다. 이 과실향은 누룩의 밀기울 성분이 발효되면서 생성되는 향기로 저숙성시킨 약주에서 많이 난다. 맛은 단맛, 떫은맛, 신맛, 구수한 맛, 쓴맛, 매운맛, 청량미의 여섯 가지 맛 중 어느 하나도 두드러지지 않고 함께 어우러진 것을 으뜸으로 여긴다. 그윽하면서도 자연스러운 풍미가 바로 민속주만의 매력.

문배나무 열매 향기가 난다는 문배주는 고려시대부터 평안도 지방에서 전해 내려오는 대표적인 전통주며, 경북 안동소주는 지방의 물로 쌀을 쪄서 증류시킨 술로 원래 30도부터 45도짜리까지 4종류가 있지만 지금은 45도짜리만 생산되고 있다. 또, 궁중술이라 불리는 가야곡왕주는 찹쌀, 야생 국화, 구기자, 솔잎 등을 넣어 백 일 동안 정성스럽게 익힌 짜릿하고 새콤달콤한 술이며, 경기 옥로주는 증류시킬 때 증기가 액화되어 마치 옥구슬 같은 이슬방울이 떨어진다고 해서 붙여진 이름이며, 김천 과하주는 약주의 하나로 곡주 특유의 향기와 맛이 일품이며 숙취가 없다.

1987년 전라북도 무형문화재 6호로 지정된 전주 이강주는 우리나라 최고급 술로 옛날 상류사회에서 즐겨 마시던 술이다. 이강주는 전북지방의 명산물인 배와 생강을 넣어 빚었다 해서 붙여진 이름이다. 이 술의 독특한 맛과 향기는 전북의 물맛 덕분이며 이 때문에 다른 지역에서는 모방할 수 없다고 한다.

전북은 동쪽으로 험준한 지리산을 비롯, 덕유산, 모악산, 내장산, 대둔산, 마이산, 선운산, 강천산, 장안산 등과 변산반도와 섬진강,

동진강, 만경강, 금강 등 천혜의 자연을 끼고 있다.

특히 전북은 무공해청정지역으로 쌀 등 전통 농특산물이 생산되는데가 천연 원료를 대량 생산할 수 있는 지역으로 상큼한 향기와 혀 끝을 사로잡는 감칠맛 나는 전통주를 생산, 전국적인 명성을 갖고 있다.

전북에는 전주 이강주(명인 제9호), 이미주, 완주 송화백일주(명인 제1호)와 송곡오곡주, 과하주, 고창 복분자주와 선운사특주, 무주 머루주, 남원의 변강쇠주(지리산약술)와 춘향주, 정읍 단풍주, 익산 호산춘, 변산팔선주, 김제의 송순주 등 이루다 헤아릴 수 없을 정도로 민속주가 많다.

"이강주 애호가들의 호응이 없었다면 지난해 민속주류업계 최초로 석탑산업훈장을 받았겠습니까. 지속적인 연구 개발을 통해 이강주를 세계의 명주로 끌어올리겠습니다."

전주 이강주의 조정형 대표(63·전라북도 무형문화재)는 2002년 11월 15일 민속주인 이강주의 세계 명품화 사업 추진 및 신제품 개발을 통한 해외시장 개척 등 가공산업 육성에 기여한 공로를 인정받아 농림부가 추천, 서울국제식품전시회에서 영예의 석탑산업훈장을 받았다.

향토술 담기 무형문화재로 지정된 조 씨는 6대째 내려오던 가양주인 이강주를 지난 1991년 상품화에 성공, 연매출이 60억 원에 달하는가 하면 일본·미국·러시아 등지에 연간 40만 달러 가량을 수출하는 등 전통민속주로서는 드물게 해외시장 공략에도 적극 나서고 있다. 지난해에는 일본·미국·러시아 사람들의 취향에 맞춰 맛과 향을 조절, 지난해 2억 원어치를 수출했다.

그는 40년간 무르익은 술 제조 기술을 갖고 있으며, 청탁(淸濁)을 가리지 않는 애주가이기도 하다.

전북대 농화학과를 졸업한 뒤 25년간 주류회사에 근무하면서 주조사 1급 자격증을 취득한 조 씨는 1980년대 초부터 전국을 돌며 민속주에 대한 자료를 수집, 《다시 찾아야 할 우리의 술》을 저술하는 등 전통술을 재현하고 상품화하는 데 앞장서 전라북도 무형문화재와 전통식품 제조 명인(제9호)으로 지정되기도 했다.

"조선시대 3대 명주의 하나로 전통소주에 배(梨)와 생강(薑)이 들어간 이강주(梨薑酒)를 만들고 있습니다. 종래의 토종 누룩을 만들어 백미를 원료로 해서 약주를 만든 후 이 술로 토종 소주를 내리고 여기에 배, 생강, 울금, 계피, 꿀을 넣어 장기간 후숙시켜 만들고 있습니다."

전통주를 먹고 좋았던 적은 손에 꼽을 정도로 드물었다. 저마다 내로라하는 전통주들이었지만 기대에 미치지 못한 적이 더 많았다. 이강주는 달랐다. 냄새부터 좋았다. 맛도 훌륭했다.

이강주는 감홍로, 죽력고와 함께 '조선시대 3대 명주'로 꼽힌다. 육당 최남선이 저서 《조선상식문답》에서 전주의 이강고(이강주), 정읍의 죽력고, 평양의 감홍로를 3대 명주라고 칭한 데서 유래됐다.

특히 울금은 울금나무의 뿌리로 몸의 기능을 조절해 주는 역할을 하는데, 술에 취하면 혈압이 높아지고 신경이 날카로워지는 등의 후유증을 보완해 준다. 이 울금이 왕실에 진상품으로 올리던 전주 지방에서 재배된 것도 이강주가 전주에서 빚어질 수 있었던 이유 중의 하나이다. 약소주의 장점이 되었으며 현재 제조 허가를 얻어 판매를 시작하고 있다. 조선시대에는 구한말 한미 통상 수호조약체결에, 그리고 '전주 이강주'로 도 문화재 지정을 받은 후에는 남북적십자회담 등 국가 중요 행사에 대표 술로 선보이고 있다.

이강주의 특징은 쌀과 보리 등으로 빚어진 곡주에 생강의 매콤한 맛과 계피향이 조화되어, 입안에 감칠맛을 돌게하며 은은한 맛과 향은 숙취 없이 오래도록 남는다는 점에 있다.

이강주는 진상품이었던 이서 배와 봉동 생강, 전주 울금, 계피, 토종꿀 등으로 만드는 술로 호산춘, 죽력고와 더불어 나라를 대표하던 명주. 연노랑 술빛이 신비롭고 청량한 맛과 향이 독특해 '여름밤 초승달 빛과 같은 술'로 알려져 있다.

조씨는 한국인의 체질에 맞는 술은 역시 대대로 내려오는 전통주라는 생각을 굳히고 직장을 그만둔 뒤 향토주를 찾아 나섰다. 20여 년간 전국을 발로 돌며 2백여 가지의 향토주를 연구하고 1백50여 가지는 직접 빚어 보았다. 이런 경험을 바탕으로 《다시 찾아야 할 우리의 술》과 《우리 땅에서 익은 우리 술》이란 책을 펴내기도 했다.

"국세청이 '밀주(密酒)'라 하여 가양주를 단속하던 시절이었습니다. 전남의 한 섬에선 '간첩'으로 오인받아 경찰 조사를 받기도 했어요."

그는 오로지 이강주에 매달리면서 집까지 팔아 11번이나 전세집을 옮겨다녔다고 한다. 그래서 지난 1991년 이강주를 제품화하는 데 성공, 96년 농림부로부터 전통식품 제조명인 9호로 지정됐다.

그는 2003년 완주군 소양면 명덕리 일대에 10억여 원을 들여 이강주 공장과 전통 술을 빚는 항아리, 소줏고리(증류기) 등을 전시하는 박물관을 조성했다. 1백여 평 규모의 박물관에는 술을 만드는 항아리와 증류기, 누룩 만드는 기구 등 술 빚는 도구 4백여 점을 전시하고 있다.

"요즘은 정말로 눈코뜰 새 없이 바쁩니다. 공장에 가보는 일에다가 올해 개관한 이강주박물관에 꼭 들러보아아 하니까요. 앞으로도 이강주 만드는 일과 함께 술 연구에 더욱 정진, 전통의 소중함을 몸소 보여줄 수 있도록 최선을 다하고 싶습니다. 그렇게 됐을 때 이강주가 세계 명주로 한 발 더 나아갈 수 있을 것 아니겠습니까."

44

자도주(自道酒)

전북산 자도주(自道酒) 시장을 되살리자는 주장이 20년 만에 다시 제기되고 있다. 전북산 자동차 팔아주기 운동으로 시작된 경제위기 극복책이 주류시장까지 확산되고 있다.

박재완 전북도의원(국민의당 · 완주2)은 2017년 11월 정례회 자유발언대에 올라 이 같은 자도주애용범도민운동을 공개 제안키로 했다. "경영난 속 매각설에 술렁이는 하이트 전주공장을 살려보자."고 제안했다. 1977년도 도입된 정부의 자도주보호법(1개 시도별 1개 업체만 생산, 50% 점유율을 보호해주는 법)이 1996년 폐기되어 대부분의 자도주가 위기에 몰리고, 전국구인 참이슬은 전국적으로 50%를 넘는 점유율로 독주하고 있다.

자기 지역의 점유율을 잘 지키고 있는 소주 브랜드와 점유율이 하락하는 브랜드 간에는 분명한 차이가 있다. 급박한 경쟁환경 변화 속에서도 지역소비자와 끈끈한 신뢰를 가져가는 브랜드, 소비자들의 욕구와 변화추이를 잘 읽고 항상 능동적으로 대응해 온 브랜드들의 선전이 눈에 띈다.

대부분의 자도주들이 안방을 지키기 위해 안간힘을 쓰고 있는 반면, 안방을 확실히 장악하고 인근 지역까지 석권한 좋은데이(무학)

의 질주는 경이롭다. 좋은데이는 울산/경남에서 태어나 부산지역을 접수한 기세를 이어, 중앙무대인 서울/경기지역에서 골리앗 참이슬에 도전장을 들이밀고 있다. 성공 신화를 이어갈지 궁금하다.

정부는 1970년대 소주시장의 과다경쟁과 품질 저하를 막기 위해 자도주보호법을 도입했다. 1개 시도별 1개 업체만 생산, 50% 점유율을 보호해주는 내용을 담고 있다. 이후 1996년 폐지되면서 자도주의 위기설도 제기됐다. 2011년 전북도와 보배가 내 고장 상품 애용운동과 지역상품 판매촉진을 위해 전북도 자도주 '보배로' 병마개 수거를 통한 전북사랑실천운동을 펼쳤다. '보배로' 전북사랑기금 적립사업은 보배가 전북도 향토기업으로서 지역사회에 보답하고 사회적 책임을 실행하기 위해 앞으로 3개월 동안 병마개 1개당 100원의 전북사랑기금을 적립해 지역내 불우이웃에게 적립된 기금을 전달하는 이웃사랑 실천사업이다. 캠페인 종료시점에 병마개를 수거해 적립된 금액만큼 전북쌀 및 온누리상품권 등을 구입, 각 주민자치센터와 연계해 지역 내 불우이웃에게 기금을 전달했다. 이는 애향운동 실천과 지역내 어려운 이웃돕기 실천 분위기 조성, 전북쌀 및 온누리상품권 구매를 통한 소상공인 지원 등 일석삼조의 사업효과를 거두었다.

전북 자도주인 하이트 생산라인 가동률은 현재 30%를 밑돌고 있다. 소비자가 특정 브랜드 선호현상을 무시하고 지역 술을 마시라고 강요할 수 없지만 반드시 자도주를 애용하는 등 지역제품 애용만이 우리 지역 중소기업을 살리고 나아가 일자리가 창출돼 지역이 살아난다. 모든 공공기관에서 지역제품을 우선 구매하는 범도민운동을 전개하면 어떨까. 그 옛날의 보배 소주 한 잔이 그리워짐은 왜일까.

45

죽력고 명인 송명섭

　삼계(三界)의 세파를 잠시 뒤로 밀쳐놓은 채 유유자적한 시간을 보내고파 오늘도 술을 마셨다. 술 친구들이 모두 가버린 까닭에 나 홀로 거리를 거닐었다. 써늘한 밤 공기가 뺨을 스친다.

　내가 술을 즐겨하는 연유는 술이 입 속에 들어가지 아니하면 심심할까 봐서도 아니요, 술을 마시고 난 뒤 기분이 날아갈 듯 좋아지기를 바라서도 아니다. 한 잔의 술은 타인과의 장밋빛 오해를 풀 수 있는 촉매제의 기능을 어느 정도 가능케 해 마냥 흐뭇하게 하고, 희로애락을 이심전심으로 분비시키며 담소를 나누게 하는 장을 마련해 주기에 쳐다만 보아도 즐겁기만 하다. 그래서 술이란 단어에는 구김살 없는 진솔한 소리가 있어야 하고, 서로를 이해해 주고 존중해 주는 신뢰감이 깃들어야 한다.

　술을 마시는 장소에 물고기가 유영하는 시냇가라도 있으면 신선이 된 듯한 착각을 불러일으켜 좋고, 주점의 벽에 붓글씨 또는 그림 한 점이라도 붙어 있으면 더 이상 무엇을 소원할 것인가. 그럼에도 술자리에서 승진, 돈 등 세상사를 가지고 상대방과 시비할 생각은 추호도 없다. 나는 이런 시시콜콜한 일들을 떨쳐버리기 위해 술을 즐기니까. 술 친구가 세상의 아귀다툼을 화제로 다룬다면 조금은 화를 낼 수도 있을 것이다.

　종종 술을 마시고 싶다. 내가 가야 할 길이 구만 리에 이르는 만큼 폭주만은 피하고 싶다.

　이왕이면 술을 마시되 먹걸리 또는 소주였으면 한다. 지지리도 가난했던 지난날을 회상하며 고향에 계시는 부모님의 얼굴이 이를 통해 떠오르게 되니까. 어떠한 구속감도 지배할 수 없는 주석(酒席). 주점에 있는 사람들이 화장실에 다녀오면서 내가 본 둥근 달을 바라보며 자연의 섭리에 감탄을 했으면 한다.

　자작자가(自酌自歌)는 될 수 있는 대로 피하고 싶은 마음이 있으되, 꼭 그럴 여건이라면 기꺼이 받아들이고 싶다. 사노라면 때론 눈물을 지으며 '장진주(將進酒)'라도 읊조리고 플 때가 있으리라. 대작을 하는 사람이 마음에 꼭 맞는 사람이라면 술자리를 파하고 싶지 않을 것이다. 같은 값이면 비슷한 연령, 비슷한 주량을 가지고 공감대를 형성할 수 있는 술친구라면 좋겠다. 설령, 그가 나보다 주량이 많다거나 적을지라도 괘념치 않으리. 아니, 술친구가 나보다 술을 잘 마실지라도 보조를 맞추기 위해 천천히 잔을 들며 내 눈동자와 그의 눈동자를 맞춘다면 건배를 하자고 제안하겠다.

　술자리가 파할 즈음에 도연명과 이백이 느꼈던 고독, 우수에 대한 이야기를 나누고 싶다. 상대방이 '삶이란 자체는 어차피 혼자일 수밖에 없다.'고 응수했으면 하겠다. 그와 헤어지는 찰나에 '당신의 최종 행선지는 어디입니까?'라고 묻고 싶다. 그가 '저의 집은 엄밀히 말하자면 없지요. 이 넓은 우주 공간 모두가 내 집이지요.'라고 대답해 주기를 바란다. 난 그와 나는 길을 달리하여 발길을 재촉하면서 진정한 내 집은 어디에 있는지 생각해 볼 진지한 시간을 가지리라.

백팔번뇌를 담을 수 있는 술. 술술 돌아가는 세상, 술로 푸는 방정식의 해답을 얻기 위해 오늘도 술을 마신다.

최근 술시장에도 '웰빙'바람이 불고 있다. '잘먹고 잘살자'는 웰빙 열풍이 전국에 휘몰아치는 가운데 술 시장 또한 웰빙으로부터 자유롭지 않은 것. 건강을 챙기며 부드럽게 한잔하는 술이 각광을 받고 있다.

현재 국내 전통주 브랜드는 1백 개 이상. 올해 전통주 시장은 3천억원 규모가 될 것이라고 전문가들은 전망한다. 전통주 시장의 선두주자는 국순당의 '백세주'. 1992년 출시된 백세주는 '생쌀발효법'에 구기자, 오미자, 인삼 등 10가지 한약재를 넣어 건강을 돕는다는 제품이다. '생쌀발효법'은 국순당 배상면 회장이 조선시대까지 대표적 전통주였던 백하주 제조방법을 복원해 술이 완성될 때까지 높은 열을 가하지 않고 가루를 낸 생쌀과 상온의 물을 그대로 사용해 주조한다. 국순당은 최근 삼겹살 전용주 '삼겹살에 메밀한잔'도 내놓았다. 개발단계부터 삼겹살과 궁합을 맞춰 개발한 기능성 약주. 콜레스테롤을 낮췄으며 고혈압, 동맥경화 치료에 이용되는 루틴이라는 비타민 성분이 많은 메밀을 넣었다.

'배상면주가'의 배영호 사장은 배상면 회장의 아들이며 국순당 배중호 사장의 동생. 1996년 산사나무 과실과 산수유를 원료로 '산사춘외환'을 출시하며 백세주에 도전장을 내밀었다. 산사춘 역시 '생쌀발효법'으로 저온 장기 숙성하며 산사, 산수유의 기능성 성분들이 식욕을 돋우고 소화를 돕는다는 것이 업체의 설명이다. 산사춘은 지난해 말 알코올 도수를 13도에서 14도로 올렸다. 14~16도가 당도, 산도 등이 가장 맛있는 상태라는 것. 진로는 약초술 '천국'을 리뉴얼해 지난 3월 새로 내놓았다. 천국은 《동의보감》에 나오는 불로장생수 '국화수'를 현대적으로 재현한 제품으로 국화를 우려낸 맑은 물에 14가지 약초를 다려서 내린 약초술이다. 이번 리뉴얼을 통해 단맛을 줄이고 더욱 깨끗한 맛이 나도록 했으며 은은한 국화향이 우러나도록 향을 대폭 개선했다. 보해의 '매취순'은 대표적인 매실주. 1990년에 나온 매취순은 이달부터 새 상표와 디자인으로 바꾸고 미국 수출을 확대할 계획이다.

전통주 시장의 선두주자의 하나인 국순당은 지난 2002년 9월 16일부터 12월 16일까지 〈아름다운 우리 술을 찾습니다.〉 행사를 개최했다. 보전할 가치가 있는 우리의 술을 발견하기 위해 마련된 이 행사에서 대상은 '잎새곡주'를 출품한 윤석분 씨(경기도 남양주)가 차지했다. 최우수상은 '죽력고'를 출품한 정읍의 송명섭씨를 포함, '오가피주' '대통속 진공발효 황죽 매실주'에게 각각 돌아갔다.

심사위원장을 맡았던 김계원 국순당 연구소장은 "문헌을 통해서만 소개됐던 귀중한 작품이 많이 발굴됐다."고 설명했다.

'내 말슴 광언(狂言)인가/ 저 화상을 구경하게/ 남촌 한량(閑良) 개똥이는/ 부모 덕에 편히 놀고/ 호의호식 무식하고/ 미련하고 용통하여/ 눈은 높고 손은 커서/ 가량없이 주저넘어/ 시체(時體)따라 의관하고/남의 눈만 위하것다(중략)/ 대모관자(玳瑁貫子) 어대 가고/ 물랫줄은 무삼 일고/ 통냥갓은 어대 가고/ 헌 파립(破笠)에 통모자라/ 주체로 못 먹든 밥/ 책력 보아 밥 먹는다/ 양 볶이는 어대 가고/ 쓴바귀를 단꿀 빨 듯/ 죽력고 어대 가고/ 모주 한 잔 어려워라'

작자, 제작 연대 미상의 가사(歌辭)인 〈우부가(愚夫歌)〉. 어리석은 한량이 부모 덕분에 잘살면서 방탕한 생활을 하다가, 마침내 패가망신

(敗家亡身)한다는 내용이다.

서민 사회의 실상이 사실적으로 묘사된 조선 후기의 가사에 나오는 '죽력고'. 정약용의 '탐진촌요(耽津村謠)' 3수에도 '죽력고'가 나온다.

'바닷가 왕대나무 키가커서 백자더니(海岸百尺高)/ 요사이 같아선 상앗대도 못 구하네(如今不中釣船)/ 이 원정들 날마다 새죽순 길러내어(園丁日日培新)/ 죽력고 만들어 주문에 바친 까닭(留作朱門竹瀝膏)'

도대체 '죽력고(竹瀝膏)'란 술이 무엇이길래 이처럼 문학 작품에 소개되었는가. '죽력고'는 소주에다 죽력(푸른 대쪽을 구워서 받은 진액)을 넣어 고은 술이다. 소주의 일종으로 약으로 많이 쓰여 '주(酒)'라 하지 않고 '고(膏)'자를 붙인 데 따른 명칭이다.

문헌의 기록을 들춰보면 호남의 명주로 전주 이강주(선조 때부터 상류사회에서 즐겨 마시던 고급 약소주), 죽력고(소주에다 죽력을 넣어 고은 술로 약소주의 일종), 호산춘(고급 청주로 문인 집안이나 상류사회에서 빚어 마시던 술)을 꼽았다. 마시기도 좋고 약효도 높아 그 용도에 따라 다양하게 쓰였던 이 술은 대나무가 많은 호남지방에서 빚어졌던 특유하고 아주 귀하게 대접받았음에는 분명한 듯.

옛 문헌으로 《증보산림경제》, 《임원십육지》, 《동국세시기》 등에도 나오는 술이 바로 죽력고다. 한방에서는 죽력고란 아이들이 중풍으로 갑자기 말을 못할 때 구급약으로 쓰였다는 기록이다. 생지황, 계심, 석창포를 가루를 내어 꿀에 섞고 여기에 죽력을 넣고 이것을 찹쌀, 누룩 등과 같이 술을 만들면 상당히 진한 액체가 된다. 이러한 액체를 만들기 위해서는 오래 두어야 한다. 이렇게 여러 가지 과정을 거치고 또 많은 약재가 들어가므로 만들기가 그만큼 힘들다.

죽력은 원래 약으로 사용되었던 것이나 술맛이 좋아 기호품의 일종으로 빚어졌던 고급주로서 푸른색을 띤다.

일찍이 최남선도 우리나라의 유명한 술로 평양의 감로주(소주에 단맛나는 재료를 넣고 붉은 기가 도는 곡식류로 발그레한 빛을 낸 것), 전주의 이강주(소주에 배즙, 생즙, 꿀을 넣어 중탕으로 곤 것), 나주와 광주의 죽력고(청대를 숯불 위에 얹어 뽑은 즙을 소주에 섞은 것으로 스카치 위스키 맛과 비슷함), 당진의 두견주(진달래를 소주에 담가 빚은 술)를 치고 있다.

그는 조선 3대 명주 중의 하나로 죽력고를 꼽았다. 하지만《조선상식문답》에 소개된 세가지 중에서 유일하게 행방이 묘연했다. 전주 이강주는 일찍이 조정형 씨에 의해 이강주로 거듭나 세상에 널리 알려졌고, 평양 감홍로는 농림부로부터 명인 지정을 받은 이기양 씨에 의해 전수되고 있었다. 이 씨가 갑작스레 세상을 떠나긴 했으나 만드는 방법만은 보존할 수 있었다. 그런데 죽력고의 자취는 좀처럼 찾을 수 없어 영영 역사 속에 묻혀버리는가 얼마나 속을 태웠나.

그런데 지난 2002년 국순당 주최 '아름다운 술을 찾습니다' 공모전을 통해 세상에 모습을 드러낸 송명섭 씨(44 정읍시 태인면 태흥리). 그는 바로 이러한 사연이 깃든 죽력고로 지난 2003년 12월 19일 전라북도로부터 무형문화재(향토술담그기 제6-3호)로 지정됐다.

김동한 교수(목포대)와 이갑상 교수(원광대)는 조사자 의견을 통해 "전통주의 맥을 잇기 위해 부단히 노력하는 등 죽력고 제조에 대한 진정한 기능인으로 인정됐다."며 "특히 증류하는 과정에서 대나무잎과 대나무, 대나무숯, 솔잎을 소주고리에 넣어 맛과 향이 부드럽고 순한 제품이 되고록 노력하고 있다."고 기술했다.

그가 대나무가 많은 정읍시 태인에서 30여 년 동안 양조장을 경영해 온 송씨에게 '죽력고' 만드는 일은 특별한 '사건'이 아니다. 생활

속에서 가족이나 이웃과 나눠 마시기 위해 수시로 만들었기 때문이다. 만드는 법은 어머니 은계정 씨(1917~1988)에게 배웠다. 이때가 18세 무렵이다.

그의 어머니는 1939년 송씨 집안에 시집을 와 평생 양조장에서 살면서, 틈틈이 탁주 이외에 집에서 먹을 수 있는 전통주를 만들었다. 그녀의 전통주 기술은 고부면에서 한약방을 하던 아버지 은재송(1864~1945)씨 등으로부터 배운 것이라고 한다.

은씨는 남편 송 씨가 중풍을 앓고 나서 본격적으로 죽력고를 빚기 시작했다고 한다. 중풍으로 고생하던 아버지에게 일절 술을 못 드시게 하면서도 죽력고만은 손수 빚어 마시게 했다는 그의 설명. 그는 어린 나이에도 어렴풋이 죽력고가 술이 아니라 약으로 쓰이는 것이라고 알게 됐다는 것이다.

"맘대로 해석하자면 죽력고는 대나무(竹)에서 떨어지는 물(瀝)을 고아(膏) 술을 만든다는 뜻이 아닌가 싶어요. 대나무에 있는 성분 때문에 술을 마신 후에 몸이 개운해지는 것 같습니다. 사실 조선의 유명한 술은 아루다 헤아리기 어려울 정도로 많습니다. 가장 널리 알려진 술은 평양의 감홍로(甘紅露)니 소주에 단맛 나는 재료를 넣고 홍곡(紅麴)으로써 발그레한 빛을 낸 것입니다. 그 다음은 전주의 이강주(梨薑酒)니 뱃물과 생강즙과 꿀과 섞어빚은 소주입니다. 그 다음은 전라도의 죽력고니 청대를 숯불에 얹어 뽑아낸 즙을 섞어서 고은 소주입니다."

죽력고를 만들기 위해서는 이 죽력에 댓잎, 대나무숯, 솔잎, 대나무, 생강이나 각종 약재를 더 넣어야 한다. 소줏고리 안에 댓잎을 넣고, 죽력을 뿌려 댓잎을 잰다. 마디 없는 대나무·솔잎·대나무

숯·생강과 약재도 넣는다. 그 위에 대나무 잔가지를 촘촘히 가로질러 뒤집어도 쏟아지지 않도록 한다. 미리 준비해 둔 솥에 청주를 넣고, 솥 위에 소줏고리를 뒤집어 불을 약하게 땐다. 6시간 이상 걸려야 죽력고를 얻을 수 있다. "한때 잘 나가던 양조장이 쇠락의 길을 걸은 지가 벌써 20년이 됐습니다. 생계를 위해서는 문을 닫는 게 나았지만 환경미화원, 트럭운전사를 하면서도 끝까지 양조장을 포기하지 않았습니다.

도지정 문화재가 됐다고 해서 저에게 달라질 것은 아무것도 없습니다. 많은 사람들이 죽력고를 기호음식으로 마시는 것을 생각하면 어찌 한 부분에서라도 소홀히 할 수 있겠습니까."

하얀 도자기 술잔에 떨어지는 죽력고의 초록 빛깔이 청량하기 그지없다. 독한 소주 향에 대나무 과 솔잎 향이 어우러져 섞였기 때문이다. 씁쌀한 술이 목구멍으로 깨끗하게 넘어가는데 입 속이 개운해지면서 순간적으로 마취가 되는 기분이다. 식도와 가슴이 찌릿, 싸아함을 어찌 말로 다 형용하랴.

제 4 장

46

전주 사람들이 관아의 주방에 판 메추라기

《동의보감(東醫寶鑑)》에는 "메추리고기인 순육(鶉肉)은 오장을 보강하고 힘 줄과 뼈를 튼튼히 한다. 우유로 달여 먹으면 정수(精髓)가 풍부해지고 양념해 구워 먹으면 정력을 굳건히 한다"고 기록되어 있다. 《본초강목(本草綱目)》에는 "오장육부를 보양하고 중기를 북돋아주며 근육과 뼈를 튼튼하게 하는 좋은 약재"로 기록되어 있다.

꿩과에 속하는 소형 조류인 메추라기의 고기는 에너지 대사 및 신경·근육 활동을 돕는 비타민이 풍부해 탄수화물, 단백질 등의 에너지 작용을 돕는다. 또 오장 육부를 보호하고 뼈와 근육을 강화하며, 설사나 식욕부진, 기력 회복에도 효과가 있는 건강식품으로 알려져 있다.

조선의 왕이 받은 수라상엔 밥과 탕 빼고 열두 반찬이 올랐다. 찜·구이·조림·산적·편육·생채·장아찌·젓갈로 꾸몄다. 왕들이 즐긴 특별 보양식은 붕어찜이었다. 닭과 메추라기도 기운을 돋우는 음식으로 꼽혔다. 해산물 중에선 전복을 최고로 쳤다.

《규합총서》의 메추라기찜은 "국물이 바특하여 제 몸이 다 익은 뒤에는 젖을 만하여야 좋다."고 되어 있다.

이와 같이, 찜은 조리기법에서 온 명칭이라기보다, 마무리가 된 상태가 수증기로 쪄냈을 정도의 즙기를 가진 상태가 됨을 칭하는 것이라 하겠다. 즉, 솥에 넣은 물이나 재료 자체의 수분이 증기가 되고 이것이 증발하지 못하니 결국 수증기에 의한 가열방법이라 볼 수 있어서 찜이라는 이름이 붙었다고 할 수 있다.

"백성이 일어나 그 날 종일 종야와 그 이튿날 종일토록 메추라기를 모으니 적게 모은 자도 열 호멜이라. 그들이 자기들을 위하여 진영 사면에 펴 두었더라."(민 11:32)

이 익숙한 본문을 보면서, 곧장 탐욕으로 하느님의 심판을 이스라엘 백성을 떠올릴 필요는 없을 것 같다. 메추라기는 철새이다. 출애굽 광야에서 백성들은 메추라기 떼를 만났다. 메추라기는 철새다. 지중해와 홍해를 넘나들며, 아프리카와 유럽을 오가는 철새이다.

"적게 모은 자도 열 호멜이라."(민 11:32)

그 잡은 분량이 적제 잡아도 열 호멜이라고 한다. 호멜'(Homer)이라는 단위가, '나귀에 가득 실은 한 짐'으로 대략 230리터 정도의 고체의 부피를 뜻하는 것이다.

그래서 그 표현도 나귀(Hamar)라는 단어와 닮았다. 오늘 본문은 나귀 열 마리에 가득히 메추라기 잡은 것이 실려 있는 풍경을 떠올려 봐야 한다. 나귀가 익숙하지 않기에 1리터짜리 생수 2천 병을 떠올려보라. 어느 정도의 분량으로 다가오는가? 출애굽 광야에서 잡아들인 메추라기, 많아도 너무 많다. 그러기에 사람들이 메추라기 한 마리 더 먹기 위하여 욕심을 부렸다고 생각할 이유가 전혀 없다. 이미 잡은 메추라기 분량도 엄청나고 다 소모할 수 없을 정도였기 때문이다.

"진영 사방으로 각기 하룻길 되는 지면 위 두 규빗쯤에 내리게 한

지라."(민 11:31)

다시 이 본문을 읽어보라. 온몸에 소름이 돋지 않는가? 1미터도 안 되는 낮은 높이로 전후좌우 20킬로미터 지역에 떼 지어 몰려다니는 메추라기로 가득 뒤덮인 그 들판을 떠올려보라. 나는 온몸이 간지럽다. 전혀 상상이 안 되는 엄청난 양의 메추라기가 이스라엘 백성들이 머물던 지역으로 몰려왔다. 백성들은 그냥 주워담았다. 그것도 하루 온 종일과 다음 날 반나절 동안(종일 종야와 그 이튿 날 종일토록, 민 11:31)

그렇게 잡았다. 밤에도 잡아 들였다. 사람들은 진이 다 빠졌을 것이다. 통 큰 하나님으로 인해 질려버린 이들도 있었을 것이다. 적게 잡은 사람이 2톤 정도라면 많이 잡은 사람은 도대체 얼마를 잡은 것으로 상상해야 할까? 단순하게 2천 마리가 넘는 메추라기를 주워담는 장면을 연상해 보라. 백성들은 메추라기를 잡아들이느라 엄청난 노동을 한 셈이다.

"그들이 자기들을 위하여 진영 사면에 펴 두었더라."(민 11:32)

이것은 메추라기포를 만드는 장면이다. 육포가 다 그렇듯이 제대로 말린 고기는 이동 중에 아주 좋은 영양식이다.

메추라기 포 한 마리로 한 가족의 한 끼를 해결할 수 있었다면 참으로 아주 오랜 기간 동안 영양식을 광야에서 먹을 수 있었던 것이다. 메추라기로 포를 뜨고 있는 장면을 연상해보자. 메추라기를 널어놓았다면 어느 만큼의 면적을 차지했을까? 도로의 보도블록 2천 개 정도의 공간을 떠올려보라. 천지사방에 메추라기가 덮여있는 장면이 다가오는가?

게다가 메추라기 포가 말라가는 냄새가 온 땅에 가득하다. 어떤 냄새였을까? 결코 유쾌하지만은 않은 냄새였을 것이다. 발을 내딛지 못할 정도로 널려있는 메추라기, 그 냄새를 하루 이틀 사흘 날마다 맡고 있었다면 어떤 생각이 들었겠는가?

"고기가 아직 잇 사이에 있어 씹히기 전에"(민 11:33)

그런데 이 무리 가운데 죽는 이들이 발생했다. 그것은 제대로 마르지 않은 메추라기 포를 먹어서 발생한 것으로 볼 수 있다. 무엇보다 포를 뜬 고기는 제대로 말려야 한다. 그렇지 않으면, 독성으로 인해 치명적이다.

예날 전주 사람들의 삶이 힘들었나. 임득명(林得明, 1767~미상)이 지은 "밭두둑 사이에서 촌아이가 화살로 메추라기를 잡아서 관아의 주방에 판다. 이러한 광경을 전주 가는 길에 많이 보았다(溝塍間 邨兒之購鶉 輒舞公廚 多見於全州途中)."는 작품이 있다.

> 촌아이가 메추라기를 좇아 작은 손 안에 넣었는데
> 옥 같은 발톱, 금 같은 눈동자 사나운 매 같았네.
> 사냥해서 잡은 흰 메추라기가 어디로 갔나
> 관주(官廚)에서 계절 맞춤한 요리라며 돈 아깝지 않다 하네

관주(官廚)는 관가의 주방을 말한다. 임득명의 자는 자도(子道), 호는 송월헌(松月軒), 본관은 회진(會津)이다. 그는 최북, 임희지 등과 송석원시사(松石園詩社)의 구성원으로 시, 서, 화에 모두 능해 삼절(三絶)이라 일컬어졌다. 글씨는 전서를 잘 썼고, 그림은 정선의 진경산수화법을 배웠다고 한다.

조선의 애꾸눈 화가 호생관(毫生館) 최북(崔北, 1712-1786, 무주 출신 또는 경주 출신)을 모른다면 문제다. 반 고흐는 그 유명한 〈자화상〉을 그

리고 두 달 뒤 권총자살로 37세의 생을 마감했고, 최북은 조선 숙종 때 태어나서 정조대까지 살다가 어느 겨울 밤 홑적삼 입은 몸으로 눈구덩이에서 얼어 죽었다.

반 고흐는 생존시에 단 한 폭의 그림을 달랑 400프랑에 팔았고, 최북은 아침 저녁 끼니를 때우기 위해 오두막집에서 하루 종일 산수화만을 그려야 했다.

'호생관'이란 호는 '붓(毫)으로 먹고 사는 사람'이라는 뜻으로, '칠칠(七七)'이란 자는 이름의 '북(北)'자를 둘로 나누어 스스로 각각 지은 것이란다. 메추라기를 잘 그려 '최메추라기'라고도 했으며, 산수화에 뛰어나 '최산수(崔山水)'로도 불렸다.

47
전주 미나리

　바야흐로 미나리가 제철이다. 옛 속담에 "처갓집 세배는 미나리 강회를 먹을 때 간다."고 할 정도로 봄 미나리가 맛있다는 뜻이다. 예전에는 미나리를 키우는 곳을 미나리꽝이라고 했다. 더러운 물에서도 잘 자라고 습지 정화능력이 뛰어났으나 거머리가 많아서 다듬기 꺼려 하는 채소다.

　전주의 향교와 문묘는 고려 우왕 때에 원래 부성내 남부인 지금의 경기전 부근에 있었다. 조선조 태종 때에 경기전이 조영(造營)되자 인접하고 있는 향교에서 독강하는 소리가 시끄러워 성령(聖靈)을 안위케 하는데 어긋난다고 해서 전주부의 서쪽인 화산(華山) 기슭인 삼계리에 이전했다.

　당시 전주천은 현 다가산 밑인 신흥학교 교정을 도는 소(沼)를 이루었으며, 장마철만 되면 선비들이 이를 건널 수 없었고 부성과 너무 떨어져 불편했다. 또, 좌묘우사(左廟右杞), 즉 객사에서 남면, 좌면에 문묘를 세우고 우면에 사직단을 설치하는 제도에 어긋난다고 해서 선조때 관찰사인 장만(張晩)이 품신해 현 교동 자리에 이전했다.

　또 화산서원(華山書院)은 선조 때 향교 자리에 세웠으며, 서원 옆에

희현당(希賢堂)을 두었는데, 이는 오늘날의 대학 정도의 수학을 했다. 화산서원은 선조 11년(1578)에 건립, 이언적(李彦迪)과 송인수(宋麟壽)의 위패를 모시고 제사 지내던 곳이다. 효종 9년(1658)에 나라에서 이름을 지어주고 후원하는 사액 서원으로 선정되기도 했지만 고종 5년(1868) 서원철폐령에 따라 헐렸다.

한말 때는 전라감사로 부임한 이완용이 풍수지리설에 의거, 명당인 이곳에 선현의 위패를 모시고자 철거하고 화산서원비(전북 문화재자료 제4호)를 현재의 중화산동(中華山洞) 2가에 다시 세웠다. 희미하게 남은 서원비는 당시의 화산서원과 희현당, 그리고 황학대(黃鶴臺)에 관한 기록이 남아 있어 뜻있는 사람들의 눈길을 멈추게 한다. 오늘날에는 송시열이 비문을 짓고 송준길이 글씨를 쓴 이 비석만 남아, 이곳이 예전에 선비들이 글을 읽던 학문의 전당임을 전해주고 있다.

바로 이같은 연유로 화산을 넘어 서원이 있었다고 해서 '화산서원 너머'를 '선너머'로 부르고 있으며, 이곳의 방죽에서 키워지는 미나리는 완산팔미로 명성이 자자했다. 전주 미나리는 줄기가 연하고 겨우내 물속에서 자라 그 맛이 또한 일품이다.

이는 복탕 등 각종 음식에 현재에도 널리 쓰여 사랑받고 있으며, 특히 주객들에게는 숙취 해소에 최고로 좋다. 날씨가 좋지 않은데도 불구, 선너머 인근에서 미나리를 채취하는 인부들의 모습을 보면서 전주 콩나물처럼 식도락가들로부터 많은 사랑을 받을 수 있는 날이 반드시 오기를 희망한다.

아주 어려운 일을 능수능란하게 한다는 뜻의 '선너머 아가씨 미나리 다듬듯 한다'는 속담이 있다. 조선시대 당시 전주 지역에 서원이라는 곳이 있었고 '선너머'란 현재 중화산동 인근의 미나리꽝을 일컫는 말이었다. 전주 예수병원 넘어 중화산동에는 서원비가 있다.

서원비에는 화산서원과 희현당, 그리고 황학대에 대한 기록이 남아있다. 바로 이같은 연유로 화산(華山)을 넘어 서원(書院)이 있다고 해서 '화산을 넘어 서원이 있다'고 해 '화산서원 너머'를 '선너머'로 부르게 됐다.

선너머는 젊은 사람들의 데이트 코스였다. 딸기밭도 많고, 전주 팔미로도 유명한 미나리가 전국적으로 이름을 날렸다. 바로 이곳에서 나오는 미나리는 줄기가 연하고 겨우내 물속에서 자라 그 맛이 또한 일품이었다는 평가를 받아 '완산십미'로 유명했지만 택지 개발로 인해 거의 종적을 감추었다.

남원은 미나리가 좋기로 예전부터 명성을 떨쳤다. 최영년이 '해동죽지(海東竹枝)'를 쓰면서 팔도진미를 소개한바, 남원 미나리를 제일 앞에 소개했다. 줄기가 꽉 차고 향기가 뛰어난 것이 순나물도 남원 미나리 맛에는 미치지 못하다고 했다.

미암 유희춘(柳希春, 1513~1577)이 전주 미나리의 맛을 손님에게 자랑한 것을 볼 수 있다.

미나리 한 펄기를 캐어서 씻우이다 년대(다른데) 아니야 우리 님께 받
자오이다/맛이야 긴(緊)치 아니커니와 다시 씹어 보소서

《조선왕조실록》의 봉안사로 전주에 온 박화숙(朴和叔)을 맞이한 술자리에서 읊은 시조라 전한다. 여기 미나리는 봄미나리일 터, 봄미나리여야 그 맛이 제일이다. 미나리를 임금께 바치고 싶다는 이야기는 중국의 《여씨춘추》에도 나와 있다. "들에 묻혀 사는 사람은 살찐 미나리나마 임금께 바치고 싶네."라 노래했다.

전주에서 생산하는 5대 농특산품 중의 하나인 미나리는 비타민과 무기질이 풍부하게 함유된 알칼리성 식품으로 산성 체질을 중화하는데 효과가 있다.

지난 2013년엔 '전주 미나리'에 대한 지리적 표시 단체표장과 관련 포장 디자인을 출허청에 출원 완료했다.

최근들어 전주농협이 전주 전통 미나리 소비촉진 홍보 행사를 열었다. 2018년에 이어 2회째 열렸으며 미나리 약 3,000묶음을 판매하는 등 성황을 이뤘다. 이같은 행사를 앞으로도 연례적으로 개최해 밭미나리 소비 촉진을 위한 저변을 확대함은 물론 전주에서 이제 막 발걸음을 떼는 밭미나리 농법이 농가들에게 널리 확산되기 바란다.

48

전주복숭아 '승도'

　제20회 전주명품복숭아축제가 2018년 7월 24일부터 25일까지 전주종합경기장에서 열렸다. 더운 오늘, 아삭한 복숭아 한 입 깨물면 열심히 달려오던 더위도 저만치 달아나지 않을까. 풋열매 뽀얀 털에 감싸여 햇살 안고 있는 듯한 미소를 보이는 복숭아가 당신 같아 모처럼 웃어본다.

　초여름을 맞아 복숭아 '유미' 품종이 본격적으로 시장에 나오고 있다. '유미'는 농진청이 2008년 육성한 품종으로 남부 지역은 6월 하순에서 7월 상순경 수확한다.

　무게는 평균 280g, 당도는 11브릭스 이상으로 같은 시기에 나오는 조생종 품종보다 맛과 크기가 뛰어나다. 유미는 무봉지로 재배를 해도 품질이 좋기 때문에 노동력을 줄일 수 있는 등 농촌의 일손 부족 문제에 대비해 앞으로도 봉지를 씌우지 않고 재배할 수 있는 품종이다. 복숭아 생산에 필요한 연간 노동 시간은 10a 기준으로 162.8시간이며, 이중 봉지를 씌우는 데만 19시간이 걸리지 않았나.

　우리나라에서 복숭아 재배가 언제, 어떻게 시작되었는지는 불명확하다. 역사기록으로는 《삼국사기》, 《백제본기》 온조왕 삼년(기원전 16년)동시월조에 "겨울에 우레가 일어나고 복숭아와 오얏 꽃이 피었다

(冬十月雷桃李華)."라고 나온다. 《신증동국여지승람(新增東國輿地勝覽)》엔 복숭아가 고려 말에서 이조 개국 초의 과일 중의 하나로 소개되고 있으며, 허균의 《도문대작(屠門大嚼, 1615년)》에는 자도(紫桃), 황도(黃桃), 반도(盤桃), 승도(僧桃), 포도(浦桃)등 5품종, '해동농서(海東農書)엔 모도(毛桃), 승도(僧桃), 울릉도(鬱陵桃), 감인도(甘仁桃), 편도(遍桃), 홍도(紅桃), 벽도(碧桃), 삼색도(三色桃) 등 9품종, 1910년대에 경기도청에서 조사한 경기도의 재래종 복숭아 품종으로 오월도(五月桃), 6월도(六月桃), 7월도(七月桃), 8월도(八月桃), 승도(僧桃), 감향도(甘香桃), 시도(枾桃), 지나도(支那桃), 소도(小桃) 등 10품종이 기록되어 있어 다양한 재래종들이 존재하였음을 알 수 있다.

최남선의 《조선상식문답》에 과일로는 전주의 '승도(僧桃)'가 첫번째라고 했다. '승도(僧桃)'는 털이 없어 스님의 머리처럼 껍질이 반질반질한 복숭아를 말하는 것 같다. 지금의 천도와 같이 과피에 털이 없는 계통을 일컫는 것으로 신두복숭아로도 불리며 전주가 명산지로 기록되어 있다.

허균의 《도문대작》엔 "전주(全州) 부근은 모두 승도가 난다. 크고 달다(全州一境皆僧桃,大而味甘)"고 했다. 이규경의 《오주연문장전산고(五洲衍文長箋散稿)》는 승도를 '털없는 복숭아(僧桃,無毛者)'로 보았다. 이민성(1570~1629)의 《경정선생집(敬亭先生集)》 가운데 작품 '승도(僧桃)'엔 '범상치 않은 과일(果中惹此非凡果)'로 보고 있다.

전주 복숭아는 일제강점기인 1910년대 일본인들이 현 완산구청 일대에서 처음 재배하기 시작했다. 1960년대 백도 등 신품종이 보급된 이후 급속히 확산돼 1970년대에는 재배 면적이 600㏊를 넘어서는 등 근대 복숭아 품종 개량의 시발지이자 국내 최대 복숭아 집산지로 자리했다. 이후 농업인구 감소 등으로 재배면적이 250㏊로 줄어들자 전주농협은 전주 복숭아의 명성을 회복하기 위해 노후화된 품종 갱신에 나섰다. 현재 신품종을 중심으로 450여 농가가 250㏊에서 연간 4000여t을 생산하고 있다. 그중 70~80% 정도는 전주농협과 전주원예농협을 통해 계통출하하고 있다.

실제로, '승도'는 스님의 머리처럼 빤질거린다는 의미로 지금의 천도와 같이 과피에 털이 없는 계통을 일컫는 것으로 신두복숭아로도 불리며 전주가 명산지로 기록되어 있다.

완주군 구이면 용복리에서 수집한 오월도는 숙기가 6월 하순으로 과실이 작고 감미가 적으며 산미가 다소 많은 것으로 보아 이들의 숙기는 음력을 기준으로 하는 것 같다.

보리따래기는 보리의 수확기에 성숙되는 복숭아에서 명명된 것으로 보여지는 재래 품종으로 우리나라에서 가장 빨리 수확되는 품종으로 완주군 일대에서 재배되고 있다. 과실은 일반 재배 품종에 비해 매우 작은 편이다.

수줍은 새색시 모습 같은 살결은 당신의 순수다. 발그레 탐스런 복숭아 황홀한 맛에 취하고 싶다. 동방삭처럼 형벌을 달게 받을지라도 묽게 익은 복숭아 한입 꽉 물고 싶은 유혹이 나를 힘들게 만든다. 전주 복숭아의 향긋함과 달콤한 과즙맛은 당신의 향기다.

49
두타와 전주 생강

강원 두타산(頭陀山)은 들머리부터 선계(神界)에 빠져드는 듯한 착각을 일으킨다. 범어에서 유래한 '두타(頭陀)'는 세속의 모든 욕심과 속성을 버리고 몸과 마음을 깨끗이 닦기 위해 고행을 참고 행하는 것을 말한다. '두타(dhuta)'를 소리 나는 대로 적은 용어로, '벗다, 씻다, 닦다'는 뜻을 지닌 산스크리트어를 음차한 것이다. 이를 한자론 수치(修治) 또는 기제(棄除)라고 번역하기도 했으나 마하가섭의 수식어가 경전 속에서 '두타제일(頭陀第一)'로 등장하면서 비슷한 발음 그대로 '두타'라는 말이 널리 알려지게 됐다. 경전은 '두타 수행'을 12가지를 들어서 설명한다. 그 12가지의 내용은 이렇다. "조용한 곳에 거주한다, 항상 걸식한다, 걸식할 때 가난한 사람과 부유한 사람을 가리지 않는다, 하루에 한 번만 먹는다, 과식하지 않는다, 정오 이후에는 과즙이나 설탕물을 마시지 않는다, 해지고 헐은 옷을 입는다, 옷은 세 벌만 소유한다, 무상관을 체득하기 위해 무덤 곁에 머무른다, 주거지에 대한 애착을 버리기 위해 나무 밑에서 지낸다, 아무것도 없는 한데 땅(露地)에 앉아 좌정에 든다, 항상 앉아 있으며 눕지 않는다."

일말의 즐거움도 없이 최소한의 의식주만으로 살아가며 아주 작은 편안함도 추구하지 않고 오직 수행에 집중하는 것, 즉 마하가섭이

고집한 '두타' 수행은 곧 불교수행의 원형이다.

〈전주에서〉라는 시는 승(僧) 두타(頭陀)가 지었다고 전하는 만큼 그 이름을 찾을 수 없다. 또, 예로부터 전주는 대나무가 무성한 가운데 생강으로 유명세를 널리 떨쳤음을 알 수 있다. "완산의 상서로운 기운이 제왕을 내시니 용과 범이 서리어 두른 웅장한 산세로다. 예부터 동과 소금(銅鹽)은 산해를 홀로 떨치었고, 지방 산하는 관방(關防)을 잘 지켰네. 숲이 우거진 마을마다 대숲이 또 우거졌고, 토질이 비옥한 시내 밭에는 모두 생강을 심었네. 문득 남쪽 고을의 풍토가 기이함을 알았나니 공북루에 홀로 올라 저녁 놀을 바라보네"

생강은 《세종실록지리지와》, 《신증동국여지승람》에 전주의 특산물로, 《여지도서》에는 전주의 특산물이자 진상품으로 기록되어 있다. 이강주는 배(梨)와 생강(薑)이 들어가서 이강주다. 예전에는 약의 의미인 이강고(梨薑膏)로도 불렀다. 누룩과 멥쌀로 약주를 빚어 증류를 거쳐 소주를 만들고 여기에 전주 배와 생강, 울금, 계피를 넣어 침출시킨다. 배는 청량감이 뛰어나 소화제 역할을 하고 생강과 계피향은 조화를 이뤄 감칠맛을 낸다. 울금은 습관성이 없는 신경안정제다. 그래서 이 술은 술꾼들 사이에서는 '여름밤 초승달 같은 술'로 불린다.

《어유야담》에 속담 '올공쇠 팔자(兀孔金 八字)'에 '옛날 전주 장사꾼'이 생강을 한 배 싣고 평양으로 팔러 갔음'이 나온다. "오전에 삼례역의 역장과 역리의 집에 이르렀다. 저녁에 전주 남문밖 이의신(李義臣)의 집에서 잤다. 판관 박근(朴勤)이 와서 봤다. 부윤(府尹, 전주시장)도 후하게 접대했다. 판관이 비올 때 쓰는 기름 먹인 두꺼운 종이와 생강을 보내왔다." 정유년(1597년) 4월 22일(양력 6월 6일, 임오)자 《난중일기》 기록이다. 21일 여산 관아 노비의 집에서 하룻밤을 머문 이순신 장군은 이곳의 생강을 선물받고 다음날 삼례역을 거쳐 전주로 이동했음을 알 수 있다. 지난해 국가중요농업유산 지정으로 완주가 생강 종가(生薑宗家)로서의 명성을 되찾아 지역 자긍심을 회복하고, 지역 농업과 경제 발전의 계기를 마련하게 됐다. 주변의 우수한 관광자원들과 연계하고 보전해 생강의 브랜드 가치를 높여나가기 바란다.

50

1872년 전주지도에 보이는 오얏

전주지도(全州地圖, 보물 제1586호, 서울대 규장각 소장)의 그림 속에 보이는 1872년 전주의 봄 풍경에 멀미가 날 지경이다.

17세기에 마정(馬政)의 정책 수립을 위해 국가가 제작한 목장지도(牧場地圖)는 진주성의 전경을 회화적으로 기록한 진주성도(晉州城)와 함께 지도에 회화적 요소를 더해 예술성을 갖춘 회화식(繪畵式) 작품으로 평가되고 있다.

T자형의 전주 읍성 내 도로망이 특징적으로 묘사, 왕권을 상징하는 전주 객사의 성격을 뚜렷이 보여주고 있으며, 전주의 풍수적 특성도 매우 정확하게 묘사돼 있다. 기린봉에서부터 발원한 산줄기가 현재 덕진연못 앞까지 연결되어 있으며, 좌청룡 우백호의 지형이 지도상에 섬세하게 그려져 있다.

이 지도는 전주성 안팎으로 빽빽하게 들어선 민가, 감사(監司) 일행의 행차로 보이는 사람들의 모습, 그리고 경기전 주변의 수목과 새들, 만개한 오얏꽃(앵두)까지 생생하게 묘사되는 등 화사한 봄날의 정취를 느끼게 하고 있다. 전주성 안에는 '관찰사의 청사'인 선화당(宣化堂)을 비롯한 감영 건물과 부윤이 집무하던 본관(本官), 객사, 경기전, 옥사 등의 건물이 그려져 있고, 성밖 우측 하단에는 전주향교, 한벽당 등 전라감영의 모습이 손에 잡힐 듯 아스라히 펼쳐지면서 울긋불긋한 오얏꽃의 향연은 끝이 없는바 이는 전주 이씨를 상징한다. 또, 태조의 영정을 봉안하고 있는 진전(眞殿)인 경기전이 부각되어 있지만 아직 조경묘가 세워지지 않은 모습이다. 대신 그 자리에 나무가 우거지고 백로 떼가 앉아 있는 장면을 표현, 상서로움을 강조하고 있다. 이들은 바로 인근의 서서학동에서 날아와 '송수천년(松壽千年) 학수만년(鶴壽萬年)'의 신화를 일깨우고 있다. 하지만 10장생의 하나인 백로떼 바로 밑 소나무는 지금은 볼 수 없다.

이성계가 왜구를 물리치고 친지를 모아 잔치를 벌인 오목대에선 한무리의 선비들이 봄놀이를 한껏 즐기고 있는 등 가옥과 건물들은 다소 옅은 먹선을 사용, 전주 풍경은 그야말로 무릉도원이 따로 없다. 아래로 보이는 다리는 오룡교(남천교)가 분명하지만, 왼편에 보이는 다리는 어떤 것인지 추정이 불가능하다. 그 누구는 서천교라고 말하지만 시기가 맞지 않아 쉽게 단정 지을 수는 없다.

서울 도봉구에 번동이란 동명이 있다. 여기에는 이런 유래가 전해진다. 고려 말 풍수도참설이 유행할 때 '이씨가 한양에 도읍을 할 것이다.'라는 이야기가 나돌았다.

고려 조정은 마침 이곳 번동일대에 오얏나무(자두나무)가 무성하다는 말을 듣고 이씨가 흥할 징조라고 여겨 오얏나무를 베어 없애버리는 벌리사(伐李使)를 보냈다고 한다. 그래서 처음에 이곳을 벌리(伐里)라고 하다가 한자이름으로 바뀌면서 번리(樊里), 번동(樊洞)이 됐다는 것이다. 오얏은 이(李)씨를 나타내며, 이씨의 왕조인 조선은 오얏으로 상징된다. 따라서 고려는 오얏나무를 베는 일이 조성왕조의 싹을 없애는 것으로 생각하지 않았을까 하는 상상이 이런 이야기를 만들어내지 않았나 싶다.

그러나 조선왕조 500년 내내 오얏나무를 '왕씨의 나무'로서 특별히 대접한 흔적을 찾기는 어렵다. 다만 대한제국이 들어서면서는 오얏꽃은 왕실을 대표하는 문장(紋章)으로 사용하였다. 1884년 우리 역사상 최초로 시작된 우정사업은 1905년 통신권이 일본에 빼앗길 때까지 54종의 보통우표를 발행하게 된다. 이 보통우표에는 이왕가(李王家)의 문장인 오얏과 태극이 주조를 이루었기 때문에 이화우표(李花郵票)라고 부르기도 하였다.

창덕궁 인정전 용마루, 구한말 우표 등에 사용됐고, 지금은 전주이씨 종친회 문양이다. 오얏나무는 중국이 고향이다. 《시경》 왕풍(王風) '언덕위의 삼밭(丘中有麻篇)'에 나오며 《삼국지》 위지 동이전 부여조에 복숭아, 오얏, 살구, 밤, 대추를 다섯 가지 과일로 기록되어 있다. 《삼국사기》에 도리(桃李)하여 복숭아와 함께 백제 온조왕 3년(15)에 처음 등장한다. 이를 미루어 보아 적어도 2천 년 전부터 우리 곁에 있었던 과일나무다.

《훈몽자회》나 《동의보감》등에 나오는 우리말은 '오얏'이었으나, 《도문대작》 등에는 '자도(紫桃)'라고도 하였다. 보랏빛이 강하고 복숭아를 닮았다는 뜻의 자도는 다시 자두로 변하여, 오늘날 오얏나무의 정식 이름 자두나무가 되었다. 자두나무와 관련된 이야기는 '도리'라 하여 대부분 복숭아와 짝을 이룬다. 중국이나 우리의 옛 시가에 도리를 노래한 구절은 수없이 찾을 수 있다.

도리는 또 다른 사람이 천거하거나 쓸 만한 자기 제자를 가리키는 말이기도 하다. '도리만천하'라고 하면 믿을 만한 자기 사람으로 세상이 가득 찼다는 뜻으로 실세임을 나타내는 말이다. 우리의 역사서에 등장하는 도리는 흔히 이상기후를 나타내는 표준으로 삼았다. 꽃이 늦가을에 피었다거나, 우박의 굵기가 도리만 했다는 기록을 자주 만날 수 있다.

《천자문》에는 '과진이내(果珍李柰)'라 하여 과일 중 보배는 자두와 능금이라고 했다. 맛이 좋다는 뜻이겠으나, 오늘날의 우리 미각으로 본다면 선뜻 동의하기 어렵다. 지금 우리가 먹고 있는 자두는 개량종으로 굉장히 맛이 좋아졌음에도 흔히 자두라고 하면 신맛을 상상하여 입 안에 군침부터 돈다.

중국 전국시대 제나라 위왕의 후궁 우희에 얽힌 고사와 관련해《열녀전》에는 "과전불납리 이하부정관(瓜田不納履 李下不整冠)"이라는 고사가 전한다. 후궁 우희가 모함을 벗기 위해 비유적으로 썼다는 이 표현은 오이가 익은 밭에서 신발을 고쳐 신으면 마치 오이를 따는 것같이 보이고, 오얏(자두)이 익은 나무 아래서 손을 들어 관을 고쳐 쓰려고 하면 오얏을 따는 것처럼 보이니, 남에게 의심받을 짓을 아예 삼가라는 뜻이다. 공직자가 한 번쯤 새겨들어야 할 교훈적 가치가 있다고 생각한다. 위나라 조비가 군자행(君子行)이란 시에서 군자는 미연(未然)에 방지하며, 혐의가 있는 곳에 머물지 않는다고 했다. 간단히 과전이하(瓜田李下)라고도 한다.

동진(東晉) 간보(干寶)의 '수신기(搜神記)' '가문합(賈文合)' 편에 의하면 전국시대 제나라 위왕(威王)에게 우희(虞姬)라는 후궁이 있었다. 우희는 위왕을 성심성의껏 모실 뿐 아니라 나라의 앞날을 늘 걱정하는 속 깊은 여인이었다. 당시 제나라는 주파호(周破湖)라는 간신이 국정을 마음대로 휘둘러 나라가 제대로 다스려지지 않았고 민심도 불안한 상태였다.

보다 못한 우희가 위왕에게 주파호는 흑심을 품고 있는 나쁜 사람이니 그의 관직을 박탈하고 북곽(北郭) 선생 같은 어진 선비를 등용하라고 했다. 그러자 우희가 자신을 제거하려 한다는 정보를 입수한 주파호는 오히려 우희와 북곽 선생이 서로 좋아하는 사이라며 둘을 모함했다. 이를 곧이들은 위왕은 곧장 우희를 감옥에 가두고 관원에게 사실 여부를 조사하도록 했다. 주파호에게 매수당한 관원들은 우희의 죄를 억지로 꾸미려고 했다. 위왕은 관원들의 보고에 이상한 점이 있는 데다 그간 쌓은 정도 있어 직접 우희를 심문하기로 했다. 왕 앞에 끌려온 우희는 말했다.

> 신첩은 10년 동안 한결같은 마음으로 왕을 모셨습니다. 그런데 불행히도 간신들의 모함을 받게 됐습니다. 신첩의 결백함은 푸른 하늘과 흰 해 같습니다. 신첩에게 죄가 있다면 '오이 밭에는 신발을 들이지 말고 오얏나무 아래에서는 갓을 바르게 하지 않는다(瓜田不納履, 李下不整冠)'라고 했거늘, 남에게 의심받을 일을 피하지 못했다는 점과 감옥에 갇혔는데도 변명해 주는 사람이 없다는 부덕함일 것입니다. 하지만 신첩에게 죽음을 내리신다 해도 변명은 하지 않겠습니다. 다만 주파호 같은 간신은 쫓아내십시오.

위왕은 우희의 충심에 자신의 아둔함을 깨닫고는 곧바로 주파호를 삶아 죽이고 우희를 풀어줬다.

《삼국사기》 백제본기 온조왕 삼년(기원전 16년) 동시월조에 "겨울에 우레가 일어나고 복숭아와 오얏꽃이 피었다(冬十月雷桃李華)."라고 나온다.

백담(柏潭) 구봉령(具鳳齡)은 1568년에 전라도에 나가 재상(災傷)을 안찰하는 임무를 수행하기도 했으며, 1583년에는 전라도관찰사로 부임했다.

〈빈일헌십영차운(賓日軒十詠次韻)〉은 이 시기에 지어졌을 것으로 추측되는 작품이다. '빈일(賓日)'은 부산 동래 왜관에 있던 건물로, 일본 사신을 맞이하던 곳이다.

구봉령은 〈빈일헌십영〉에 차운했다고 밝혔지만, 10편의 시를 다 짓지는 않았다. 이 시 가운데 전주 건지산이 오얏으로 만개했음을 알 수 있다.

> 한 번 일으킨 신열로 동한을 평정하였으니 / 一戎神烈靖東韓
> 백전을 치르던 산하 길이 평안하였네 / 百戰山河永妥安
> 수놓은 창 아로새긴 들보 우러르는 곳에 / 繡戶雕梁瞻仰處
> 백발의 외로운 신하 마음 붉다네 / 孤臣白髮血心丹
> 위는 경기전(慶基殿)이다.
>
> 백제와 신라의 경계 아울러 쇠미하더니 / 濟羅分界竝衰微
> 간신이 왕업을 도모하다가 기롱이 되었네 / 奸孼圖王況足譏
> 마침내 인심은 덕 있는 곳으로 돌아갔으니 / 畢竟人心歸有德
> 그 옛날 경치와는 완전히 달라졌네 / 當年雲物已全非
> 위는 견훤도(甄萱都)이다.
>
> 시냇가에 푸른 옥 봉우리 밝게 빛나고 / 溪上晶熒碧玉岑
> 흰 무지개 그림자 흔들며 푸른 숲 뚫었네 / 白虹搖影透蒼林
> 붉은 꽃 떨어져 오는 곳 찾을 길 없어 / 落紅來處尋無路
> 한 곡조 거문고 나그네 마음을 달래네 / 一曲瑤琴寫客心
> 위는 쾌심정(快心亭)이다.
>
> 빼어난 기운 푸르게 뒤엉켜 무성하고 / 葱瓏秀氣碧輪囷
> 땅의 신령 만고에 봄을 드러내네 / 漏洩坤靈萬古春

알겠네, 흥성한 왕은 일찍이 상이 있으니 / 須識興王曾有象
푸른 빛 앞 봉우리에 상서로운 기린 뛰는 것을 / 前峯晴翠踊祥麟
위는 기린봉(麒麟峯)이다.

인물에 어찌 대아 소아를 논하겠나 / 人物寧論大小兒
큰 바위 산의 모습 우뚝한 자태라네 / 穹巖山面峙雄姿
이로부터 임금의 은택 원근에 젖어들어 / 自從聖澤淪遐邇
채색 깃 온화한 바람이 해와 짝이 되네 / 彩羽和風日作儀
위는 봉황암(鳳凰巖)이다.

용이 날고 봉이 춤추듯이 공중에 다다랐고 / 龍飛鳳舞逗層空
복숭아 오얏 꽃다운 동산에 붉은 기운 자욱하네 / 桃李芳園紫靄濛
용릉의 아름다운 기운 있어 사랑스러운데 / 却愛春陵佳氣在
상림원만 어찌 유독 푸른 기운 노래했던가 / 上林何獨賦青蔥
위는 건지산(乾止山)이다.

  신재효는 후기의 판소리 이론가이자 작가로 종래 계통없이 불러 오던 광대 소리를 통일하여 〈춘향가〉, 〈심청가〉 등 6마당으로 체계를 이루고 독특한 판소리 사설문학을 이룩한 판소리계의 체제를 잡아준 인물이다. 신재효의 제자로 들어간 진채선은 그로부터 얼음 밑으로 시냇물이 흐르는 듯한 목소리, 순풍에 돛단배 노는 듯한 목소리, 만길 산봉우리로 치솟는 목소리, 폭포수가 천길 낭떠러지에 떨어지는 목소리 등을 고루 갖추게 됐다. 실력을 많이 쌓은 진채선은 그래서 경복궁 낙성 기념식에서 신재효가 지은 〈방아타령〉 등을 부르게 됐다. 당시 판소리를 좋아하던 흥선대원군이 진채선을 마음에 들어해 그녀는 결국, 궁으로 들어갔다.
  그 일로 신재효는 흥선대원군이 높은 벼슬을 하사해 명예를 얻었다. 안타깝게도, 그를 궁궐에 보내고 나서 신재효는 사랑하는 제자 채선을 기다리는 염원으로 인해 끝내 몸져눕게 하고 말았다. 이에 신재효는 〈도리화가(桃李花歌)〉를 지어 불러 그의 간절한 심정을 토로하기에 이르렀다.

'스물네 번 바람불어 만화방창 봄이 되니 구경가세 구경가세 도리화 구경가세 도화는 곱게 붉고 희도 휠사 외얏꽃이 향기 쫓는 세요충은 젓대 북이 따라가고 보기 좋은 범나비는 너픈 너픈 날아든다.(중략) 해어화 거동보소 아름답고 고을씨고 구름같은 머리털은 타마제 아닐런가 여덟팔자 나비눈썹 서귀인의 그림인가 환환한 두 살 작은 편천행운 부딪치고 이슬 속의 붉은 앵화 번소가 아닐런가'

가사에서 채선은 '도리'이며, 뛰어난 미인으로 묘사되어 있다. '도리(桃李)'는 복숭아꽃과 오얏꽃이 핀 봄 경치를 뜻하지만 미인을 형용하는 말이기도 하다. 이처럼 신재효는 〈도리화가〉를 통해 자신의 제자이자 연인의 감정을 느꼈던 진채선의 대한 애뜻한 감정을 드러냈다.

문순태는 장편소설 《도리화가》를 냈으며, 〈도리화가〉(이종필 감독)가 영화로도 만들어졌었다. 2015년엔 버라이어티 감성농악 '도리화 귀경가세'가 선보였다. 복숭아꽃과 오얏꽃이 사계절 내내 우리 마음 속에 꽃봉오리를 활짝 피우게 했으리라.

51

전주 엿

엿은 향토음식이라고 할 수 있을 만큼 지역색이 깃들어 있다. 울릉도 호박엿, 강원도의 황골엿, 충청도의 무엿, 전라도의 고구마엿, 제주도의 닭고기나 꿩고기를 넣어서 만든 닭엿, 또는 꿩엿 등이 유명하다.

기산 김준근의 〈엿 파는 아이〉가 있다. 김홍도의 〈씨름〉의 일부분으로 역시 엿을 파는 아이를 그린 작품이 있다. 엿을 파는 아이가 나오는 풍속화는 더러 있지만, 엿 파는 아이만을 그린 것은 오직 김준근의 것만 남아 있다. 두 소년은 엿 목판을 메고 있다. 왼쪽 소년은 떼어서 파는 판엿을 팔고, 오른쪽 소년은 긴 가래엿을 판다. 엿장수의 가위는 언제부터 있었던가 늘 궁금했는데, 이 그림을 보고 적어도 19세기 말에는 있었음을 확인하게 되었다. 왜냐면 김준근은 주로 19세기 말에 활동했기 때문이다.

엿을 파는 곳은 사람이 많이 모이는 장소다. 씨름하는 곳에 사람이 몰리는 것은 당연한 일이다. 그런데 의외의 장소가 있다. 《영조실록》 49년(1773) 4월 9일조에 의하면 지평 이한일이 이렇게 말하고 있다. "이번 과거 시험장은 엄숙하지 못해 떡과 엿, 술이며 담배를 등불을 켜 놓고 일산 아래서 거리낌 없이 팔았다."라고 과거장의 질서를 단속하는 금난관을 파면시킬 것을 청하고 있다. 정말 웃기는 일이지만, 과거장에서도 요긴한 주전부리는 엿이었던 것이다.

엿도 잘 만드는 지방이 있다. 조선후기의 문인 이하곤은 1722년 전라도 일대를 유람하는 길에 전주에 들러 시장을 본 기록을 남기고 있다. 12월 12일 박지수와 경기전(慶基殿)에 갔다. 민지수도 왔다.… 회경루에 올라 시장을 바라보았다. 수만 명의 사람들이 빽빽이 모인 것이 흡사 서울의 종로의 오시(午市) 같았다. 잡화가 산더미처럼 쌓였는데, 패랭이와 박산이 반을 차지했다. 박산은 기름으로 찹쌀을 볶아서 엿으로 버무려 만든다. 목판으로 눌러 종이처럼 얇게 펴서 네모로 약간 길쭉하게 자른 것이다. 네댓 조각을 겹쳐서 한 덩이로 만든다. 공사의 잔치와 제사상 접시에 괴어 올려 쓴다. 오직 전주 사람들이 잘 만든다.

전주의 시장에서 가장 많이 팔린다는 박산은 요즘 말로 하자면 쌀강정이다. 박산을 전주에서 잘 만드는 것은 엿이 좋기 때문이다. 대중의 인기가 있었던 엿은 잘 만드는 집이 따로 있었다. 허균의 도문대작에서는 "개성부의 것이 상품이고, 전주와 서울 안의 송침교(松針橋)에서도 잘 만든다"고 했다. 전주의 엿은 전국에서 두 번째였던 것이다. 그는 또 '백산자'를 소개하면서 속명은 '박산'으로 전주 지방에서만 만든다 하고 있다. 역시 전주가 품질이 좋은 엿의 생산지였기 때문이다. 《세종실록》 3년(1421) 1월 13일조에 의하면, 예조에서 진상하는 물목을 아뢰면서 '백산엿은 오직 전주에서만 만드는 것'이라고 하고 있으니, 전주 엿의 전통은 오래된 것이다.

이는 전국의 쌀 및 보리 생산과도 관계가 깊다. 품질 좋은 보리가 많이 생산되는 지역에서 품질 좋은 엿이 만들어질 수 있다.

전주엿은 후백제 이후 조선 왕조 말까지 전국에서 제일 손꼽히는 특산물이었다.

'전주 사람들은 엿을 잘 만들어 다른 고을 사람들의 솜씨가 미치지 못하는 바, 이것이 해마다 왕궁에 진행되는 속칭 완산 엿이다(完山人 善造飴糖 他郡莫及 年年上供 俗稱完山之飴, '適庵集')

어자유(魚子遊)는 "전주(후백제 견훤이 도읍을 했던 곳) 풍토는 엿을 잘 만들어 진상했다."고 했다.(甄都風土飴糖 貢篚 年年進上房)

엿공업이 발달하면서 이와 관련된 강정이나 유밀과 같은 것이 이 지방에서 뛰어나게 성행했다.

유밀과(油密果)는 쌀가루를 반죽해 바싹 말린 뒤 기름에다 튀겨내고, 엿이나 꿀을 발라 튀밥이나 깨고물을 묻힌 것을 말한다. 쌀을 밥으로 튀겨 물엿에 묻힌 튀밥강정과 들깨를 깨끗하게 씻고 볶아서 만든 들깨강정이 빠지지 않은 간식거리였다.

52
별건곤과 풍토유람

일제시대 잡지인《별건곤(別乾坤)》'八道女子 살님사리(1928. 12. 1)'를 보면 전라 여자 중에 특히 전주 여자의 요리 솜씨가 참으로 칭찬할 만하다 하며, 전주의 신선로, 약주, 비빔밥 등을 명물이라 설명하고 있다. 또한 가문과 집안의 인품을 말해 준다는 상차림 또한 멋스러워 전통적인 자부심을 갖고 있음을 알 수 있으며, 다른 지역과 달리 살림살이 중 유독 장독간 치레를 좋아하여 간장, 된장, 고추장 등 음식 맛의 기본인 장류에 특히 신경을 많이 썼음을 알 수 있다.

"…[全羅여자의 음식 잘한다는 말은 다 개똥쇠 가튼 거짓말]이라 하면 너무도 억울한 일이다. 약떡에도 곰이 핀다고 잘못하는 곳은 잘못하지만은 대체로 말하면 全羅道의 여자들이 다른 도의 여자보다는 요리를 잘한다. 그 중에는 全州여자의 요리하는 법은 참으로 칭찬할 만하다. 맛도 맛이거니와 만드는 번떼라든지 모도가 서울의 여자는 갓다가 눈물을 흘리고 湖南線 급행선을 타고 도망질할 것이다. 서울의 神仙爐가 명물은 명물이지만 全州 神仙爐 그보다도 명물이다. 그 외 全州의 약주, 비빔밥이며 순창 고추장, 광주, 담양의 竹筍菜 등이 다 음식 중 명물이다. 그리고 전라도 여자들은 手工을 잘

한다…."

　조선일보 1959년 1월 29일자 〈풍토유람(風土遊覽)〉이라는 칼럼에 전주시편에서도 음식에는 전주가 전국의 으뜸으로 그중에서도 비빔밥이 가장 명성이 높으며, 전주 사람들은 빈부에 관계없이 아침 저녁으로 콩나물을 먹어, 토질로 인한 해독을 하였다고 기록하고 있다.
　전주는 고색(古色)의 거리로 누구나 전주로 오는 나그네들은 이구동성으로 아름답고 깨끗한 도시라고 한다. 후백제의 견훤이 도읍한 도시로 문화와 예술과 명승고적이 서울 못지않게 풍부한 곳이다. 시민들의 기질(氣質)은 극히 보수적이어서 남을 시기하고 질투하는 격렬한 성격과 데모는 별로 없고 평화와 정적을 좋아한다. 음식에는 전국에서 전주음식이 제일이라 정평이 나 있다. 그중에서도 비빔밥은 전통과 명성을 자랑함에 손색이 없다. 비빔밥을 먹지 않으면 전주 온 기분이 나지 않는다. 전주는 토질이 나쁘다고 하여 콩나물을 애용하고 있어 콩나물을 먹으면 토질이 인체에 끼친 해독을 제거한다. 그래서 빈부의 차이 없이 조석으로 식상에 오른다. 콩나물은 짚재(짚을 태운 재)에다 길러서 먹는다고 하나(이것은 곁뿌리가 나지 않는 관계로)모든 것이 바쁜 이 시대라 그런지 지금은 기업화하여 공장에서 대량생산하고 보니 명물로는 쇠퇴하여 가는 편이다.

53

전주 백산자

이하곤(李夏坤, 1677~1724)의 〈전주의 풍속과 토산물을 노래하다. 장난삼아 오체로 짓다(述本州風俗土産 戱爲吳體 進退格)〉란 시가 생각난다.

전주의 풍요로움 팔도에 드물고
토속 민풍이 도읍과는 다르네.
추녀는 누런 머릿카락에 말아 올린 머리 삐딱하고
약삭빠른 녀석은 하얀 얼굴에 산뜻한 옷으로 갈아입었구나
마을 사람들은 패랭이 쓰기를 좋아하고
가게에는 모두 백산자(白散子)가 놓여 있네
생강 수염으로 만든 절임은 그 맛이 일품이니
북쪽 객은 새 맛을 보고는 돌아갈 길 모르네

全州饒富八道稀
土俗民風異京師
醜女髮黃偏大髻
狡童面白更鮮衣
居人愛戴平凉子
列肆都排薄散兒
薑鬚作葅味寂美
北客新甞頓忘歸

이는 두타초(頭陀草) 9책에 나오는 시다.
'교동(狡童)'은 교활하게 생긴 아이, 또는 얼굴은 예쁘지만 성실하지

못한 아이를 의미한다. '시경(詩經) 국풍(國風) 정풍(第七 鄭風)'에 '교동(狡童)'이 나온다.

彼狡童兮(피교동혜) : 저 교활한 녀석
不與我言兮(불여아언혜) : 나와는 말도 하지 않아
維子之故(유자지고) : 너 때문에
使我不能餐兮(사아불능찬혜) : 나는 밥도 먹지 못 한다
彼狡童兮(피교동혜) : 저 교활한 녀석:
不與我食兮(불여아식혜) : 나와는 밥도 먹지 않아
維子之故(유자지고) : 너 때문에
使我不能息兮(사아불능식혜) : 나는 편히 쉬지도 못한다

이는 음녀(淫女)가 절교를 당하고 그 사람을 희롱한 말이다. 나를 좋아하는 자가 많으니, 그대가 비록 거절하나 나로 하여금 밥을 먹지 못함에 이르게 할 수 없다고 말한 것이다. 이 시는 전주 생강과 박산(薄散)이 소개된다. 박산은 백산자(白散子)를 말한다. 엿도 잘 만드는 지방이 있다. 조선 후기의 문인 이하곤은 1722년 전라도 일대를 유람하는 길에 전주에 들러 시장을 본 기록을 남기고 있다.

12월 12일 박지수와 경기전(慶基殿)에 갔다. 민지수도 왔다.…회경루에 올라 시장을 바라보았다. 수만 명의 사람들이 빽빽이 모인 것이 흡사 서울의 종로의 오시(午市) 같았다. 잡화가 산더미처럼 쌓였는데, 패랭이와 박산이 반을 차지했다

또 '남유록(南遊錄)'은 이하곤이 호남지방을 유람하면서 견문한 내용을 기록한 바,

전주시장에 진열된 상품 중에 평량자(平涼子)와 박산(薄散)이 그 반을 차지한다.

고 한 것이 바로 그것이다. 박산은 기름으로 찹쌀을 볶아서 엿으로 버무려 만든다. 목판으로 눌러 종이처럼 얇게 펴서 네모로 약간 길쭉하게 자른 것이다. 네댓 조각을 겹쳐서 한 덩이로 만든다. 공사의 잔치와 제사상 접시에 괴어 올려 쓴다. 오직 전주 사람들이 잘 만든다. 백산자는 전주에서만 만드는 음식으로, 산자에 잣이나 호두를 붙인 과자의 일종이다. 백산자는 찹쌀 반데기를 튀긴 쌀로 만든 조청에 담갔다가 고물을 묻혀 만든 한과를 의미한다. 전주의 시장에서 가장 많이 팔린다는 박산은 요즘말로 하자면 쌀강정이다. 박산을 전주에서 잘 만드는 것은 엿이 좋기 때문이다. 허균은 자신이 먹어본 음식 중에서 맛있는 음식을 모두 모아서 '도문대작'이란 글을 썼는데, 이 글에서

"개성 엿이 상품이고 전주 엿이 그 다음이다. 요즘은 서울 송침교 부근에서도 잘 만든다."고 말하고 있다. 전주의 엿은 전국에서 두 번째였던 것이다. 그는 또 '백산자'를 소개하면서 속명은 '박산'으로 전주 지방에서만 만든다 하고 있다. (白散子, 俗名薄散唯全州造之, 백산자(白散子) : 속명은 박산(薄散)인데, 전주지방에서만 만든다)

역시 전주가 품질이 좋은 엿의 생산지였기 때문이다. '세종실록' 3년(1421) 1월 13일 조에 의하면, 예조에서 진상하는 물목을 아뢰면서 '백산엿은 오직 전주에서만 만드는 것'이라고 하고 있으니, 전주 엿의 전통은 오래된 것이다. 산자는 고물의 색에 따라 홍산자, 백산자, 홍백산자 등으로 나뉜다. 사방 20cm가 넘는 넓적하고 두꺼운 떡으로 입에 물면 바스스 부서지면서 사르는 녹는 맛이 일품인 눈처럼 희고 소담한 백산자를 먹고 싶다.

54
그릇

　어느 날 아침 큰 스님은 제자를 불러 소금 한줌을 가져오라고 하고 소금을 물컵에 털어넣게 하더니 그 물을 마시게 했다. 그러자 제자는 얼굴을 잔뜩 찡그리며 그 물을 마셨다.
　큰 스님이 물었다.
　'맛이 어떠냐?'.
　'짭니다'
　큰 스님은 다시 소금 한줌을 가져오라 하시더니 근처 호숫가로 제자를 데리고 갔다.
　그리고는 소금을 쥔 제자의 손을 호숫물에 넣고 휘휘 저었다. 잠시 뒤 큰 스님은 호수의 물을 한컵 떠서 제자에게 마시게 했다.

　'맛이 어떠냐?',
　'시원합니다',
　'소금 맛이 느껴지느냐?',
　'아니요'

　그러자 큰 스님이 말했다.

　'인생의 고통은 순수한 소금과 같다. 하지만 짠맛의 정도는 고통을 담는 그릇에 따라 달라지지, 지금 내가 고통속에 있다면 컵이 되지 말고 스스로 호수가 되어라'

　무위사 극락전 백의관음도가 보인다. 백의관음보살은 당당한 체구에 흰 옷자락을 휘날리며, 오른쪽으로 몸을 약간 돌린 채 두손을 앞에 모아 서로 교차하여 오른손으로는 버들가지를 들고 왼손으로는 정병을 들고 서 있다.

정병(淨瓶)은 부처님에게 올릴 깨끗한 물이나 감로수를 담는 병으로 감로병(甘露瓶), 보병(寶瓶), 수병(水瓶)이라고도 하며, 구제자를 나타내는 하나의 방편이자 자비심을 나타내는 지물(持物)의 구실을 하기도 한다. 우리나라엔 정병을 비롯, 매병(梅瓶), 높이가 40센티미터 이상인 큰 항아리인 순백의 백자대호(白瓷大壺, 달항아리) 등 무수히 많은 병들이 지금도 남아 있다.

국보 제68호 청자 상감운학문 매병, 국보 제97호 청자 음각연화당초문 매병, 국보 제252호 청자 음각 '효문'명 연화문 매병, 국보 제254호 청자 음각연화문 유개매병 등 국보로 지정된 매병은 4종에 이른다. 예전에 텔레비전을 시작할 때, 애국가에 등장하는 게 청자 상감운학문 매병이었다. 몸통 전면에는 구름과 학을 새겨 넣었는데, 흑백상감한 원 안에는 하늘을 향해 날아가는 학과 구름무늬를, 원 밖에는 아래쪽을 향해 내려가는 학과 구름무늬를 새겨져 호사스러움으로 보나 크기로 보나 고려 상감청자 매병의 가장 대표적인 작품이다. 청자 음각연화당초문 매병은 작고 야트막하나 야무진 아가리와 풍만한 어깨와 몸통, 잘록한 허리, 그리고 아래부분이 밖으로 약간 벌어진 곡선에서 전형적인 고려자기 임을 알수 있으며, 12세기 고려 순청자 전성기의 작품으로 보인다.

청자 음각 '효문'명 연화문 매병은 작고 나지막한 아가리가 달린 고려시대의 전형적인 매병으로, 팽배하게 벌어진 어깨가 부드럽게 흘러내린 균형 잡힌 모습을 보이고 있으며, 음각연화문 유개매병은 고려 중기의 전형적인 형태로, 현존하는 매병 가운데 뚜껑과 몸체을 한 벌로 갖춘 유일한 것으로, 당당한 조형과 세련된 문양을 지닌 12세기 전반기의 독보적인 작품이다.

간장 종지를 아는가? 밥그릇에, 밥그릇은 국그릇에 쏙 담긴다.

사람도 마찬가지. 밥그릇만 한 마음 크기를 가지고 있는 사람이 간장종지 만큼의 크기를 가진 사람을 폭 담아주면 된다.

밥그릇은 간장종지더러 왜 이렇게 크기가 작으냐 불평하지 않는다. 그릇이 간장종지만 한 사람도 많아요, 아주 적지만 그 나름의 쓰임새가 있어 무시해서는 큰일난다. 종종 머리만 커지고 가슴은 간장종지만한 사람이 많아서 사회 문제가 많이 생겨 가슴이 아프다. 그늘이 넓은 나무 밑엔 새들이 모이고, 가슴이 넓은 사람 밑에는 사람들이 모이는 법이다. 아라비아 속담의 '그늘을 주는 나무는 자르지 말라는 것'이 바로 그것입니다. 특히 겨울나무라고 가지를 함부로 잘라서는 안된다. 봄이 오면 꽃을 피우고, 여름엔 그늘을 주고, 가을엔 결실을 내어주기 때문이다. 사람을 얻을 때 욕심으로 얻을 수도 있고, 마음으로 얻을 수도 있다. 하지만 욕심으로 얻으면 그 사람의 욕심을 얻고, 마음으로 얻으면 그 사람의 마음을 얻는다. 내 마음의 그릇은 어떤 상태인가. 내 안에 미움이 둥지를 틀지 않았으면 참 좋겠다. 당신, 오늘도 삶을 살며 흡사 병에 새기는 문양처럼 모든 정성을 다했다면, 차마 말로 형용할 수 없는 고려청자의 비색처럼 수고했으니 모든 걸 잊고 이제 편히 쉬어라.

그러나 다른 사람이 자신을 비난했을 때 깨진 병처럼 반응하지 않게 되면 깨달음에 가까이 간 것이라는 사실을 부디 잊지 말라. 우리네 마음도 도자기처럼 복원, 또는 재현될 수 있다면 얼마나 좋을까?

55
●
굴뚝

 날렵하게 솟은 지붕, 매끈한 처마선, 투박한 돌담과 흙담. 그리고 온돌방과 한지문, 대청마루, 장독대와 아궁이….' 걷는 맛과 체험의 즐거움이 있는 한옥마을에는 현재 700여 채의 전통가옥이 옹기종기 모여 있다. 햇살이 시시각각 기와집 담장을 넘어 대청마루에 부드러운 선을 그린다.
 한 입 가득 감을 베어 문 아이들의 웃음은 돌담길 사이에 맴돈다.
 가을엔 꽃담 너머로 오색 단풍나무가 황홀한 자태를 뽐낼 때, 마당의 장독대 위로 노란 은행잎이 살포시 내려앉는다.
 한옥의 아름다움을 살펴보는 재미 쏠쏠하고, 조용함과 단아함속에 젖어보는 고택명상 시간은 오매불망 잊을 수 없다. 밤하늘에서 쏟아지는 별과 은하수를 보면서 지난 시절을 반추하는데 전주 한옥마을은 더 없이 좋다.
 동락원과 양사재의 뒤란을 스치는 겨울 바람에 댓잎 서걱거릴 때, 이윽고 손님들 방에 불이 하나둘씩 꺼진다. 하룻밤 한 치 두 치의 꼼꼼한 계산으로는 이룰 수 없는 생의 심연으로 가득하다. 까만 밤 하얗게 사위어가면서 깊고 푸른 꿈 영글어간다. 최부자집의 깨진 기와를 박아 넣은 꽃담과 낮은 굴뚝, 문고리, 사랑채와 안채 사이에 지은 헛담, 문고리, 창에 흙먼지가 뿌옇게 내려앉는다.

우리나라의 건축은 굴뚝조차 예술이 된다. 그 사례로 경복궁의 예쁜 굴뚝들이 꼽힌다. 자경전 십장생 굴뚝. 자세히 보아야 굴뚝인 줄 알만큼 예술적이다. 자경전이 보물 809호이고. 이 굴뚝이 따로 보물 810호로 지정됐다. 경복궁 아미산 굴뚝은, 보물 811호다. 아미산은 조선 태종이 경회루를 세운 연못을 파고 난 뒤 그 흙으로 왕비가 사는 교태전 뒤에 세운 인공 동산이다. 이 굴뚝은 6각형으로 한껏 멋을 냈고, 소나무 매화 불로초 학 박쥐 같은 것을 무늬로 넣었다. 그러마 폼나는 궁궐 굴뚝보다도 평범한 사대부집이나 민가의 질박한 굴뚝들이 더욱 더 정감이 간다. 키작은 흙기둥에 기와 몇장 턱턱 얹은 품새가 얼마나 매력적인가. 언뜻 꼬마 병정처럼 귀여우면서도 저렇게 연기를 내는 중요한 기능을 해내는 모습은 마치 장군처럼 의젓하지 않은가. 키작은 굴뚝처럼 낮게, 겸손하게 살 수만 있다면 얼마나 좋을까. 작은 굴뚝에 기와 지붕을 얹어 꾸미는 집주인의 마음을 한번 상상해본다.

학인당은 1908년, 전동성당 사제관은 1926년 승광대 옆 전주 최부잣집은 1937년에 건립된바, 이 때부터 굴뚝이 존재하고 있었을 것으로 생각된다. 이같이 본다면 학인당의 굴뚝이 제일 오래됐으며, 전동성당 사제관은 제일 많은 6개의 굴뚝을 자랑하고 있다. 크기면에서는 전동성당 사제관, 그리고 여름이면 넝쿨이 치렁치렁 달리는 학인당과 전주 최부잣집이 서로 양보를 할 수 없을 정도로 우뚝 솟아 한옥마을을 바라보고 있다. 정말로 집채만 한 아니, 집채보다 더 높아 하늘 아래서 소통을 이야기하고 있는 것은 아닐는지.

우리나라는 전동성당 사제관 등 모두 5개의 사제관이 문화재로 지정, 보호받고 있다.

 이 가운데 전동성당 사제관(전북 문화재자료 제178호)은 십(十)자 꽃담과 굴뚝이 아름다우며, 그동안 유지관리 상태가 양호하고 우리나라 초창기의 양식 건축 형태를 잘 보존하고 있는 건축물이다.

 사제관은 1926년에 지어진 건물로 전동 본당 건립 후 2대 주임신부였던 라크루시니부가 장차 전주교구가 설정될 경우를 대비해 만든 공간이다. 1937년 전주교구청사 및 교구장 숙소로 사용되었으며 1960년 이후부터는 주임신부와 보좌신부의 생활공간으로 사용되고 있다. 전면을 제외한 지붕의 3곳은 좌우에 굴뚝을 대칭으로 세운 바 모두 6개의 굴뚝을 갖고 있지만 지금은 사용하지 않고 있다. 왜 하필이면 대칭이었을까. 남녀의 조화, 음양의 조화, 젊은이와 어르신들의 조화와 균형을 통해 아름다운 세상을 꿈꾸기 위한 목적은 아니었을까. 생명의 공간 즉 생성의 원리를 운용하는 우주는 하늘과 땅으로 조화속에 이루어져 있다. 하늘과 땅은 서로 교합하며 무한한 생명의 순환을 엮어내고 있다. 라크루 신부는 장차 전주교구가 설정될 경우 전주 본당은 주교좌 본당이 될 것이므로 이에 걸맞은 건물을 지어야 했다. 그래서 1926년 1만 5,000원을 들여 사제관을 먼저 건축했다. 동료 선교사들의 말대로 "그는 전라도의 수도(首都)에 걸맞는 사제관을 지었다" 라크루 신부는 1925년경 유행성 감기에 걸린 환자에게 병자성사을 주다가 감염된다. 그후 폐병으로 건강이 날로 나빠졌고, 미사를 드리지 못할 정도로 악화돼 끝내 완치되지 못다.

 1929년 8월 11일 새벽 1시경 만성폐결핵으로 피를 토하며 선종을 합니다. 확신하건대, 답답한 사막의 지표면을 뚫고 새 순을 드러내는 선인장보다 강인하게 생명의 소중함과 부활의 기쁨을 느끼는 것은 묵묵히 제 십자가를 이고 지고 가는 착한 사제들 덕분이다.

그래서 사제관의 굴뚝을 볼 때마다 나의 교만한 눈빛, 일그러진 표정 하나 때문에 사랑을 잃고 상심에 젖을 법한 사람들의 눈망울을 생각해본다.

굴뚝에는 이를 지키는 굴대장군이 있었다고 한다. 지금도 여전히 유효한가. 전동성당 사제관 외에 학인당, 오목대 사랑채, 양사재, 동락원, 전주한옥생활체험관, 국악의 집 한옥체험관, 승광재 옆 전주 최부잣집 등에서도 굴뚝을 만날 수 있다.

전주 최부잣집의 정원은 한옥마을에서 가장 아름답기로 정평이 나 있다. 당초에는 2개의 굴뚝이 있었던 바, 사랑채 굴뚝은 사라졌지만 안채의 것은 지금도 그대로다. 아마도 학인당과 함께 가장 키가 큰 굴뚝이 아닌가 한다. 여름이면 키큰 식물이 담쟁이처럼 벽을 하고 하늘높이 올라가 한옥마을을 맘껏 구경한다. 양사재의 경우, 2015년 여름까지 장작으로 방을 따스하게 만드는 온돌방이 있었지만 지금은 운영하지 않아 아마다 전주한옥생활체험관만이 구들방의 추억을 간직한 유일한 곳이 아닌가 싶다. 하지만 대부분이 도시가스로 방에 불을 지피우고 있어 2% 부족하다는 생각이 든다. 해가 뉘엿뉘엿 저물면 하나둘씩 굴뚝에 연기가 모락모락 피어오르고 구수한 된장찌개 향이 코끝을 자극할 때 즈음 어머니의 "애야 밥 먹어라."라는 부름에 아이들은 하나둘씩 집으로 달려갔다. 학인당의 구수한 된장 냄새는 따뜻한 어머니 품을 기억하게 한다. 학인당은 오래된 종택을 아담하고 소박하게 다시 꾸며 누구나 편하게 쉬다갈 수 있는 쉼터 같은 곳이다. 객실은 단독 화장실을 갖춘 것이 대부분이지만 장작불을 때는 구들방에는 화장실이 있는 것이 좋지 않아 실내 화장실을 만들지 않았다. 학인당의 키큰 굴뚝은 원래 4개가 있었다고 하지만 지금은 입구의 오른쪽에 하나만 달랑 남아있다. 예전의 굴뚝 하나와 키작은 굴뚝 2개 등 3개가 남아있지만 지금은 사용하지 않고 있다고 한다.

전주한옥 생활체험관의 굴뚝 연기를 보면 가슴 한구석이 따뜻해지고, 또한 그리워진다. 어머니가 솥에 가득 밥을 해놓고 기다리실 것만 같다. 해 저무는 들판에는 스산한 바람이 불어오지만 굴뚝에 피어오르는 흰 연기가 저녁을 푸근하게 만든다. 저무는 한옥마을에 겨울 스산한 바람이 불어오고, 굴뚝에서 피어오르는 흰 연기 타고 퍼져오는 구수한 밥 냄새와 장작 타들어가는 냄새는 가슴속 깊이 숨어 있던 어린 시절 그리움을 흔들어 깨운다. 이곳은 여전히 세화관 뒤에 굴뚝이 존재하며 장작으로 불을 지피우는 온돌방(구들방)이 2개가 자리하며, 2인 기준 10만원~12만원을 내면 이용할 수 있다고 한다.

세화관(世化館)이란 이름처럼 세상의 조화로움을 꿈꾸어봅니다. 잘 마른 소나무 장작 두어 개를 아궁이에 던져 넣자 금세 불이 옮겨 붙더니 장작 타는 정겨운 냄새가 좁은 마당을 가득 채운다. 황토 굴뚝에선 구수한 연기가 피어오르고, 원앙금침(이불)을 깔아둔 아랫목에 손을 넣는 순간 '앗 뜨거' 소리가 절로 튀어나온다. 이곳은 한국인의 DNA에 새겨진 '구들장의 추억'을 되살려 주는 소박한 민박집이다. 굴뚝은 고향을 그리는 마음과 함께 천년만년을 이어 나갈 전주 문화의 상징 문패다. 세상에서 가장 아름다운 굴뚝은 산골짜기 오막살이 낮은 이곳에서 살랑살랑 솟아나는 감자 굽는 냄새가 나는 굴뚝, 특히 음식과 밥내가 묻어 있는 그런 굴뚝이 아닌가 싶다. 굴뚝 연기는 생활의 향기요, 당신을 이끄는 소통의 얼굴로 자리하기를 바란다.

56

도마

 인간의 생존과 탐욕으로 생채기 난 도마 위에 과욕 없이 무심하게 그려 던져 놓은 듯한 새. 거추장스러운 것을 덜어내고, 새를 그린다기보다는 온 마음을 다해 본질만을 담아내는 데 집중했던 하상용(1949~1997).

 주변은 과감하게 생략하고 중심 주제인 새와 비 내리는 구름 등에 집중한 붓질은 그렇게 타인에게 끊임없이 말을 걸고 있다.

 전주 동문사거리 근처 지하에 위치했던 '무아무아'는 고故, 하상용 선생이 큰아들(무아)의 이름을 빌려서 차린 선술집이었다.

 전북예술회관에서 개인전이나 단체전을 열고 뒤풀이할 때 자주 찾는 곳이다. 평소에도 그곳에 가면 취기에 홍조 띤 미술동네 화가들이 항상 자리하고 있었다.

 하상용, 유휴열, 이성재 화백 등 문화예술인과 늦은 시간 담소를 나누던 그때가 떠오른다.

 그는 캔버스를 대신해 도마 위에 그림을 그리거나 캔버스 작업의 경우 화폭에 또 다른 입체적 공간을 덧대 이중적인 평면 구성을 시도한 작품들을 선보이다가 20여 년 전 한 마리의 새가 되어 날아가 우리 주위를 배회하고 있는지도 모르겠구나.

도마는 칼의 흉터, 칼의 흔적을 고스란히 받아들여 제 스스로 상처가 되어가고 있다. 상처를 제것으로 만드는 것이 아니라 제 자신이 상처가 되어가고 있는 것이다.

이것은 나무 도마의 길이다. 도마가 완전한 '상처덩이'가 될 때 나무도마는 더 이상 나무도마가 아닐 터이다.

세상을 살면서 서로 상처를 주면서 상처를 받는다. 화엄 속에서 가시에 긁히고 칼에 찔리고 발끝에 채여 크고 작은 상처 하나 둘씩 가슴에 품게 되기도 한다. 그 상처를 죽을 때까지 상처로 갖고 가는 것들이 있고 하늘의 별처럼 보석으로 만드는 것들도 있다.

도마처럼 단순한 목적을 갖고 있는 것이 또 있을까하는 생각이 들었다. 그렇게 목적이 단순하니 형태도 단순할 수밖에, 내가 아무리 꾸미고 가꾸어도 날개를 달고 하늘을 날을 수는 없잖은가.

그런 도마에 언제부턴가 애정이 생기기 시작했다. 시선이 가는 순간 그것의 처연한 삶이 애절하게 느껴졌다.

태어나는 순간부터 온몸으로 칼을 맞고 살아야 하는 운명적인 태생을 알기나 할까. 수만 번 아니 수억만 번 이어지는 시간의 부대낌 속에서 때로는 칼보다 더 질기게 버텨낸다.

그 무던한 견딤이 서럽다. 상처투성이 한 많은 일생을 사는 도마 같은 게 우리네 삶인가. 제아무리 베이고 파여 상처를 내 인생이다.

57

진천 송씨 우산종중의 백자(百子)편

표옹(瓢翁) 송영구(宋英耇, 1555~1620년)의 며느리 가운데는 남원의 삭녕 최씨 집에서 시집온 이가 있었다. 삭녕 최씨라면 훈민정음을 언해하고 〈용비어천가〉를 주해한 최항(崔恒, 1409~1474)의 후손들을 지칭한다. 진천 송씨 집으로 시집갈 때 친정아버지인 최상중(崔尙重)이 딸에게 물었다. "시집갈 때 무엇을 주면 좋겠느냐?" 그러자 그 딸은 "변산 솔씨 서 말만 주세요."라고 했다. 변산은 예로부터 궁궐을 지을 때 사용하던 질좋은 소나무가 많은 곳으로 유명했다.

이 며느리가 봉동 진천 송씨 우산종중 집안에 수립한 또 하나의 전통이 있다. '백자(百子)편'이라고 불리는 특이한 모습의 떡이다. 민족은 생활 기반이 되는 자연환경과 독특한 생활양식에 의해 그 나름대로의 절식을 만들어 먹으며 발전시키는 법이다.

우리 민족도 예외는 아니어서 계절이 바뀌는 절기마다 특별한 음식을 만들어 이웃끼리 나누어 먹는 풍습이 있었다. 여기에서 떡은 결코 빠질 수 없는 중요한 시절식이었다. '조선무쌍신식요리제법(1943년)'에도 '대체로 떡이라고 하는 것은 철을 찾아 만드는 것이니, 정월이월은 송편을 만들고 이월부터는 개피(갑히)떡과 산병, 꼽장떡을 만들되, 삼월에도 같이 하며, 사오월에는 잔절편을 만들고, 육칠월엔 증편과 깨인절미와 밀쌈을 만들고, 또 깨편을 만들고, 팔월엔 호박떡과 오려쌀송편을 만들고, 구월엔 말텀떡과 밤경단과 주악을 만들고, 시월에는 밤경단만 만들고, 콩경단과 쑥구리를 만들되 십이월까지 만드는 법이니라'고 해서 절기마다 달라지는 떡의 종류를 열거하고 있다.

이처럼 절기마다 그때그때 쉽게 구할 수 있는 재료들을 구해 떡을 만들어 먹었는데, 이렇게 만들어진 떡은 보통 신에게 바치거나 이웃, 친척간에 나누어 먹는 것이 일반적이었다. 10월의 떡으로는 밤, 대추, 석이, 쑥 등으로 조그맣게 만든 궁중의 웃기떡인 단자류나 햇녹두를 갈아 단팥소를 넣어 둥글게 기름에 지진 빙자병, 멥쌀에 단무를 넣고 붉은팥고물로 푸짐하게 만든 무시루떡, 노랗고 작은 국화꽃을 차전병에 붙여지진 국화전 등이 주로 돌려진다.

여기에 다식이나 백자편, 녹차나 봉수탕 등을 다과로 곁들인다. 다식은 곡식가루나 한약재, 꽃가루 따위를 꿀로 반죽하여 덩어리를 만들어 다식판에 넣어 여러 모양으로 박아낸 것으로 깨다식, 콩다식, 진말다식, 강분다식, 승검초다식, 용안육다식, 송화다식 등 여러 가지가 있다.

강정의 최고라고 말하는 백자편. 백자편은 잣박산 또는 잣엿강정이라고도 부른다. 잣은 칼로리가 높고 비타민 B군과 철. 인등이 많이 함유된 자양 강장식품이다. 이 집안의 '백자편'은 사람 발뒤꿈치 모양의 흰떡 수십 개를 부채살처럼 둥그렇게 모아놓은 다음, 그 위에다 다시 계속해서 둥그렇게 얹어놓는다. 마치 피라미드처럼 6~7층을 겹쳐서 쌓아놓는다. 행사가 끝나면 이 떡을 하나씩 먹으면서 자손의 창성을 기원한다고 한다. '백명의 자손'이라는 '백자(百子)'의 뜻과 같이 송씨 문중의 자손들이 번창하기를 의미하는 떡이다. 지금도 문중 시제 때는 만들어서 모두 먹는다.

58

고창 김정회고가의 안동김씨 장담금 레시피

필자는 1995년 고창읍 도산리의 고 김정회선생의 생가에 살면서 장담그는 비법을 간직한 유정(裕庭) 김효현(金孝賢)여사(당시 78세)를 만났다. 김여사는 안동김씨 김사형(金士衡, 조선조 개국공신)의 20대 손인 보정(普亭) 김정회(金正會)선생의 자부로, 남편은 김병수(金丙洙,1991년 작고)다.

또, 하서 김인후의 16대 손인 유학자 월담(月潭) 김재석(金載石)선생의 딸로, 17세에 결혼한 후 18세에 시집에 들어온 후 대대로 장 고유의 맛을 잘 간직하고 있었다고 했다. "시증조부모를 모시기 시작한 지 올해로 62년째가 됩니다만 장맛을 한결같이 하기란 어렵지요. 그러나 장맛은 아낙네의 인품과 가풍을 대변하는 것이지요" 이어 "아무리 장을 잘 만들었을지라도 장독대를 동쪽을 향해 마당보다 약간 높도록 반듯한 돌로 쌓아 놓는 것이 중요하다"면서 주의할 점을 말했다. 과거에는 장독의 숫자나 항아리가 얼마나 많은가에 따라 그 집안의 부를 측정하는 습관이 있었다고 했다.

김여사는 "장의 맛이 음식의 맛을 좌우하는 기본으로, 장맛은 모든 음식 맛의 으뜸"이라면서 "모든 음식이 공장에서 대량으로 생산되고 있는 까닭에 젊은이들이 장을 만들어 먹는 것을 기피하는 것이 마음을 아프게 만든다"고 했다.

끝으로 "시증조모로부터 꾸지람을 들으면서 각종 장과 된장을 만들었던 과거가 생각난다"며 "지금의 장 만드는 유산을 자손대대로 물려주는 것이 앞으로 해야 할"이라고 했다.

현재 김경식 연정교육문화연구소장(교육학박사) 부인이 김여사의 뒤를 이어 기능을 보유하고 있다.

다음은 장, 메주 담그는 레시피이다.

1. 메주 쑤는 것
 1) 시기: 대개 동짓달(음력 11월)에 쑨다. 8월, 10월, 섣달에는 메주를 쑤지 않고 장도 담그지 않는다.
 2) 메주를 만들어 지푸라기로 열십(+)자로 묶어 시렁에 메달고 온돌방에서 노란 곰팡이가 생길 때까지 띄운다.
 3) 그 다음은 밖에 메달아 놓고 바람을 쐰다.

2. 장 담그는 절차
 1) 시기: 정월, 이월, 삼월에 담근다. 그러나 2월달엔 영동달이라고해서 담그지 않는 가정도 있다. 이 기간에 장을 담궈야 달고 맛이 있다.
 2) 메주 4~5개 기준. 물의 양은 대두 1말 가량.
  ㄱ. 물에 소금을 배합해 소금물을 만든다. 소금의 양은 정월에는 4되, 2월~3월에는 5되,
  ㄴ. 소금물을 가라앉혀 위에서 가만히 맑은 물만 뜬다.
  ㄷ. 메주를 물에 씻어 마른 후에
  ㄹ. 장항 속 제일 밑에 누룩 1작을 넣은 후 그 위에 씻은 메주를 놓고 맑은 소금물을 붓는다. 이때 달걀을 띄워보아 그것이 동전만큼 올

라오면 간이 맞는 것임을 알 수 있다.
 ㅁ. 그리고 나서 통고추 6~7개(톡 쏘는 맛이 있게 하기 위해서), 대추 7~8개(단맛이 나게), 숯덩이 4~5조각(더러움 방지)을 물에 띄운다.
 ㅂ. 이리하여 30~40일 후에 메주를 부서지지 않게 가만히 건져낸다.

3. 된장 만드는 법
 ㄱ. 건져낸 메주에 소금을 넣고 반죽을 한다. 이때 맛을 보고 '아이구 짜다' 소리를 내야 된장 맛이 좋고 변하지 않는다.
 ㄴ. 만일 장을 다릴 때는 채로 잘 걸러(메주의 부스러기가 있으니) 서서히 한다.

4. 간장(요사이 샘표, 몽고간장 같은 것)을 담그는 경우
 ㄱ. 간장을 담글 때는 작년의 묵은 장이 맛이 좋지 않을 때이다.
 ㄴ. 메주를 쑬 때 작은 덩이로 만들어 둔 것을 잘게 만들어
 ㄷ. 수수한 맹물로 메주를 잠길 만큼 붓고 하룻밤을 재우면 이가 부푼다.
 ㄹ. 이러한 메주에 묵은 장을 부어 그것이 아주 짜면 물을 치고, 그 짠맛을 조정한다.
 ㅁ. 장을 다릴 때는 찹쌀 1되, 엿기름 1되를 각각 헝겊 주머니에 넣는다. 장다리는 솥에 넣고 끓인다. 이때 검은 콩, 대추를 약간 넣어 처음에는 불을 세게하다가 천천히 다린다.

5. 된장을 버무려 항아리에 넣을 때는 고추씨가루를 약간 넣어 반죽한다. 그것을 항아리에 넣은 후에는 그 위에 고추씨가루로 한 벌 덮고, 그 위에 소금으로 된장이 나오지 않게 덮어둔다.

이종근
인문학으로 만나는 음식문화 1

인쇄 2020년 7월 11일
발행 2020년 7월 13일

지은이 이종근
발행인 서정환
펴낸곳 신아출판사
주소 서울시 종로구 삼일대로 32길 36(익선동 30-6 운현신화타워 빌딩) 305호
전화 (02) 3675-3885, (063) 275-4000 · 0484
팩스 (063) 274-3131
이메일 sina321@hanmail.net essay321@hanmail.net
출판등록 제300-2013-10호
인쇄 · 제본 신아출판사

저작권자 ⓒ 2020, 이종근
이 책의 저작권은 저자에게 있습니다. 서면에 의한 저자의 허락없이 내용의 일부를 인용하거나 발췌하는 것을 금합니다.
COPYRIGHT ⓒ 2020, by Lee Jong Geun
All rights reserved including the rights of reproduction in whole or in part in any form.
저자와 협의, 인지는 생략합니다.
잘못된 책은 바꿔 드립니다.

ISBN 979-11-5605-801-4 04810
ISBN 979-11-5605-800-7 세트

값 20,000원

「이 도서의 국립중앙도서관 출판예정도서목록(CIP)은 서지정보유통지원시스템 홈페이지(http://seoji.nl.go.kr)와 국가자료공동목록시스템(http://www.nl.go.kr/kolisnet)에서 이용하실 수 있습니다. (CIP제어번호: 2020028577)」

Printed in KOREA